구약 율법 혹은 토라는 '율법'이라는 명칭으로 인해 고대 이스라엘의 어떤 법률 체계처럼 이해되곤 한다. 본서는 그러한 이해가 고대 본문의 장르와 문맥을 전혀 고려하지 않은 이해임을 찬찬히 밝힌다. "구약성경은 고대 문서다"부터 시작해서 "토라를 진지하게 받아들인다는 것은 토라를 도덕법으로 전환시키는 것이 아니라 토라가 무엇을 말하기 위하여 기록되었는지 이해하는 것을 의미한다"는 명제까지 모두 스물 세 개의 명제를 통해 저자들은 토라를 어떻게 이해해야 하는지를 간결하면서도 명료하게 설명한다. 저자들에게 있어서, 토라는 법률 제공보다는 사회에서 질서를 가져오기 위한 지혜 제공에 목적이 있으며, 토라의 가치는 지금 우리가 무엇을 해야하는지를 가르치는 데 있는 것이 아니라 고대 근동의 렌즈를 통해 야웨 하나님이 스스로를 알리시고 드러내신 내용을 보게 하는 데 있다. 본서가 제시하는 명제들에는, 신약에서의 율법 논의가 고대 세계 맥락에서 구약의 토라에 관하여 말해주지 않는다는 명제, 오늘 우리 현실과의 적실성을 찾기 위해 토라의 범주를 도덕법, 시민법, 제의법으로 구분하는 것의 부당함을 말하는 명제처럼 우리의 상식과 고정관념을 바꿀 것을 요구하는 것들이 여럿 있다. 구약성경이 예수님과 바울의 유일한 성경이었음을 명심한다면, 구약 율법 이해를 설명하는 본서와 같은 책은 차근차근 조금씩 음미하며 읽어보아야 할 매우 중요한 책이다.

김근주 | 기독연구원 느헤미야 연구위원

구약성경의 본문은 시공간적으로 우리와 상당히 멀리 떨어진 시간과 장소에서, 그리고 상당히 다른 문화적 배경에서 생성되었다. 한마디로 고대의 글이다. 따라서 오늘날 우리의 관점의 직관으로 성경 본문을 읽는다면 오해하거나 거부감을 느낄 수 있다. 이 책이 다루는 구약성경의 토라(율법)도 그렇다. 고대 사회에서 구약성경의 율법은 후대의 것에 속한다. 그러니 많은 토라 규정은 고대 이스라엘 주변 세계의 법들의 영향을 받았다. 따라서 구약성경 토라의 올바른 이해를 위해서는 이런 거리와 켜켜이 쌓인 층을 포괄적 안목으로 살펴야 한다. 그런 뜻에서 토라의 맥락을 차근차근 풀어주는 이 책에서 독자들은 한층 더 넓은 토라 이해의 세계로 들어가게 될 것이다. 그리하여 고대 사회의 맥락과 공유하면서도 하나님의 언약을 중심에 두는 토라의 성격에서 고유한 점을 읽어낸다면, 신약 세계를 거쳐 오늘에 이르는 의미를 파악하는 데 지혜를 얻게 될 것이다. 김정훈 | 부산장신대학교, 구약학 교수

현대인들이 구약성경을 읽을 때 부딪히는 걸림돌 중 하나는 아주 낯설고 야생적으로 들리는 법령들이다. 출애굽기 21-23장, 신명기 12-16장, 그리고 레위기 17-26장은 현대인들에게 낯설고 불편하며 심지어 난해한 금지명령들로 가득 차 있다. 구약성경의 최초 독자들에게는 직관적으로 이해가 되었을 이런 법령들은 현대인들에게는 구약의 하나님과 친밀해지는 것을 방해하는 기능을 할 때도 있다. 본서는 이런 곤경을 만난 독자들에게 구약성경의 율법들을 생성시키고 전승케 했던 고대 이스라엘의 문화적 맥락을 주목하며 그 큰 맥락 안에서 구약의 율법들을 이치에 맞게 배치한다. 외견상 고대 근동의 법령 모음집들과 유사해 보여도 구약성경의 율법들은 상당히 다르다. 이는 그것들이 하나님과 이스라엘의 항구적이고 영속적인 언약관계라는 큰 서사의 일부이기 때문이다. 율법을 어겼어도 이스라엘이 완전히 멸망되지 않고 살아남은 것은 율법을 싸고 있는 언약의 품 때문이었다. 하나님과 이스라엘의 은혜롭고 감미로운 언약의 역사라는 큰 틀안에서 우리는 구약율법들을 파악하고 해석하여야 한다는 것이다. 본서는 구약의 하나님을 전제적 율법으로 마구 채찍을 휘두르는 무서운 군주라고 오해하는 독자들에게 강력한 치료제가 될 것이다. 또한 하나님과 이스라엘의 언약이라는 감동적 서사의 빛 아래서 구약의 율법들을 '선물'로 이해했던 유대교의 진면목을 발견하는 데 도움을 준다.

김회권 | 숭실대학교 기독교학과 구약학 교수

토라는 구약학 전문용어다. 하나님이 이스라엘에게 인생의 길을 걷기 위한 방향 교육 또는 지침으로 주어진 것이 토라다. 그런데도 현대인들은 토라를 단순히 "(율)법"으로 이해한다. 이러한 오래된 오해에 철퇴를 가하고 토라의 잃어버린 세계를 파헤쳐 토라의 참모습을 드러내는 책이 나왔다. 본서는 저명한 구약학자 존 월튼이 "잃어버린 세계 시리즈" 여섯 번째 책으로 아들 월튼과 함께 공저한 책이다. 토라에 대한 23개의 명제를 선언하고 그에 대한 포괄적 해설을 담았다. 월튼의 핵심 주장은 토라가 현대적 시각에서의 법률/법규/도덕적 규범이 아니라, 고대 근동이라는 "문화적 강"의 문맥 안에서 지혜 교훈, 언약 규정, 제의 규정이라는 것이다. 이는 "토라는 지혜를 구체화하지, 법률을 제정하지 않는다"라는 말로 축약할 수 있다. 부연하자면 이스라엘에게 주어진 토라는 언약이라는 큰 틀 안에 법적 지혜(정의와 질서)와 제의적 지혜(거룩)가 통합된 것으로 이해해야 한다는 것이다. 그렇다면 구약의 토라는 신약에 어떻게 적용될까? 이 문제로부터 월튼은 전통적인 성서신학 해석학에 새로운 도전과 제안을 한다. 그의 해석학적 입장은 신약의 교회는 구약의 이스라엘을 대체하는 것이 아니라 재현한다는 말속에 함의(含意)되어 있다. 월튼이 내놓은 명제들이 한국의 전통적 독자들에게는 때론 매우 생경하고 파격적인 주장처럼 들릴 수도 있겠지만, 차근히 곱씹어 읽고 생각한다면 더 많은 궁금증과 함께 성경을 새롭게 보게 될지도 모르는 영적 유익을 얻을 수 있을 것이다.

류호준 | 백석대학교 신학대학원 구약학 교수(은퇴)

존 월튼은 독자를 전문성의 미로에 빠뜨리지 않으면서 필요한 핵심을 명료하게 설명하는 능력으로 고대 근동 문헌과 구약성경의 비교연구 분야에서 자신의 브랜드를 확보했다. 월튼 부자의 공저인 본서는 고대 근동 법령의 비교연구와 토라와 지혜의 접점을 찾는 근래의 연구들을 융합해 설득력 있는 해석모델을 제시해준다. 언약과 지혜의 렌즈를 통해 토라의 풍성한 세계를 발견하는 기쁨을 주는 해설서여서 일독을 권한다.

유선명 | 백석대학교 신학대학원 구약학 교수

월튼은 건전한 복음주의 구약학자로서 지성적인 기독교인들이 고민하는 문제를 정확히 통찰하고 그 해답을 제공하는 데 탁월한 재능을 지닌, 손가락 안에 드는 세계적인 성경학자다. 이 책은 같은 저자의 『아담과 하와의 잃어버린 세계』(새물결플러스 역간)의 자매서다. 이전 책이 창세기 2-3장의 왜곡된 이해를 바로잡고 새로운 해석의 길을 제시했다면, 이번 책은 토라에 대한 잘못된 이해에서 벗어나게 하려고 다양한 자료를 근거로 독자를 논리적으로 설득하고 있다. "토라"(Torah)는 히브리어를 음역한 것으로, 전통적으로 "율법"(Law)으로 번역되어왔다. "율법"이라는 번역어는 토라의 내용이 아니라 토라의 표현양식에서 따온 것이다. 토라의 내용적 본뜻은 "가르침"(teaching)이나 "교훈"(instruction)이다. 따라서 토라에 대한 오해는 율법이라는 번역어에서 출발한다고 해도 과언이 아니다. 토라를 법으로 오해하는 물꼬를 터준 것이다. 저자는 토라를 고대 근동의 문서와 문화 세계 안에서 비교 분석하면서 토라의 독특성을 도드라지게 부각시킨다. 저자는 토라란 법률이나 구원의 수단으로 사용되도록 의도된 것이 아니며, 질서 확립을 위하여 하나님과 자신의 봉신(이스라엘)과 맺은 언약의 맥락에서 제공된 지혜의 가르침이라고 주장한다. 율법과 복음이라는 잘못된 대조적 명제로 토라의 본뜻을 잃어버린 세계에서 새롭게 진리의 참빛을 비춰주는 책이 어찌 반갑지 아니하겠는가!

차준희 | 한세대학교 구약학 교수

저자들은 "잃어버린 세계" 시리즈를 계속 집필하고 있는데, 토라 연구에서 토라를 법이라기보다는 가르침으로, 법률이라기보다는 지혜로 이해한다. 그들은 그리스도인들이 토라가 현대의 법이나 그리스-로마 시대의 법처럼 기능한다고 가정하기 때문에 종종 토라를 잘못 이해한다고 지적한다. 대신에 저자들은 토라가 사회를 다스린 사람들의 지혜를 통해 질서가 달성되었던 고대 근동의 맥락에서 해석되어야 한다고 주장한다. 고대 근동에서 질서는 사회를 지배한 사람들의 지혜를 통하여 성취되었다. '법' 모음집은 선별된 예들을 포함하였고 재판관들을 위한 지침으로서 옳고 그름을 위한 모델을 가르쳐줄 의도로 편찬되었지만 일상생활을 자세하게 규제한 포괄적인 법전은 아니었다. 이 신중하고 읽기 쉬운 연구는 구약 법과 오늘날의 그리스도인들에 대한 그것의 적실성에 관심이 있는 모든 사람에게 가치가 있을 것이다.

데이비드 L. 베이커 | 올 네이션스 크리스천 칼리지

저자들은 토라를 지혜라는 더 폭넓은 맥락에서 그리고 지혜의 표현으로 올바로 본다. 이것이 바로 신명기 4:6과 시편 19:7 같은 구절이 암시하는 바다.

케빈 첸 | 유니온 대학교 성서학 부교수

저자들은 고대 근동 법에 관한 최근의 학술 연구물을 가져다가 성경의 토라에 대한 그들의 조사에 능숙하게 적용한다. 함무라비 법과 같은 고대 법전들은 각 사회에서 실제로 집행된 법이 아니었을 가능성이 매우 높다. 본서는 이의 함의를 정직하게 직시한다. 전반적으로 본서는 성경의 법에 어떻게 접근할 것인가에 관한 주의 깊고 중요한 주장을 확립한다. 그리고 본서는 현대 그리스도인들이 건성으로 하는 해석들이 거의 필연적으로 틀리게 된다는 것을 용감하게 보여준다. 이런 저술이 오늘날 미국의 대다수 개신교 신자 사이에 창궐하는 순진하고 단순한 해석들을 둔화시키기 시작하기를 바랄 뿐이다.

브루스 웰스 | 텍사스 대학교 오스틴 캠퍼스 중동학 부교수

The Lost World of the Torah

Law as Covenant and Wisdom in Ancient Context

John H. Walton • J. Harvey Walton

토라의
잃어버린 세계

고대 세계 맥락에서 본 언약과 지혜로서 (율)법

존 H. 월튼·J. 하비 월튼 지음
안영미 옮김

새물결플러스

목차

서론

영어에서 우리는 "법과 질서"라는 표현을 사용한다. 이러한 종류의 구조는 **중언법**—'그리고'에 의해 결합되어 단일한 개념을 표현하는 두 개의 명사—으로 알려져 있다(참조. "공격과 폭행"). 이 표현에서 **질서**는 목적이고 **법**은 그것을 성취하는 수단이다. 법이 질서를 성취하는 유일한 방법은 아니다. 질서를 성취하기 위한 다른 방법으로는 윤리와 예절 관습이 포함될 것이다. 사회는 무엇이 질서정연한(또는 무질서한) 행동을 구성하는지를 좌우하는 관습과 금기를 통해 규제된다. 그러한 규제들은 공식적이거나 비공식적일 수 있으며, 외부 기관이나 사회적 압력에 의하여 강제될 수 있고, 구전된 것이거나 성문화된 것일 수 있고, 명시적이거나 암묵적일 수 있다. 그것들은 사회 전체에 걸쳐 규범적이거나 의견 차이(예를 들어 세대들 간의 상충하는 견해에 기초한 의견 차이)에 따라 주관적일 수 있다. 질서는 일반적으로 무엇이 공동선을 구성하는가에 대한 특정한 이해와 관련이 있다.

법은 도덕적 행위로 인식되는 것에 국한되지 않는다. 예를 들어 교통법은 질서에 필수적이지만 본질상 도덕적인 것은 아니다. 동시에 기본적인 도덕성에 대한 인식이 종종 법에 구현되기도 하지만, 항상 그런 것은 아니다. 사실 어떤 법은 부도덕하다고 판단되어야 하며, 따라서 우리는 그 법에 저항해야 한다는 데 동의하는 사람이 있을 것이다(예를 들어 인종차별법). 법의 목적은 질서이며, 도덕적 행위는 종종 질서의 한 측면이다. 현대 서구 사회에서 법은 공식적이며, 성문화(법전화)되고, 기관 및 제도(경찰, 사법부)에 의해 집행된다. 법률에 대한 그런 접근법은 "제정법"(statutory law)이라고 불린다. 법에 대한 이러한 개념이 매우 깊이 각인

되어 있음에 비추어 우리는 본능적으로 다른 사회에서도 법이 같은 방식으로 기능한다고 상상한다. 그것은 이후의 장(章)들에서 도전받게 될 주요 가정 중 하나다.

법이 어떻게 작동하는가에 관한 가정들과 더불어 사람들은 성경이 어떻게 작동하는가—성경이 어떻게 해석되어야 하는가—에 관한 가정들을 지니고 있다. 현대 세계에서 "성경의 법"(biblical law)이라고 불리는 것에 대해 우리는 가열찬 논쟁을 벌이거나 그것을 철저히 무시한다. 구약성경의 법들은 이해가 안 될 정도로 이상하게 보이거나(바닷가재를 먹지 않음) 도덕적으로 비난받을 만한 것으로 보일 때(아동 처형), 논란이 일어난다. 우리가 그 법이 시대에 뒤쳐지게 되어 이제 규범적인 권위를 지니지 않는다고 여길 때, 그것을 무시하게 된다(옷의 술, 희생제물). 구약성경의 "법"을 정말로 사용하려고 시도하는 독자들조차도 종종 그것이 적실치 않거나 너무 혼란스럽다는 것을 발견하고는 그것을 이해할 수 없다는 인식에 좌절하고 더 이상의 시도를 포기한다. 신랄한 비평과 경멸이라는 극단적인 반응에도 불구하고 사람들—때때로 논쟁적이거나 경멸하는 바로 그 사람들—은 계속해서 이 법들로부터 도덕적 원칙을 제안하고, "성경적 관점"을 제시함으로써 사회에서 일어나는 문제들을 해결하기 위한 증거 텍스트들을 모은다. 그 결과 그리스도인들과 회의론자들 모두 종종 구약성경의 법을 그것이 잘못 제시되고 잘못 이해된 대로 오용하며, 그것의 진정한 메시지는 너무도 자주 묻혀 있거나 짓밟힌다.

만일 우리가 충실한 해석자가 되고자 한다면 우리는 정보에 근거하여 신중하게 텍스트를 읽고, 우리가 사용하는 방법에 일관성을 유지하며, 우리 자신의 목적에 맞게 텍스트를 조작하기를 거부하고, 그 아래에서 신적 권위가 작동하는 자율성을 존중하는 독자가 될 필요가 있다.[1] 우리는 문학 장르가 작동하는 방식을 포함하여 텍스트의 언어 및 문학에 대한 올바른 이해에 비추어 해석해야 한다. 우리는—그 이상도 그 이하도 아니라—본래의 전달자들이 말하려고 의도했던 것을 찾는 데 전념해야 한다. 우리는 감히 그들이 의도한 범위에 들지 않았던 개념들을 텍스트 안으로 욱여넣으려 하지 말아야 한다. 이러한 해석 행위 외에도 우리는 텍스트에 민감하게 반응해야 한다. 그 반응이 어떠해야 하는지에 관한 의견의 차이가 있을 수 있지만, 전통적으로 많은 이들은 가장 일반적인 의미에서 그것은 우리가 하나님의 계획과 목적에 참여할 때 세상에서 하나님을 잘 대변하는 사람들이 되는 것(그것이 무엇을 수반하든)과 관련이 있다는 데 동의해왔다. 그러므로 법—더 정확히 말하자면 토라—의 충실한 해석자로서 우리는 장르가 어떻게 작동하는가, 법에 관한 진술 구절들이 그 맥락에서 무엇을 의미했는가, 그리고 그것들이 오늘날 삶과 사회를 하나님의 말씀에 충실히 복종하도록 정돈시키도록 노력하는 사람들에게 어떤 중요성을 지녀야 하는가에 대한 이해를 추구해야 한다. 가장 중요한 해석상의 질문은 "이 진술은 하나님을 적절하게 대변하기 위해서 나에게 무엇을 하라고 말하고 있는가?"가 아니다. 우리가 가장 먼저 물어야 할 질문은 "이것이 왜 이곳에 있는가?"다. 그렇게 할 때 우리가 문학적 과제를 다루는 데 도움이 되기 때문이다.

본서의 첫 번째 목표는 독자들이 토라라는 성경 문학이 그것의 맥락

---

1 John H. Walton and D. Brent Sandy, *The Lost World of Scripture: Ancient Literary Culture and Biblical Authority* (Downers Grove, IL: IVP Academic, 2013), 284-87에 수록된 논의를 보라. 거기서 우리는 이것을 역량이 있고 윤리적이고 고결한 읽기라고 불렀다.

에서 어떻게 기능했는가—즉 '왜 이 문학은 특별히 이 방식으로 제시되었는가?' 및 '왜 그것이 이 형식으로 말하는 내용이 성경으로 여겨지기에 충분히 중요하였는가?'—에 관하여 더 잘 알 수 있도록 도움을 줄, 토라에 관한 정보를 제공하는 것이다. 우리는 고대 세계에서 시작해야 하며, 이런 종류의 고대 문학의 특징을 인식해야 한다. 그런 다음에 우리는 그 맥락화에 기초해서 토라가 고대 이스라엘 사람들에게 어떻게 기능하기로 의도되었는지 이해하기 위해 히브리어 텍스트를 이해할 필요가 있다. 그리고 나서야 우리는 비로소 우리에게 있어 토라의 권위적인 의미가 무엇인지 물을 수 있는 위치에 있게 될 것이다.

바울은 디모데에게 "모든 성경은 하나님의 감동으로 된 것으로 교훈과 책망과 바르게 함과 의로 교육하기에 유익하니 이는 하나님의 사람으로 온전하게 하며 모든 선한 일을 행할 능력을 갖추게 하려 함이라"(딤후 3:16-17)고 말한다. 많은 독자는 장르를 연구하지 않아도 이 구절이 토라의 의미가 무엇인지 우리에게 말해준다고 생각한다. 그러나 바울은 여기서 디모데의 가정 교육이 이미 그에게 가르친 것—교훈과 책망 등—이 사실상 디모데 시대의 유대인들이 히브리어 성경(바울이 **성경**[Scruipture]이라는 단어로 의미한 것)이 유용성이라고 생각한 것들이었다고 단언하고 있다. 이 구절의 요점—디모데후서 3:16-17에 대해 "이것이 왜 여기에 있는가?"라는 질문에 대한 답변—은 그 사용을 구약의 다른 잠재적인 사용들과 대조하는 것이 아니라 나열된 기능들을 속이는 자들(딤후 3:13)이 새롭게 도입한 것들과 대조하는 것이다. 성경이 토라를 포함하고 있지만, 우리는 바울이 토라(또는 구약성경)의 정밀한 기능들의 메뉴를 제공하고 있다고 생각해서는 안 된다. 토라가 **어떻게** 가르치고 책망하고 바르게 하고 의로 교육하고 하나님의 사람으로 하여금 모든 선한 일을 행할 능력을 갖추게 하는지 묻는 대신, 우리는 토라가 "하나님의 감동으로 된 것"이라는 말이 무슨 의미인지를 물어야 한다.

오늘날 구약성경과 토라를 사용하는 사람들은 문화의 중요한 문제들을 "성경적인" 방법으로 그리고 특히 "성경적인" 해답과 입장을 가지고 다룰 수 있다고 믿고 싶어 한다. 오늘날 다양하고 다원적인 우리 사회에서 우리는 낙태, 줄기세포 연구, 유전공학, 기후변화, 토지 개발, 종들의 멸종, 사형, 이민정책, 창조세계 보호, 지속가능성, 안락사, 그리고 아마도 가장 편만한 문제로서 권리와 정체성(성별, 성적 취향, 민족, 인종 등)에 관한 문제들을 포함한 많은 문제에 직면하고 있다. 우리는 성경이 우리에게 답을 주기를 원하지만, 성경에 어떤 답이 내장되어 있는지 또는 성경에 답이 제시되어 있는지 여부는 오직 정보에 근거해서 성경 텍스트를 이해하고 일관된 방법론을 사용하여 우리의 해석에 도달함으로써만 결정될 수 있다. 우리가 이러한 사회적 문제들에 대한 "성경적인" 해답이라고 생각할 수 있는 것을 발견하기란 얼핏 보는 것만큼 간단하지 않다고 우리는 제안할 것이다. 많은 해석자가 상상하는 것과 달리 성경은 명제적인 계시를 편찬한 것―신적 단언들을 표현하는 사실들의 모음집―이 아니기 때문이다. 비록 그것이 대중적인 견해일지라도, 우리는 그와 반대로 성경은 모든 장소 및 시대에 항상 유효한 명제들을 포함하고 있는 정보체(a body of information)[2]가 아니라고 주장할 것이다. 대신에 우리는 우리가 직면하

---

2   Kevin J. Vanhoozer, "Lost in Interpretation?: Truth, Scripture, and Hermeneutics," *JETS* 48, no. 1 (2005): 89-114, 특히 94-95에서 논의 및 반박되었다.

는 복잡한 문제들을 해결해줄 신의 감동으로 된 묘책이 있다는 생각에 저항해야 할 필요가 훨씬 더 크다는 점을 발견할 것이다.

본서는 고대 세계는 법률 자체보다 질서에 더 관심이 있었고, 당국은 사회의 일상생활을 규제하기 위해서 우리가 법이라고 부르는 것을 만드는 경향이 없었다(비록 칙령은 흔했지만)는 이해를 논의의 핵심적인 기초로 삼는다. 질서는 법률(권위자에 의해 제정된 공식적인 성문법 체계)에 의존하는 대신에 사회를 다스리는 사람들의 지혜를 통하여 성취되었다. 이러한 이해는 텍스트 해석, 다양한 성경 모음집들의 상호관계에 대한 고려, 그리고 오늘을 위한 토라의 중요성에 대한 인식에 크게 영향을 미칠 것이다. 우리는 너무도 자주 마치 토라가 법률로 의도된 양 토라가 법률을 구성하는 것으로 생각했다. 만일 우리가 주장하는 바와 같이 토라가 결코 법률로 의도된 것이 아니라면 그것은 잘못된 접근법이다. 만일 토라의 초점이 질서와 지혜라면 그것은 적어도 이스라엘의 맥락에서의 질서와 지혜에 대한 이해를 우리에게 제공해줄 것이다.[3] 그런 다음 우리는 오늘날 그것이 우리에게 어떤 관련이 있는지 결정해야 할 것이다.

그렇다면 우리는 먼저 구약성경에서 사용된 용어와 그것이 본서에서 사용되는 방식을 정리할 필요가 있다. 첫째, **토라**라는 단어는 다양한 용법으로 사용된다. 구약성경과 유대교 역사 전체에 걸쳐 **토라**는 모세 오경이라는 이름으로도 불리는 구약성경의 처음 다섯 책을 일컫는 데 사

---

3 Roy Gane은 구약의 법들이 "가치에 관한 지혜의 풍부한 원천"을 포함하고 있다고 지적한다. Roy E. Gane, *Old Testament Law for Christians: Original Context and Enduring Application* (Grand Rapids: Baker Academic, 2017), xiii. 그는 또한 토라와 법률 사이의 구분을 긍정한다, pp. 28-29.

용되었다. 어떤 사람들은 그 명칭이 여호수아 1:8, 8:31, 34 그리고 열왕기하 14:6과 같은 이른 시기의 문서에서 "율법책"을 지칭하는 것으로 사용되었다고 추정한다. 우리는 이 단어를 그런 식으로 사용하지 않을 것이다. 둘째, **토라**는 법률 문학에서 기술적인 용어다. 그 말은 시내산에서 수여된 것, 레위기에서의 정결 체계(purity system)를 규정하는 것, 모세를 통하여 전달된 것, 이스라엘 사람들이 그것에 따라서 살 것으로 기대되었던 것을 묘사한다. 토라는 법조문들(legal sayings)을 묘사하기 위해 사용된 기술적인 용어 중 하나에 불과하다. 비록 토라의 용법이 법적인 맥락으로 제한되지는 않지만 우리는 **토라**라는 용어를 일반적으로 법조문들의 전체 범주에 대해서 사용할 것이다(예를 들어, 부모가 아이들에게 주는 "지시"를 가리키는 잠언 경구들과 관련하여 **토라가** 사용된다).

본서의 접근법은 이전에 출판된 "잃어버린 세계" 시리즈 책들에서 사용된 것과 동일한 형식을 따른다. 각각 하나의 장(章)을 구성하는 일련의 명제들을 통해 우리는 숙고해야 할 중요한 문제들을 다루면서 하나하나 따져볼 것이다. 각 장에서 제공된 입증 자료들이 마지막 장들까지 쌓일 것이다. 거기서 정보에 근거한 토라에 대한 이해를 사용하고 일관성 있는 해석을 적용해서 오늘날의 현실적인 문제들에 접근하기 위한 제안들이 제시될 것이다. 독자들은 이 연구의 결과물이 논쟁의 여지가 있는 모든 질문에 대한 확고한 대답이 될 것이라고 기대하지 말아야 한다. 오히려 우리는 토라의 메시지가 오늘날 어떻게 사용될 수 있는지에 관한 더 명확한 이해로써 끝맺을 것이다.

제1부

방법론

구약성경은 고대 문서다

이미 "잃어버린 세계"(『아담과 하와의 잃어버린 세계』가 새물결플러스에 의해 출간되어 있다─편집자 주) 시리즈를 접해 본 독자라면 이것이 그 책들 각각에 수록된 첫 번째 명제 중 하나임을 인식할 것이다. 구약성경이 고대 문서라는 사실은 우리가 구약성경을 마치 그것이 현대 서구의 문서인 것처럼 읽을 수 없다는 것을 의미한다. 구약성경의 단어들은, 구약의 청중은 그것을 직관적으로 이해했으나 현대 독자에게는 종종 불분명한 문화적 내용으로 가득하다.

예컨대 반대 방향의 예를 들어보자. 다른 문화권 출신의 사람(우리와 동시대 사람이든 고대 사람이든)이 "[미국의 국기인 성조기를 의미하는] '이전의 영광'(Old Glory) 게양"에 대해 말하는 미국인을 만났다고 상상해 보라. 심지어 몇몇 미국인조차(나이와 지리적 위치에 따라서는) '이전의 영광'이 미국 국기를 가리킨다는 사실을 모를 수 있다. 하지만 그 탐구를 좀 더 진척시켜 보자. 고대 문화에서는 사람들에게 한 나라의 상징인 국기에 대한 개념이 없었을 것이다. 따라서 문화적 상징주의에 대한 지식이 필요하다. 둘째, 의미론적 범위에 대한 지식만이 독자에게 깃발을 날리는 것은 비행기를 날리는 것과 같지 않고 그것을 눈에 띄도록 전시하는 것을 말한다고 독자에게 알려줄 것이다. 셋째, 그러면 그들은 왜 깃발을 게양하는지 궁금해 할 수 있고 우리의 대답은 문화적 가치인 애국심과 관련이 있을 수도 있다. (비록 그들이 왕에 대한 충성의 중요성은 이해했을지라도) 그들이 반드시 민족 국가에 충성을 표현해야 한다고 느끼지는 않았을 것이기 때문에 많은 고대 문화에서 애국심은 낯선 개념일 것이다. 그래서 애국심에 관한 논의는 국가라는 실체가 가치가 있는지 및 그 가치가 무엇인지에 관한 흥미로운 대화를 열어줄 것이다. 마지막으로, 우리는 오늘날의 국가적 가치들은 다른 문화(가치들이 국가적 가치가 아니라 문화적 가치들인 문화)에서의 국가적 가치들과 상당히 다를 수 있음을 발견할 것이다. 이 것은 단순히 어떻게 언어가 문화적 의미로 가득한가를 보여주는 임의의 예에 불과하다. 고대 문화에서 온 사람이 우리의 개념들을 이해하는 데 어려움을 겪는 것처럼(비록 그 단어들이 그들에게 제대로 번역되었다 할지라도), 우리 역시 우리 자신이 고대 텍스트에서 온 단어들로 전달된 모든 문화적 개념들을 이해하려고 애쓰는 것을 발견한다.

여러 이유로 인해 문화적 개념은 번역하기가 어렵다. 그것이 어려운 가장 중요한 이유 중 하나는 종종 원어의 단어들 안에 존재하는 모든 개념이나 뉘앙스를 표현하는 단어들이 번역어에 없다는 것이다. 그러나 부적합한 어휘로 인한 장애 외에도, 우리는 생소한 문화적 틀의 내부로부터, 그리고 그것과 관련되어 전달된 개념들을 만난다. 우리는 우리가 읽고 있는 텍스트 고유의 문화적 틀을 고려하지 않은 채 우리 자신의 문화적 연결망(network)이란 관점에서 텍스트를 해석하는 경향이 있다.

문화의 강들(cultural rivers)은 다양한 문화적 배경이라는 현상을 묘사하는 데 유용한 은유다.[1] 현대 세계에서 문화의 강은 쉽게 식별된다. 미국의(또는 종종 세계의) 문화의 강의 흐름 가운데 몇 가지만 열거하자면 권리, 자유, 자본주의, 민주주의, 개인주의, 사회적 연결망, 세계화, 시장경제, 소비주의, 과학적 자연주의, 팽창하는 우주, 경험주의, 자연법칙과 같은 다

---

1   이후의 논의는 Tremper Longman III and John H. Walton, *The Lost World of the Flood: Mythology, Theology, and the Deluge Debate* (Downers Grove, IL: IVP Academic, 2018), 6-7에서 채택함.

양한 원리들이 있다. 이러한 흐름 안에서 떠다니고 싶어 하는 사람도 있고 적어도 이러한 흐름 중 일부에 대해 거슬러 헤엄치려고 애쓰는 사람도 있지만, 우리 현대인들은 불가피하게 그 물속에서 살고 있다. 우리의 다양한 사고방식과 관계없이 우리는 모두 문화의 강 안에 있고 그 강의 흐름은 우리에게 친숙하다.

고대 세계에서는 아주 판이한 문화의 강이 모든 근접 문화들―이집트, 페니키아, 아시리아, 이스라엘―을 관통하여 흘렀다. 수 세기에 걸친 문화들 사이의 중요한 변화들에도 불구하고, 어떤 요소들은 대체로 정적(靜的)인 상태를 유지했다. 경로가 계속 조정되어도 가장 지속성 있는 흐름에 거의 영향을 주지 않는다. 다양한 시대와 문화 출신의 사람들은 실제로 인류에게 공통적인 몇 가지 비슷한 도전들에 직면할 수 있지만, 고대 문화에 공통된 흐름 중에서 현대 문화의 강에서 발견되는 것은 거의 없다. 고대 문화의 강에서 우리는 공동체 정체성, 포괄적이고 편재적인 신들의 지배, 왕권의 역할, 점술, 성전의 중심성, 형상들의 중재 역할, 희생제물의 효과적이고 필수적인 역할, 영적 세계 및 마술의 실재 등과 같은 흐름을 발견할 것이다.

이스라엘 사람들은 때때로 저항하지 않고 그 문화의 강의 흐름을 따라 떠다녔다. 그리고 우리는 그 점에 대해 놀라지도 않고 그것을 비판하지도 않을 것이다. 그러나 어떤 때에는 하나님의 계시가 그들에게 흐름을 벗어나 얕은 곳으로 가게끔 하거나 심지어 격렬하게 상류로 헤엄쳐 올라가도록 격려했다. 이스라엘 사람들이 문화의 강과 어느 정도로 상호작용했든 간에 그들이 **고대** 문화의 강 안에 놓여 있었고 우리의 현대 문화의 강의 흐름에 잠겨 있지 않았다는 것을 우리는 기억할 필요가 있다.

성경 텍스트의 충실한 해석자가 되기 위해서는 우리는 바로 이 "내장성"(embeddedness)을 이해하려고 애써야 한다. 하나님은 그들의 문화의 강이란 맥락 안에서 의사소통했다. 하나님의 메시지, 하나님의 목적, 그리고 하나님의 권위는 모두 이스라엘 청중을 위하여 이스라엘 전달자에게 부여되었고, 그 메시지는 그들의 언어 및 문화 안에서의 내적 논리에 따라 형태를 갖췄다. 우리는 다른 원천을 통한 권위 있는 의사소통을 확신할 수 없다. 따라서 우리는 그들의 고대 문화의 강에서 그 중재자들을 통하여 전달된 하나님의 메시지를 발견해야 한다.

이것이 의미하는 바는 만일 우리가 하나님의 권위 있는 메시지의 완전한 영향을 받을 수 있도록 성경을 해석하고 건전한 신학을 위한 기초를 세우려고 한다면, 우리는 먼저 고대 전달자의 문화의 강에 관여하기 위해 현대의 모든 문제와 관점 및 우리의 문화의 강이란 가정들을 제쳐둬야 한다는 것이다. 우리가 구약성경에서 만나는 전달자들은 우리의 문화의 강과 그것의 모든 사회적 측면들을 알지 못한다. 그들은 우리의 문화 강을 다루지도 않고 그것을 예상하지도 않는다.[2] 그러므로 우리는 우리의 문화의 강의 상수(常數)나 흐름 중 어느 것도 성경에서 구체적으로 다뤄지고 있다고 가정할 수 없다. 하지만 그렇다고 해서 구약성경이 우리와 관련이 없다는 뜻은 아니다.

그렇다면 성경 텍스트가 우리에 대해서 갖는 적실성을 판독해 내기 위하여 우리는 어떻게 해야 하는가? 언어를 잘 번역하는 것이 첫 단계이

---

2   예를 들어, Walter Harrelson의 십계명에 관한 책의 첫 행에 주목하라. "성경은 우리가 사용하는 의미에서의 인권에 관해 거의 모르거나 전혀 모른다." Walter J. Harrelson, *The Ten Commandments and Human Rights* (Philadelphia: Fortress, 1980), xv.

지만 그것은 시작에 불과하다. 만일 우리가 다른 문화의 강에 존재하는 텍스트를 이해하기를 바란다면, 우리에게 "문화 중개인"(cultural broker)의 서비스가 필요하다.[3] "성조기를 게양하는 것"(flying Old Glory)과 관련하여 위에서 사용된 예를 돌이켜 생각해보면, 우리는 단순히 단어들을 번역함으로써 이해가 성취되지는 않는다는 것을 알았다. 문화 중개인의 역할은 전달하려는 내용을 이해하고 그것을 의미가 통하는 용어로 설명하려고 시도할 때 어떤 장애물을 만날 수 있을지를 식별할 수 있을 정도로 원래의 문화와 그것을 듣는 문화 모두에 대한 충분한 지식이 있는 사람에 의해 수행된다. 또 다른 예로, "파이의 날"(pie day)을 기념하는 비교적 최근의 관행을 생각해보라. 번역의 차원에서 보면 그것은 파이를 먹음으로써 기념하는 기회처럼 들리고 실제로 그렇다. 그러나 왜 그날을 3월 14일에 기념하는가? 이를 위해서는 문화 중개인이 필요하다. 우리 문화에서는 날짜를 숫자로 표기할 수 있다. 미국에서 3월 14일은 3/14가 될 것이다. 수학의 전문 용어가 이 숫자들과 관련이 있는데, 3/14에서 사선을 소수점으로 대체시키면 3.14가 되고 이는 원의 지름에 대한 원주의 비율을 나타내는 수학적 상수를 반올림한 수를 나타낸다(이는 심지어 우리 문화에서도 널리 알려져 있기는 하지만 보편적으로 또는 본질상 알려진 것은 아닌 세부사항이다). 그러나 그것은 여전히 둘을 연결하기에 충분한 정보가 아니다. 문화 중개인은 다음에는 수학자들이 이 상수를 그리스어 문자 '파이'(π)로 나타내기로 동의했는데, 이 문자가 우연히 영어 단어 '파이'(pie), 즉 맛있

---

3 현대의 예는 Anne Fadiman, *The Spirit Catches You and You Fall Down: A Hmong Child, Her American Doctors, and the Collision of Two Cultures*(New York: Farrar, Straus and Giroux, 1997)를 보라.

는 빵과 동음이의어라는 것을 설명해야 할 것이다. 따라서 우리는 그 연결이 언어유희를 사용하고 있다는 것을 발견한다.

현대의 성경 독자들은 토라의 고대 법조문들의 번역(예를 들어, 신 22:11, "양 털과 베 실로 섞어 짠 것을 입지 말지니라")을 넘어서서 그 진술들 배후에 있는 사상(왜 혼합된 재료로 짠 옷을 입는 것이 고대 세계에서 문제가 되었는가?)을 설명해줄 수 있는 문화 중개인을 필요로 한다. 문화 중개인은 의사소통을 촉진하기 위해 서로 다른 문화적 배경을 가진 사람들 사이에 다리를 놓는 것을 도와준다. 그 결과로 초래되는 협의는 발화된 단어들(spoken words), 용어, 또는 텍스트와 관련이 있을 수도 있다. 문화 중개인은 양쪽 문화의 가치 및 신념을 이해해야 하며, 주어진 문화들의 신념 체계들을 기꺼이 연결하려 해야 하고 그럴 수 있어야 한다. 이 해석법은 다양한 문화들이 같은 기본 개념들에 대해 서로 다른 단어들을 가지고 있기만 한 것이 아니라는 기본적인 가정 위에서 작동한다. 문화들이 자신의 단어를 사용하여 전달하려는 개념은 다른 문화들의 개념과는 근본적으로 다르며, 그 단어들은 종종 타문화가 사용할 수도 있는 단어들과 피상적인 유사성만 있다.

토라는 우리가 히브리 성경 또는 구약성경으로 알고 있는 고대 텍스트의 일부다. 그 성경은 우리를 위하여 쓰였지만(즉 우리는 그것의 신적 메시지로부터 유익을 얻게 되어 있고 그것이 우리를 변화시킴으로써 우리가 우리의 문화의 강의 흐름을 직면하도록 도와줄 것이라고 기대해야 한다), 우리에게 쓰인 것은 아니다(우리의 언어로 쓰이지도 않았고 우리 문화의 맥락에서 쓰이지도 않았다). 메시지는 문화를 초월하지만, 그것은 고대 이스라엘의 문화의 강에 완전히 잠겨 있는 형태로 주어진다. 이는 우리가 하나님의 권위 있는 메시지의 완전한 영향을 받기 위해서 성경을 해석하려면 우리의 문화의 강을 제쳐놓고 그 텍스트가 전달된 고대인의 문화의 강을 이해하도록 노력해야 한다는 것을 의미한다. 성경은 고대 이스라엘의 언어로 고대 이스라엘 사람들에게 쓰였다. 그러므로 성경의 메시지는 고대 이스라엘의 논리에 따라 작동한다.[4]

우리는 우선 그 텍스트가 무엇을 말하는지 그리고 무엇을 말하지 않는지에 세심한 주의를 기울임으로써 고대 문서로서의 그 텍스트의 주장들을 이해하기 시작할 수 있다. 우리 자신의 문화, 인지 환경, 전통 또는 질문에 기초해서 주제넘게 나서는 가정들을 만들어내기가 너무 쉽다. 외부인인 독자로서 우리의 현대적 관점들을 가정하고 그것들을 텍스트에 강요하지 않기 위해서는 어느 정도의 훈련이 필요하다. 우리의 사고에 우리 자신의 맥락이 내장되어 있으며 우리가 고대 세계에 대해 모르기 때문에 우리는 종종 우리가 그렇게 하고 있다는 것조차 모른다. 고대의 사고와 현대의 사고 간의 차이를 인식하는 가장 좋은 길은 고대 세계에 주의를 기울이는 동시에 시대착오적인 직관의 영향을 최소화할 방법론적인 제약들을 부과하기 시작하는 것이다. 이것은 고대 세계의 문헌에 잠김으로써 이루어진다. 고대 문헌이 결코 성경을 대체하지는 않을 테지만 그것은 성경을 이해하기 위한 도구가 될 수 있다.[5]

---

4   John H. Walton and J. Harvey Walton, *The Lost World of the Israelite Conquest: Covenant, Retribution, and the Fate of the Canaanites* (Downers Grove, IL: IVP Academic, 2017), 9에서 채택함.
5   John H. Walton, *The Lost World of Adam and Eve: Genesis 2-3 and the Human Origins Debate* (Downers Grove, IL: IVP Academic, 2015. 『아담과 하와의 잃어버린 세계』, 새물결플러스 역간), 22에서 채택함.

우리는 본래 성경 텍스트를 직관적으로 읽는 경향이 있으므로 우리의 직관을 억제해야 한다. 우리가 성경을 직관적으로 읽으면 우리는 무의식적으로 우리 자신의 문화적 개념들을 텍스트에 부과한다. 우리는 그렇게 하지 않을 수 없다. 어떤 읽기도 문화적으로 중립적이지 않다. 본능적으로 읽으면 반드시 텍스트에 현대의 문화적 사고가 부과되기 때문에, 우리는 그러한 읽기는 적어도 잠재적으로 신뢰할 수 없다고 결론 짓는다. 어떤 사람들은 만일 우리가 성경을 고대 세계에 비추어 읽는다면 우리가 그 세계를 텍스트에 부과하는 것이라면서 그런 읽기에 반대할 수도 있다. 그러나 텍스트가 고대 세계에 놓여 있으므로 우리는 텍스트에 그 세계를 부과할 수 없다. 아무도 해석자가 텍스트에 히브리어를 부과하고 있다고 주장함으로써 성경 텍스트를 이해하기 위하여 히브리어를 사용하는 것에 반대하지 않을 것이다. 우리는 성경 텍스트에 히브리어를 부과할 수 없다. 성경은 히브리어로 기록되었다. 마찬가지로 고대 세계가 성경 텍스트의 본래 맥락이기 때문에 우리는 성경 텍스트에 고대 세계를 부과할 수 없다.

텍스트의 권위는 텍스트를 더도 말고 덜도 말고 있는 그대로 읽을 때 발견된다. 텍스트를 "문자적으로" 해석하는 것에 자부심을 느끼는 사람들에 대해서, 우리는 원저자가 의도했던 대로 읽는 것이 텍스트를 가장 문자적으로 읽는 것이라고 말할 수 있을 뿐이다. 그것이 우리의 목표이며, 하나님의 말씀에 충실한 해석자라면 그보다 덜한 것은 어떤 것도 고려하지 않는다. 그 작업에는 노력이 필요하고, 우리는 노력해야만 한다. 그것은 노력할 가치가 있다.

몇몇은 그러한 접근법이 일반 독자의 손에서 성경을 빼앗아간다고 주장하며 심지어 그것이 종교개혁의 목적—모든 농부가 성경을 읽고 그것을 이해할 수 있도록 하는 것—에 어긋난다고 주장할지도 모른다. 그러나 우리는 농부가 얻는 이득은 성경을 자신의 언어로 읽을 수 있는 것이라는 점을 깨달아야 한다. 종교개혁자들은 결코 모든 농부가 주석자나 신학자만큼 자율적인 전문성을 달성할 것이라고 기대하지 않았다. 종교개혁자들이 모든 독자를 위한 성경의 명료성을 주장한 것은 누구나 참여할 수 있는 표면적인 성경 읽기(언어학적으로, 문자적으로, 신학적으로 잘 알고 읽기)와 입회자들만 알 수 있는 신비하거나 난해한 텍스트 해석을 대비한 것이다. 명쾌함은 그것이 (히브리어든 그리스어든 또는 자신의 모국어든) 신비하고 난해한 읽기 기술을 획득할 필요성을 없애지 않는 것처럼 문화 중개라는 신비롭고 난해한 기술을 획득할 필요성을 제거하지 않는다. 종교개혁자들은 성경 번역의 필요성을 인정했는데, 문화 중개는 번역 과정의 일부다.[6] 우리는 종교개혁자들이 고대 세계에서 새로 발견된 텍스트를 사용하기를 거부했을 것이라고 상상해서는 안 된다. 종교개혁자들 자신이 그들의 선구자 중 아무도 1,500년 동안 가지고 있지 않았던 새로운 요소—히브리 언어에 대한 지식—를 성경 해석에 들여왔다. 그들은 이전 사람들이 히브리어에 접근하지 않았다고 해서 히브리어를 사용하여 새로운 통찰을 얻는 것을 주저하지 않았다. 다른 사람들이 그 도구들을 가지고 있었든 그렇지 않았든 상관없이 우리는 언제나 이용할 수 있는 도구들을 사용해야 한다.

---

6   Iain Provan, *The Reformation and the Right Reading of Scripture* (Waco, TX: Baylor University Press, 2017), 302-12.

종교개혁자들은 확실히 모든 성경과 성경의 모든 측면이 훈련에 무관하게 모든 평신도에게 접근될 수 있거나 이해될 수 있다고 믿지 않았다. 종교개혁자들이 그렇게 믿었다면 그들은 분명히 수백 권의 주석과 신학 서적을 쓰지 않으면 안 된다고 생각하지 않았을 것이다. 글을 읽고 쓸 수 있는 사람이라면 누구나 다윗이라 불리는 사람이 인구조사를 했다는 것을 읽을 수 있지만(삼하 24장), 모든 사람이 다윗의 인구조사에 관하여 읽고 왜 그가 그러한 일을 할 생각을 했는지, 왜 그가 인구조사를 하는 것이 좋은 아이디어라고 생각했는지 또는 왜 그것이 좋은 아이디어가 아닌 것으로 판명되었는지 알 수 있는 것은 아니다.

　　학자들은 다른 모든 사람과 마찬가지로 그리스도의 몸에서 수행하는 역할을 갖고 있다. 우리는 학자들이 자기들은 누구나 할 수 있는 것이 아닌 독특한 공헌을 한다고 생각하는 것이 어쨌든 엘리트주의라는 데 반대할 수는 없다. 모든 사람이 눈, 귀 또는 손인 것은 아니다. 다른 모든 사람은 그들이 하는 일을 하도록 재능을 부여받았다. 학자들도 예외가 아니며 어느 누구도 그것을 시기해서는 안 된다. 아무도 혼자서는 그리스도의 몸 전체가 아니다. 우리는 모두 다른 사람들의 은사에 의존한다. 만일 성경이 번역되어야 한다면―이는 오늘날에도 여전히 인정되는 종교개혁의 중요한 강조점이다―누군가가 그것을 번역할 필요가 있다. 어휘의 의미론처럼 문화적 중개는 번역 과정의 일부이며 유능한 번역가에게 필요한 기능이다.

　　우리는 성경 텍스트를 본질적으로 고대 문화와 관계된 것으로 인식할 때, 성경 텍스트가 전달자와 그들의 청중의 문화를 반영하는 목표들과 연결되어 있다는 것을 깨닫는다. 의사소통은 무언가를 성취하려는 **행**

위—명령하고, 지시하고, 약속하고, 위협하고, 축복하고, 권고하고—다. 더욱이 그것은 고립된 행위로 의도된 것이 아니라 어떤 유의 반응—순종, 배움, 감사, 주의 등—에 대한 기대가 있다. 의사소통의 작동 방식에 대한 이러한 이해를 "화행이론"(speech-act theory)이라고 한다. 화행(speech-acts)은 특정 단어들(구술 또는 문자)을 통해 시작된다. 해석은 각 화행의 세 측면—단어, 의도, 바람직한 반응—모두에 대한 세심한 조사를 필요로 한다. 그러한 조사는 수사(修辭) 장치, 문학 구조, 장르와 같은 문학적인 요소들뿐만 아니라 문법, 구문, 단어의 의미와 같은 언어학적인 측면들도 고려할 것이다.

(우리가 이후의 장들에서 하는 것처럼) 이 개념들을 토라에 적용할 때, 우리는, 그 진술들을 법률을 제공하기 위해 의도된 것(의도된 행위)으로 읽는 사람들은 기대되는 반응을 순종 또는 심지어 사회를 구조화하는 것으로 이해하려 한다는 것을 알 수 있다. 고대의 장르에 기초해서 우리는 토라의 의사소통 행위의 다른 의도를 제안할 것이다. 그 의도는 토라를 이해하고 그 이해를 의미 있게 이용하는 반응을 기대할 것이다. 그러나 그 지점에 이르기 위하여 우리는 먼저 오늘날 우리가 법에 관하여 어떻게 생각하는지, 그리고 그것이 고대 세계에서 생각한 것과 어떻게 다른지 조사해야 한다

오늘날 우리가 토라를 해석하는 방식은
법과 법률 작동 방식에 관한
우리의 사고에 영향을 받는다

오늘날 우리는 법에 관해 어떻게 생각하는가? 다른 시대 및 다른 문화권의 사람들은 법에 관해 어떻게 생각했는가? 이스라엘 사람들은 법에 관해 어떻게 생각했는가? 이스라엘의 법은 고대 세계의 다른 법들과 같았는가? 토라의 문서들은 법에 관한 이러한 개념들과 어떤 관련이 있는가? 토라를 잘 읽으려면, 즉 토라가 그것의 문화적 시간과 맥락 안에서 읽혔던 방식으로 토라를 읽으려면 우리는 이런 문제들을 다루어야 한다. 그 문제에 접근하기 위하여 우리는 사람들이 무엇을 법의 원천으로 생각하는지, 사람들이 그것이 어디에서 발견된다고 믿는지, 그리고 그것이 어떻게 사회에 적용되는지에 관한 질문을 해야 한다.

본서에서는 기록된 문서를 **기술적**(descriptive)인 문서와 **규범적**(prescriptive)인 문서로 구별하는 것으로 충분할 것이다. 규범적인 문서는 순종 또는 순응이란 반응을 기대하고, 기술적인 문서는 이해란 반응을 기대한다. 우리는 **법률**[1]이라는 용어를 규범적이며, 따라서 법체계 및 그 체계 아래에 있는 사람들의 의무를 생성하는 법의 공식화 개념을 가리키는 데 사용할 것이다. 르페브르는 법조문들의 규범적, 입법적 사용과 비입법적 기술적 기능 사이의 중요한 차이를 식별한다.[2] 우리는 **법조문**과 같은 용어를 일반적으로 사건들이 전통적인 지혜를 기반으로 판단되는 문화에서 통용되고 있는 대체로 기술적인 지시(instruction)를 가리키는 데 사용할 것이다. 이 용법에서, **법률**과 **지시**는 구별되는 화행들로서 그것들이

---

1   〈참고 자료〉 용어 해설에 나오는, 제정법과 관련이 있든 없든 실정법을 가리킴.
2   Michael LeFebvre, *Collections, Codes, and Torah: The Re-characterization of Israel's Written Law* (New York: T&T Clark, 2006), 23-24.

예상하는 반응도 다르다. 이제 이러한 범주들을 갖추었으니 우리는 오늘날 법과 법률에 관하여 어떻게 생각하는지, 그리고 그것이 고대 세계와 어떻게 다른지 고찰할 수 있다.

비교적 최근의 역사(종교개혁 이후)에서 사람들이 법에 관해 생각하는 방식에 큰 변화가 일어났다.[3] 사람들은 법을 본질상 강제적인 성문화된 법률로 생각하기 시작했다. 이 법률 문서들은 본질상 규범적인 문서로 생각되었고, 사람들에게 의무를 부과했다. 따라서 오늘날 우리는 법을 법전(legal code)에 반영된 것으로 생각한다. 더욱이 우리는 이러한 사고방식을 너무 확신하는 나머지, 그것이 항상 이런 식인 것은 아니었다거나 심지어 다른 사고방식들이 있을 수 있었다는 것을 기억하거나 깨닫지 못한다.

그에 반해서 두어 세기 전만 해도 법은 좀 더 유연했다(비서구 문화권에서는 여전히 이런 경향이 드물지 않다). 사회는 기억할 수 없을 정도로 오래 전에 유사 형태를 갖춘 관습과 규범을 통해 규제되었다. 특별히 교육받은 사람들이 아니라, 그 문화의 전통 안에서 지혜롭다고 여겨진 사람들인 재판관들은 그들의 통찰력과 지혜를 바탕으로 결정을 내렸다. 그런 문화에서 법과 관련된 문서들은 성문화된 법률이 아니었다. 즉 그것들은 법을 확립하는 **규범적인** 문서가 아니었다. 대신에 그것들은 (실제 평결을 통해서든 가상의 예를 통해서든) 판결을 **기술했다**. 즉 결정을 보고했다.

우리의 문화의 강에 존재하는 법과 법률에 관하여 우리가 어떻게 생

---

3 우리는 여기서 그 역사를 자세히 이야기하지 않을 것이다. 그러나 그것은 다음 문헌들에서 다뤄진다. Christine Hayes, *What's Divine About Divine Law? Early Perspectives* (Princeton, NJ: Princeton University Press, 2015); Joshua A. Berman, *Inconsistency in the Torah: Ancient Literary Convention and the Limits of Source Criticism* (Oxford: Oxford University Press, 2017); 그리고 LeFebvre, *Collections, Codes, and Torah*.

제1부 방법론

각하는지가 법적 정보를 포함하고 있는 성경 텍스트들과 고대 근동 세계의 텍스트들에 관한 우리의 추정들과 관점들을 결정할 것이기 때문에 우리가 이 구별을 인지하는 것이 매우 중요하다. 르페브르는 고대 근동이 "입법적인 사회"(legislative society)가 아닌 "비입법적인 사회"라고 주장한다(그리고 우리는 그 주장에 동의한다).[4] 그 경우에 법적 구조는 기록된 문서를 기반으로 하지 않는다. 기록된 문서는 완전히 다른 기능을 한다.

20세기 초에 함무라비 비문이 발견되었을 때, 그것은 즉시 법의 본성에 관한 20세기의 가정들에 기초하여 함무라비 법전(Code of Hammurabi)이라고 불렸다. 연구자들은 그것이 바빌로니아 지역의 법을 포함하였으며 그 법은 규범적이고 성문화된 법률이었다고 가정했다. 우리가 명제 3에서 논의하는 바와 같이 (비록 그 명칭이 바뀌지는 않았지만) 그 인식은 점차 변했다. 그것은 성경 해석에서 한동안 무슨 일이 진행되고 있었는지를 보여주는 중요한 표시다. 그리고 여기서 우리는 본서에서 중심적인 문제에 도달한다.

지난 2, 3백년 동안 법에 관한 관점이 변했기 때문에 우리는 그러한 새로운 관점에 비추어 토라를 해석하기 시작했다.[5] 구체적으로 말하자면 우리는 토라를 마치 규범적이고 성문화된 법률인 것처럼 다루기 시작했다. 그러한 개념은 고대 세계에 존재하지 않았음에도 불구하고 말이다. 해석자들이 그들 자신의 문화의 강—그들 자신의 문화적 맥락—이라는

---

4   LeFebvre, *Collections, Codes, and Torah*, 23-30.
5   물론 이것 이전에도 토라에 대한 다른 규범적인 해석들이 존재했었다. 그러나 토라를 성문법으로 취급하는 것에 관해서 오늘날 우리가 흔하게 발견하는 구체적인 관행은 보편적인 시민의 관행(civic practice)으로서의 성문법의 발전과 함께 출현했다.

여과기를 통해서 성경 텍스트를 읽는 경향이 있었다. 그러한 읽기의 결과로써 사람들은 토라가 이스라엘 땅의 법을 좌우했다고 생각하기 시작했다. 그리고 토라는 신의 계시로 여겨졌기 때문에 그것은 사회와 도덕에 대한 하나님의 이상적인 안내서로 생각되었다. 그리고 만일 그것이 사회와 도덕의 이상적인 형태에 대한 하나님의 안내서라면 모든 곳의 모든 사람이 그것을 적용할 의무가 있다. 우리는 오늘날 그것을 적용하기에는 특이한 것들과 변칙적인 것들을 다루는 방법을 결정하기만 하면 된다.

이 논리 사슬은 모두 토라가 하나님에 의해 주어진 규범적이고 성문화된 법률의 계시를 나타낸다는 잘못된 가정에서 시작한다. 사람들이 이런 식으로 생각하기 때문에 그들은 법과 도덕에 대한 좀 더 큰 질문부터 우리 시대의 문제들로부터 발생하는 특정한 질문에 이르기까지 모든 문제에 "성경적인" 입장을 제공하는 하나님의 계시인 토라를 적용하려고 노력한다. 그러나 만일 토라가 결코 규범적이고 성문화된 법률의 계시로 의도되지 않았다면 우리는 지금까지 잘못 이해한 것을 치우고, 토라는 무엇이며 토라가 어떻게 작동하는지에 대해 처음부터 다시 이해해야 한다. 어떤 대안이 있는가? 만일 토라의 의도된 기능이 법률이 아니라면 (그러므로 기대되는 반응이 순종이 아니라면), 그것의 의도된 기능과 기대되는 반응은 무엇인가? 토라의 계시는 무엇을 성취하기 위하여 의도되었는가? 그것은 어떤 종류의 화행인가? 그것의 계시는 무엇인가? 달리 말하자면 성경에 왜 그것이 존재하는가? 이런 질문들이 우리가 이제부터 다룰 주제들이다.

용어 해설

다음은 법철학에서 사용하는 일부 전문 용어들과 그 정의들에 대한 간략한 검토다.[a]

신명론(divine command theory). 이 관점에서 법의 원천은 하나님이다. 몇몇은 그 원천이 신적 칙령(divine decree)―하나님에게서 왔다고 믿어지는 기록된 문서들―에서 발견된다고 믿는다. 이는 특별 계시를 필요로 한다. 어떤 특별 계시도 필요하지 않으며 하나님의 법은 양심과 같은 일반적인 원천을 통하여 알려진다고 믿는 사람들도 있다.

자연법(natural law). 이 관점에서 법은 우리 주변 세계의 잘 기능하는 질서(여기에는 우리의 양심이 포함될 수도 있다)에서 도출된다. 만일 세계 질서가 하나님 안에 그 근원을 가지고 있는 것으로 여겨진다면 이것은 신법(divine law)의 하위범주다. 그것은 텍스트에서의 계시로부터가 아니라 관찰로부터 알려진다. 이 관점은 로마서 1-2장에서 바울에 의해 표명되었다. 법의 원천이 하나님이나 세상의 고유한 본성에서 유래하는 한, 사회는 스스로 자유롭게 결정을 내릴 수 없다. 보편적인 도덕적 진리가 존재한다.

실정법(positivist law). 이것은 일단(一團)의 규칙들이 권위자들에 의하여 그들의 뜻에 따라 집행되는 이해 체계를 가리킨다. 이 규칙들이 논리적이거나 합리적일 필요는 없으며, 그것들의 가치에 대해 이의가 제기되지도 않는다. 즉 가치가 없다고 해서 그것들의 권위가 부정되지 않는다. 도덕성과의 어떤 본질적인 연결도 불필요하다. 실정법은 일반적으로 강제력에 의하여 뒷받침된다(비록 공유된 가치들은 힘에 의존하지 않고도 순응으로 이어지지만 말이다). 그것의 원천은 신적 세계나 왕(또는 왕이 신의 뜻에 대한 통로로 여겨질 때는 두 가지 모두에서) 또는 심지어 종교 단체(예를 들어 바리새파 또는 교도권[magisterium]이나 이슬람법[sharia]의 책임자)일 수 있다. 법에 대한 이러한 접근법은 헬레니즘 시대에 발달했고 따라서 구약성경이나 고대 근동에서는 반영되지 않는다.

불문법(common law). 일단 법이 어디서 오는지(하나님, 자연, 통치 조직) 그리고 법이 어디에서 발견되는지(신적 칙령, 양심, 성문화된 법령)가 결정되면, 사회의 행동을 규제하기 위해 법을 적용하기 위한 체계들이 생겨난다. 불문법(때때로 관습법[customary law]이라 불리며 일반적으로 판례법[case law]에 반영됨)은 기록된 법전에 의존하지 않는다. 그것은 재판관들의 지혜에 의존하여 사회의 관례 및 관습을 반영하는 판결을 내린다. 어떤 특정한 사법적 결정도 향후 결정을 위한 선례를 정하지 않는다. 본래 그것은 불완전하고 유동적이다. 베르만은 신성한 텍스트들은 그것들이 작용할 때 성문법의 원천이 아니라 재판관들이 참고할 자료로서 불문법 역할을 한다고 설명한다.[b] 환경과 시나리오가 달라지면 이전의 결정들에 대한 재논의가 요구된다. 불문법은 법전보다는 추론 체계와 관련이 있으며, 대체로 (세계적이거나 다채로운 배경에서보다는) 동질적인 사회적 배경에서 가장 잘 작동한다.

제정법(statutory law). 이것은 실정법을 적용하여 그 지역의 법으로 사용되는 성문화된 텍스트로 만든 것이다. 제정법은 실정법으로서 권위에서 비롯되며 강제적으로 부과된다. 그것은 한정적이다. 판결은 법령에 기록된 규정에 따라 이루어진다. 그것의 뿌리는 고전 그리스에서 발견되지만, 19세기 말 서구의 표준적인 합의가 되었다.

성경과 관련이 있는 법의 역사는 마이클 르페브르의 책[c]뿐만 아니라 이미 언급된 헤이스와 베르만의 책들에서도 찾아볼 수 있다. 그 논의의 중요성은 두 가지다. 그것은 우리의 현재의 관점이 비교적 최근에 발달했다는 것과, 고대 세계는 실정법이나 제정법을 채택하지 않았다는 것을 보여준다.

---

a 이 정의들과 차이점들에 관한 정보는 Christine Hayes, *What's Divine About Divine Law? Early Perspectives* (Princeton, NJ: Princeton University Press, 2015); Roy E. Gane, *Old Testament Law for Christians: Original Context and Enduring Application* (Grand Rapids: Baker Academic, 2017), 25-26; 그리고 Joshua A. Berman, *Inconsistency in the Torah: Ancient Literary Convention and the Limits of Source Criticism* (Oxford: Oxford University Press, 2017)에서 가져왔다. 이 정의들은 세인트토마스 대학교 법과대학 학장이자 Mengler Chair인 Robert K. Vischer와의 개인적인 대화를 통하여 다듬어졌다. 최종 책임은 나에게 있지만, 나는 그 대화에 대해 감사히 여기고 있다.
b Berman, *Inconsistency*, 110.
c Michael LeFebvre, *Collections, Codes, and Torah: The Re-characterization of Israel's Written Law* (New York: T&T Clark, 2006).

제2부

고대 근동 법 모음집의 기능

고대 세계의 법 모음집은 법률이 아니다

풍부한 문서자료가 고대 근동의 법적 원칙과 관행을 입증한다.[1] 토라를 이해하기 위한 이 중요한 단계에서, 우리는 우리가 어떤 종류의 문서들을 지니고 있는지, 그리고 그것들이 우리에게 무엇을 말해주는지를 살필 준비가 되어 있다. 우리가 고대 근동의 문화를 전반적으로 이해하게 되면, 우리는 성경 자료를 조사해서 [그것과 고대 근동의 법 사이의] 유사점과 차이점을 평가함으로써 토라를 더 잘 이해하는 데 도움이 될 무언가를 배울 수 있다. 우리는 적어도 몇몇 차이점들을 발견할 것이라고 예상하지만, 유사점들은 법적 사고의 영역에서 이스라엘 사람들이 오늘날 우리의 사고방식보다는 고대 세계에 존재했던 사고에 훨씬 더 가깝다는 것을 우리에게 보여줄 것이다. 그들은 그들의 고대 문화의 강에 완전히 잠겨 있었고, 그곳의 흐름은 오늘날 우리가 발견하는 것과는 판이했다. 그러므로 우리는 구약성경을 직관적으로 읽는 것에만 의존할 수 없다는 점을 다시금 상기하게 된다. 우리 자신의 문화와 우리를 이 시대로 데려온 역사가 우리의 읽기 본능에 큰 영향을 주었다. 그래서 우리는 입수할 수 있는 고대 세계의 법적 자료를 요약하는 것부터 시작한다.

법적 문제, 제의에 관련된 지시 사항, 법 개혁 칙령, (개인적 및 공적인) 거래 기록, 계약 등을 다루는 행정 텍스트들과 편지들은 모두 우리의 일

---

1   중요한 문서들이 수천 개에 이른다. 영수증과 같은 비즈니스 거래를 포함하면, 그것들은 수만 개에 이른다. 이 문서들의 거의 모든 측면에 대한 정보를 Brent Strawn, ed., *The Oxford Encyclopedia of the Bible and Law*, 2 vols. (Oxford: Oxford University Press, 2015)에서 찾아볼 수 있다; Raymond Westbrook, *A History of Ancient Near Eastern Law*, 2 vols. (Leiden: Brill, 2003)도 보라. 서론이 포함된 번역은 Martha T. Roth, *Law Collections from Mesopotamia and Asia Minor*(Atlanta: Society of Biblical Literature, 1995)에서 이용할 수 있다.

반적인 이해에 도움을 주는 정보를 제공하지만, 우리는 이것들을 제쳐둘 것이다. 우리가 조사할 가장 중요한 문서들은 법조문 모음집과 절차와 결정을 입증하는 법정 문서들(court documents)이다. 이 두 범주의 텍스트 중에서 법조문 모음집이 더 중요하다. 이 텍스트들은 내용 면에서뿐만 아니라—더 중요하게는—장르에 있어서도 우리가 토라에서 발견하는 것과 매우 유사하기 때문이다.

고대 근동의 법조문 모음집

가장 이른 모음집의 기원은 기원전 제3천년기 말로 거슬러 올라가지만 좀 더 중요한 모음집들은 주로 기원전 제2천년기에 등장한 것들이다. 1901년에 수사 유적에서 발견된 가장 잘 알려지고 가장 광범위한 첫 번째 모음집은 모세보다 수백 년 앞선 함무라비(기원전 1750년경) 왕의 비문에 새겨진 282개 법조문을 보존하고 있는 비석이다. 함무라비는 이스라엘 족장들과 동시대의 바빌로니아 왕이었다. 그 이후로 더 이른 시대의 모음집들이 발견되었다. 현재 그런 문서는 7개다(〈표 3.1〉 참조). 이 중 두 개의 모음집에서 법조문 목록에 서문과 종장이 딸려 있는데, 이는 문학적 사용에 통찰력을 제공하는 특징으로서 분석의 가장 중요한 측면 중 하나다. 해결되어야 할 문제는 이 모음집들의 목적과 기능에 관한 것이다.

<표 3.1> 고대 근동의 법 모음집

시대 (후원하는 왕)	시대 (기원전)	언어	장소	서문/ 종장	내용
우르 제3왕조 (우르-남마 또는 슐기)	21세기	수메르어	우르	있음	31개 조문
이신-라르사 시대 (리피트-이쉬타르)	20세기	수메르어	이신	있음	38개 조문
고 바빌로니아 (다두샤 또는 이발피엘)	18세기	아카드어	에쉬눈나	없음	60개 조문
고 바빌로니아 (함무라비)	18세기	아카드어	바빌론	있음	282개 조문
히타이트 고왕국[a] (텔리피누?)	17세기	히타이트어	하투샤	없음	200개 조문
중기 아시리아 (티글라트-필레세르 1세)	11세기	아카드어	아수르	없음	100개 조문
신 바빌로니아	7세기	아카드어	시파르	없음	15개 조문

[a] 이 모음집의 일부는 명시적으로 개혁을 실시한다. 많은 법적 개혁 문서 가운데 가장 중요한 두 문서는 우루이님기나(라가쉬, 기원전 24세기)와 암미사두카(바빌론, 기원전 17세기)에게서 유래한다.

이 텍스트들은 처음 발견되었을 때 "법전"이라고 불렸는데, 이 이름은 우리의 문화의 강 및 법의 본질에 관한 가정 그리고 부분적으로는 성경 "법전들"의 본질에 관한 이전의 결정들에서 도출된 추정을 반영한 명칭이다. 이 견해는 소위 함무라비 법전을 포함하고 있는 비석의 꼭대기에서 발견되는 부조(浮彫)에 의해 뒷받침된다고 여겨졌다. 그 부조에는 정의의 신 샤마쉬가 보좌에 앉아 지팡이와 고리를 내밀고 있고 함무라비가 그 맞은편에서 경의를 표하는 자세로 서 있는 그림이 있다. 초기 해석자들은 이것이 야웨가 모세에게 율법을 수여한 것과 같이 신이 함무라비에게 법을 수여하는 것을 표현하는 장면이라고 생각했다. 추가로 분석해보니 샤마쉬 신이 함무라비에게 그 자료를 전달하고 있는 것이 아니라는 점이 명백해졌다. 샤마쉬에 관한 더 많은 정보가 발견됨에 따라 지팡이와 고리는 전달되고 있는 법 자체도 아니고 심지어 법을 만들 권위도 아니라는 점이 알려졌다. 그것들은 샤마쉬의 권위의 상징들로 밝혀졌다. 샤마쉬가 그것들을 함무라비에게 수여하고 있는 것이 아니라 그에게 그것들을 보여주고 있다.[2] 그 부조는 샤마쉬의 권위를 통해 함무라비를 의로운 왕으로 임명하는 것을 묘사한다. 부조에 대한 수정된 해석과 더불어, 시간이 흐르는 동안 다양한 관찰들이 이 고대 근동의 법 모음집들에 대한 다른 해석들을 제안하기 시작했다. 학자들이 법의 내용에 주요한 틈들(즉 법전에 필수적임에도 불구하고 모음집에 포함되지 않은 영역들; 아래를 더

---

2   샤마쉬가 심지어 그 앞에 아무도 서 있지 않을 때도 이 상징들을 들고 있는 많은 묘사로 미루어 볼 때 그것들은 확실히 그의 권위의 상징이다. 몇몇은 샤마쉬가 이 물품들을 함무라비에게 수여하고 있으며, 그것들이 왕의 직분을 나타내는 상징(규와 코걸이)으로서 왕으로 하여금 백성을 인도하고 정의를 집행할 수 있게 한다고 믿는다. W. W. Hallo, "Sumerian History in Pictures: A New Look at the 'Stele of the Flying Angels,'" in *An Experienced Scribe Who Neglects Nothing: Ancient Near Eastern Studies in Honor of Jacob Klein*, ed. Yitzhak Sefati et al. (Bethesda, MD: CDL Press, 2005), 142-62, 150-53의 논의를 보라. 다른 사람들은 샤마쉬가 자주 이 휘장들을 들고서 그의 팔을 뻗고 있는 모습으로 그려지며 그가 누구에게도 그것들을 주지 않는다고 주장한다. 이 관점에서는 그것들은 측정 도구로 이해된다. Thorkild Jacobsen, "Pictures and Pictorial Language (the Burney Relief)," in *Figurative Language in the Ancient Near East*, ed. M. Mindlin et al. (London: School of Oriental and African Studies, 1987), 1-11; Christopher E. Woods, "The Sun-God Tablet of Nabû-aplaiddina Revisited," *JCS* 56 (2004): 23-103을 보라. 막대기와 고리에 대한 간략한 논의는 Jeremy Black and Anthony Green, *Gods, Demons and Symbols of Ancient Mesopotamia: An Illustrated Dictionary* (Austin: University of Texas Press, 1992), 156을 보라.

보라)이 있다는 것을 알아차리기 시작하자, 이 모음집들이 "법전"(즉 공식적인 규범적 법률)이 아니라는 주장들이 제시되기 시작했다. 대신에 이것이 모델 평결 모음집이었다는 주장이 제시되었다. 이 관점은 함무라비 모음집의 문학적 맥락 및 그 부조의 해석에 잘 들어맞는다. 그래서 그 법조문 모음집은 함무라비가 자신의 왕국에서 정의를 집행하고 있음을 과시하는 것으로 재해석되었다. 신들은 그에게 정의를 집행하라고 그를 왕으로 임명했고, 그는 그 역할에 관해 책임이 있었다.

이 해석이 주어지자 그 문서를 규범적인 성문 법률로 해석하는 것은 덜 적합해지게 되었고, 사고에서의 조정이 계속되었다. 학자들은 이 모음집들이 오로지 입법자들 앞에 가져온 사례에 관해 결정을 내리는 입법자들의 작품이 아니라 서기관들의 학문적 창의성의 결과가 아닌지 의심하기 시작했다. 확실히 많은 사례는 실제 사례에서의 실제 평결을 나타낼 수도 있었겠지만, 명백히 그에 반하는 사례들이 있다.[3] 만일 법조문들이 모델 평결들로서 보전된 것이 아니라면 그것들은 무엇인가? 그것들은 왜 기록되었는가? 우리는 다음 장에서 이 질문에 주의를 기울일 것이다. 하지만 그 전에 법 모음집이 다루는 범위에 대한 질문을 논의할 필요가 있다.

---

3 Jean Bottéro, "The 'Code' of Hammurabi," in *Mesopotamia: Writing, Reasoning, and the Gods* (Chicago: University of Chicago Press, 1992), 176-77은 타작마당에서 곡식을 밟는 염소에 대한 "삯"의 예를 제공한다. Bottéro는 그 모음집들이 같은 종류의 법적 맥락에서 변형들을 열거하려고 한다는 것을 보여주었다.

법 모음집이 다루는 범위

오늘날 우리가 사용하는 규범적인 성문법의 특징 중 하나는 그것이 다루는 주제의 범위가 다소 포괄적이어야 한다는 것이다. 사회가 법을 통해서 다스려지려면 그 법은 사회의 모든 측면을 다뤄야 한다. 법이 특정한 영역만 다룬다면 그 효과성을 상실한다. 물론 어떤 법전도 가능한 상황, 우발적 사건, 시나리오를 남김없이 모두 다룰 수는 없다. 그 딜레마에 대한 우리의 해결책은 선례를 충분히 활용하여 법적인 상황들을 과거의 결정에 맞춰 분류하는 것이다. 이런 식으로 실질적인 포괄성이 성취될 수 있다. 어쨌건 법의 모든 범주와 삶의 모든 측면이 다뤄져야 한다. 그것은 엄청난 과제이며 복잡한 관료주의를 만들어낸다.

이와 대조적으로 고대 근동의 법 모음집들을 연구한 사람들에게는 그 모음집들이 포괄성을 담보하려고 시도하지 않는다는 점이 명백해진다. 삶과 사회의 중요한 많은 측면이 다뤄지지 않은 채 남겨졌다. 함무라비 모음집은 대부분의 영역을 다루며 민사 문제와 형사 문제에 관한 구절들을 포함한다(결혼/가족, 상속, 재산, 노예, 빚, 세금/삯, 살인, 간음, 강간, 절도, 성적 일탈, 거짓 증거, 폭행, 책임). 다른 모음집들은 이 범주 중 몇 가지 또는 심지어 다수를 다루지 않는다.[4] 우리는 몇몇 범주들은 어떤 모음집에도 나타나지 않으며, 또 다른 많은 범주는 모음집들에서 다뤄지는 정도가 고르지 않다는 것을 알 수 있다(예컨대 사법 조직, 재정 정책, 축산업).[5]

---

4   비교표는 John H. Walton, *Ancient Israelite Literature in Its Cultural Context* (Grand Rapids: Zondervan, 1989), 76-77을 보라.
5   누락되거나 불충분하게 기술된 범주들의 광범위한 목록은 Bottéro, "'Code' of

우리는 이 문서들이 사회의 모든 측면을 규제하기 위한 성문화된 법률 역할을 할 수 없었다는 결론을 내릴 수밖에 없다. 마지막으로, 우리는 법정 문서를 통해서 제공된 증거로부터 추가 정보를 얻을 수 있다.

법정 문서들

현존하는 수천 건의 법정 문서들을 연구하는 학자들에게는 고대 세계의 사법부가 오늘날처럼 공식적이고 성문화되고 규범적인 법전에 근거하여 판결을 내리지 않았다는 것이 매우 분명했다. 우리가 보유하고 있는 모든 문서 중 어디에도 재판관의 판결을 결정하기 위해 참고한 자료에 대한 언급이 없다. 함무라비 모음집의 유명세에도 불구하고 그것이 법정 문서에서 재판관의 판결에 근거를 제공했다고 기록된 적이 없다.[6] 우리의 세계에서 재판관들은 철저한 검토를 견뎌낸 법적 결정의 선례들과 국가의 입법기관에 의해 제정된 법률에 근거해서 결정을 내린다. 판결은 문서로 기록되어야 하며 문서 기록에서 나온 증거에 의해 뒷받침되어야 한다. 이와 대조적으로 고대 세계의 재판관들은 그 목적으로 만들어진 문서를 참조해서 평결을 내리지 않았다. 대신에 그들은 관습과 지혜에 의존했다. 관습과 지혜가 부적절한 경우에는 신적 신탁을 구하곤 했다(출 18장에서 모세가 행한 절차에 주목하라).[7]

Hammurabi," 161에서 제공된다.

6 Bottéro, "'Code' of Hammurabi," 163; 그리고 Joshua A. Berman, *Inconsistency in the Torah: Ancient Literary Convention and the Limits of Source Criticism* (Oxford: Oxford University Press, 2017), 112-13.

7 Michael LeFebvre, *Collections, Codes, and Torah: The Re-characterization of Israel's Written*

법에 대해 생각할 때, 우리는 규범적인 규칙 목록 및 그것들을 위반할 경우의 결과를 상상한다. 어떤 사람이 기소되면 변호사, 판사, 배심원은 그 규칙이 실제로 위반되었는지 그리고 그 결과가 어느 정도로 적용되어야 하는지 결정하려고 노력한다. 이 체계는 논리적인 정확성—규칙 자체의 제정과 증거 제시 모두에서—과 선례에 크게 의존한다. 우리는 확실히 판사들(또는 배심원들)이 그들의 직관을 적용하여 무엇이 "잘못"에 해당하는지 그리고 이 특정한 개인에게 무슨 벌칙이 가해져야 하는지 결정하는 것을 **원치 않는다**. 그래서 우리는 그들이 일련의 방법론적 제약들 안에서 작업하도록 강제한다(예컨대 배심원들은 법원이 공식적으로 인정한 증거만을 고려하도록 명령받고, 그 어떤 추가적인 영향으로부터도 의도적으로 격리된다). 그러나 고대인들은 재판관이 그가 재판하는 사건에, 잘못에 관한 자신의 직관을 적용하고 각 사건을 그 자체의 가치에 따라 판단하기를 **원했다**. 현대의 판례법은 변호사와 판사들에게 어떤 종류의 판결을 내리도록 허용되는지에 대해 제한을 정하는 선례를 기술한다. 반면에 고대의 법적 지혜는 옳고 그름이 어떤 모습인지에 관해 재판관을 가르치려 하였고, 따라서 그는—재판관은 대개 남성이었다—그의 평결로써 잘잘못을 가려낼 수 있었을 것이다. 우리는 다음 장에서 이 텍스트들이 지혜를 가르친다는 개념을 논의하면서 이 개념을 전개할 것이다. 고대의 법적 텍스트들은 법이 무엇인지를 가르치지 않는다. 고대의 법적 텍스트들은 옳고 그름에 대한 모델을 제공하여 재판관들이 그것을 보고 판단할 수 있게 해준다.

Law (New York: T&T Clark, 2006), 40.

제2부 고대 근동 법 모음집의 기능

명제 4

고대 근동의 법 모음집은 지혜를 가르친다

학자들이 고대의 법조문 모음집의 목록들과 수메르, 바빌로니아, 아시리아 문헌에서 점점 더 익숙해지고 있던 목록들 사이의 유사성에 주목하기 시작했을 때 고대의 법조문 모음집에 대한 이해를 위한 가장 중요한 약진이 일어났다. 고대 근동의 광범위한 문서 중 일부는 법조문 목록들처럼 "만일 ~이면" 공식을 자주 사용했다(이는 결의론적[casuistic], 즉 사안별 공식으로 알려져 있다). 이 유형의 공식을 따르든 그렇지 않든, 문헌들에서는 목록이 다반사로 사용되었다.

- 의학적 증상들 및 그것들의 진단법 또는 치료법(약초에 의한 치료든 마술적 치료든)
- 징조 목록: 관찰되는 징조들과 그것들이 예고하는 내용 및 그에 대한 대비법
- 잠언 목록
- 어휘상의 동의어 목록(2개 국어를 다루거나 동의어를 다룸)

이 목록들 사이의 공통점을 통해 이제 그것들이 어떻게 기능하는지에 관한 광범위한 합의가 이루어졌다.

이 목록들은 포괄적인 것으로 의도되지 않았다. 오히려 그것들은 우리가 "특정 사례들에 관한 것"이라고 부를 수 있는 것들이다. 즉 그것들은 그 목록의 주제와 관련된 다양한 사례들을 제공한다. 이처럼 사례들이 축적되면 그 분야 전체를 이해할 수 있는 감을 잡는 데 도움이 된다. 한마디로 말하자면 축적된 사례들은 **지혜**를 제공한다. 의학 목록들은 결합

해서 그 당시의 의료 제공자들이 증상들과 권장된 치료법에 익숙해지게끔 그들에게 지혜를 제공한다. 징조 목록들은 점술 전문가들에게 그들이 매일 왕에게 조언할 때 내려야 할 결정들에 적용할 지혜를 제공한다. 잠언들은 사회의 질서를 보존하기 위한 지혜를 제공하기 위해 열거되었다. 어휘 목록들은 매일 텍스트들을 다뤄야 할 서기관들에게 지혜를 제공한다.

마찬가지로 법조문 목록들은 그들의 마을에서 사건에 대해 판결을 내려야 하는 재판관들에게 지혜를 제공한다. 이 목록들은 정의가 어떤 모습이어야 하는지를 분별하는 왕의 지혜를 보여준다. 그것들은 그 땅의 법이 아니고, 입법적인 칙령도 아니며, 사회에서 강제되는 규범적인 법전도 아니다. 왕은 이것들을 법으로 공포하지 않았다. 신들에 의해 임명된 왕으로서 그의 책임은 그 신들을 위하여 질서를 유지하는 것이기 때문에 왕은 자신의 지혜를 전달하기 위해서 그것들을 편집하도록 했다. 지혜는 질서를 인식하고 그것을 확립하는 능력이다.

가공되지 않은 형태의 목록들은 교육적이다. 함무라비 비문에서처럼 목록들이 서문과 종장 사이에 내장되면 그것들은 신들에 대한 책무보고서 역할을 한다. 따라서 잠언이 우리에게 모든 사람이 사회에서 어떻게 살았는지에 대해 말해주지 않듯이, 이 법조문 목록들은 우리에게 사회에서 어떤 법들이 시행되었는지에 대해 말해주지 않는다. 이 두 종류의 모음집은 모두 질서와 정의로 이끌 지혜를 전달하기 위해 수집된 예시들이다. 왕을 위해서 고용된 학자들은 법을 규정하려고 노력하지 않았다. 그들은 지혜로운 정의를 분별하기 위한 지침을 제공해서 사회에서 질서가 유지되게끔 하려고 노력했다. 이러한 예시 중 몇몇은 실제 평결들로부터 도출되었을 수도 있지만 그것은 중요하지 않다. 마찬가지로 지혜에서의 지시는 법률의 의도와는 판이한 의도를 지닌 것으로 인식되어야한다. 법률은 순종이란 반응을 기대하는 반면 지혜에서의 지시는 이해와적용이란 반응을 기대한다.

몇 가지 예들이 도움이 될 것이다. 예술 감상 입문 과정에서는 "예술이란 무엇인가?"라는 질문을 할 것이다. 뒤이은 논의는 미디어와 취향을 포함하는 많은 문제를 다룰 것이다. 광범위하고 다루기 어려운 예술이라는 개념의 경계를 정하는 예들이 주어질 때 예술의 본질과 관련된지혜가 얻어질 것이다. 예술이라 불릴 수 있는 것의 원(圓)은 이제 각각예술의 예를 나타내는 많은 점으로 구성되어 있다. 이런 설명은 어떤 점에서도 포괄적이거나 규범적이지 않다. 그것은 필연적으로 추상적인 개념을 전달하기 위한 것이다. 마찬가지로 고대의 법조문들은 질서와 정의라는 추상적 개념의 경계를 정한다. 주제의 추상적인 성격에도 불구하고 예술을 배우는 학생들은 그것을 볼 때 어느 정도 예술을 아는 능력을얻게 되어 있다. 마찬가지로 법 문서를 배우는 학생들은 그것을 볼 때 어느 정도 정의를 아는 능력을 얻을 것으로 기대된다. 우리가 지혜라고 부르는 것은 바로 직관적인 인지다.

두 번째 예로 학생들이 숙제로 수학 문제를 푼다고 생각해보라. 제시된 문제들을 풂으로써 학생들은 관련된 개념들을 이해하기 시작한다. 개별 문제는 [수학이라는] 웅대한 체계에서 별로 중요하지 않고 매우 인위적이거나 심지어 비현실적일 수도 있다. 그러나 그 문제들은 좋은 수학을 연습하는 방법을 제공하고, 그들이 삶에서 수학을 사용하며 수학적으로 생각할 수 있게끔 수학에 관한 정보에 근거한 지혜를 성취하도록 도와준다. 만일 그 문제가 서로 다른 역에서 출발해서 다른 속력으로 상대를 향해 달리는 두 열차와 관련되어 있으면, 학생들은 두 열차가 언제 어디서 서로 교차할지 결정하도록 요구받을 수 있다. 학생들은 열차 운행 시간표에 관심을 가질 필요가 없다. 그러한 세부사항은 중요하지 않다. 그들은 철도 운영을 위한 지혜가 아니라 삶을 위한 지혜를 획득하고 있다. 그러나 동시에 수학 문제들은 포괄적이지 않다. 우리는 수학 문제들이 삶의 모든 측면이나 심지어 수학적 사고를 수반하는 모든 면에 대한 예를 제공하리라고 기대하지 않는다. 예술과 수학의 이러한 유비들은 측면적인 접근방법을 설명하는 데 도움이 된다. 이 방법론은 추상적인 사고방식의 경계를 정하는 지혜를 제시하는 예들을 제공한다.

이러한 의견일치에 기초해서 우리는 이제 앞 장에서 관찰한 내용 중 일부를 다시 논의할 것이다. 함무라비 비석의 꼭대기에 있는 부조는 질서와 정의를 주관하는 신인 샤마쉬 앞에 서 있는 왕을 묘사한다. 함무라비는 그 나라에 정의를 세우고 유지하기 때문에 일반적으로 신들에게, 특히 샤마쉬에게 지혜로운 왕이 될 책임이 있다. 이러한 지혜의 실행은 그의 지속적인 임명의 기초다(샤마쉬가 쥐고 있는 임명의 상징들을 기억하라. 이것들은 함무라비를 왕으로 임명할 그의 권리를 의미한다). 서문과 종장에서 함무라비는 자기가 어떻게 신들의 은총을 입어 왕의 자리에 앉게 되었는지, 그리고 자기가 어떻게 신들이 수여한 지혜를 통하여 정의를 유지했는지를 이야기한다. 그의 사법적 지혜의 증거로서 282개 법조문이 제공되는데, 그것들은 때로는 실제로 내려졌던 판결을 나타내고, 다른 경우에는 그러한 사건이 왕 앞에 제기된다면 평결이 어떻게 내려질지를 나타낸다. 모든 조문은 그의 지혜에 대한 증거를 제시하기 위해 존재한다.

모든 사람(모든 신뿐만 아니라)은 그 비석을 함무라비가 참으로 지혜로운 왕이라는 증거로 생각해야 한다. 재판관들은 이 목록으로부터 지혜를 배우고, 백성들은 왕이 그들에게 질서를 제공하기 위하여 그들을 위하여 지칠 줄 모르고 일하고 있다고 확신할 것이다.

목록은 법률을 제정하려는 것이 아니라 한계를 정하려고 하므로 포괄적이지 않다. 그것은 정의와 질서의 예들을 제공한다. 재판관과 관리들이 그것이 전달하는 내용을 흡수하면 그들은 잘잘못을 더 잘 인식하고 적절하게 판결을 내릴 것이다. 목록은 규제나 입법을 의도한 것이 아니므로 포괄적일 필요가 없다. 목록에 있는 항목들은 규범적인 법률이 아니라 기술적인 지시를 제공한다.[1] 이는 또한 법정 문서들에서 법의 원천에 대한 언급이 발견되지 않는 이유를 설명해준다. 법조문 목록은 법의 원천이 아니다. 그 진술들은 재판관들에게 지혜를 알려주기 위한 자원이다. 반면에 법정 문서들은 사회의 관습 및 전통에 관한 재판관들의 통찰력과 지혜를 바탕으로 사안별로 판결이 내려졌던 방식을 보여준다.

목록 지혜의 전통, 법조문들에 관한 문서들을 통한 증거, 그리고 법정 운영의 증거가 한데 결합해서 고대 세계에서 법이 어떻게 인식되고 실행되었는지에 대한 그림을 형성한다. 우리는 그것이 오늘날의 법 이해 및 실천과 딴판이라는 것을 발견한다. 우리는 우리의 문화의 강을 규정하는 단어들, 즉 **법전**, **법률**, **규정**, **강제**, **복종**, **의무**와 같은 단어들에 초점을 맞추기보다는, **지혜**, **예시**, **한정**, **기술**, **지시**, **이해**, 그리고 **개념들의 흡수**

---

1   즉 그것들은 제정법을 나타내는 것이 아니라 불문법을 위한 중요한 기초를 제공한다. 명제 2의 〈참고 자료〉 "용어 해설"에서 성문법에 관한 논의를 보라.

와 같은 단어들에 초점을 맞춰야 한다. 고대 세계에서 질서는 법을 준수하는 복종 이상의 것으로서 인식되었다. 질서는 개인적 차원뿐만 아니라 사회적 차원에서 행사되는 지혜를 통하여 성취되었다. 다음 장에서 우리는 우리가 고대의 문화의 강에 관하여 배웠던 것에 비추어 토라를 평가할 것이다.

토라는 고대 근동의 법 모음집과 비슷하며,
따라서 법률이 아니라 지혜를 가르친다

고대 세계의 문화의 강에 대한 앞선 논의에 비추어볼 때 우리는 이제 법 모음집이 본질상 법률적이라고 단순히 가정할 수는 없게 되었다. 그러므로 이스라엘의 법 목록이 **법률적**인 성격이었다고 주장하려면 그것이 입증되어야 하며, 그럴 책임은 그 입장을 취하기를 원하는 사람에게 있을 것이다. 그러나 사실은 세 가지 요소가 토라가 법전을 구성한다고 보는 이해에 강력하게 반대할 것이다. 더욱이 우리가 고대 근동의 목록들로부터 배운 내용이, 우리가 성경 텍스트에서 접하는 내용을 설명하고 이해하는 데 도움이 될 것이다.

법적 지혜 사례로서의 토라

첫째, 고대 근동의 법 모음집들과 마찬가지로 토라는—심지어 모든 모음집을 결합할지라도—결코 포괄적이지 않다. 예를 들어 그것은 결혼, 이혼, 상속, 또는 입양에 관하여 거의 또는 전혀 다루지 않는다. 설사 이 점이 기본적인 관찰로부터 충분히 명백하지 않다고 할지라도 그것은 해석의 역사로부터 설득력 있게 입증된다. 그것을 규범적으로 사용하려고 한 사람들은 그렇게 사용될 수 있는 법전을 만들기 위하여 상당한 추정을 해야만 했다. 우리는 제2성전기 유대인 해석자들이 토라가 예기(豫期)하거나 다루지 않은 특정 상황에 규정을 제공하기 위하여 자신들이 추정한 내용을 토라에 끼워 넣기 시작한 데서 이미 이러한 경향을 볼 수 있다. 이

러한 작업은 미쉬나에 풍성하게 반영되었다.[1]

둘째, 우리가 고대 근동과 관련하여 발견한 바와 같이 토라는 명백히 문서("모세의 책")로 인식되지만, 그것은 사법적인 판결을 위한 법적, 규범적 근거로 의존되지는 않는다.[2] 그래서 예컨대 다윗은 나단의 비유에 다음과 같이 반응한다. "여호와의 살아 계심을 두고 맹세하노니 이 일을 행한 그 사람은 마땅히 죽을 자라. 그가 불쌍히 여기지 않고 이런 일을 행하였으니 그 양 새끼를 네 배나 갚아 주어야 할지라"(삼하 12:5-6). 양을 훔친 데 대해 4배로 갚아야 하는 관습을 입증하는 근거 구절로 출애굽기 22:1이 인용될 수도 있지만, 다윗이 법을 조사해서 그의 결정에 도달했다는 증거도 없고 그가 법의 텍스트에 기초해서 자신의 결정이 타당함을 입증한 것도 아니다.[3] 법조문들을 담고 있는 본문들은 때때로 백성들에 대한 권고로서 크게 낭독되거나(신 31:10-13; 스 8장), 재판관들에게 참고되거나, 또는 지혜로워지고자 노력했던 왕들에 의해 연구되었다(신 17:18-20).[4] 토라는 왕에게 왕의 직무를 수행하기 위한 지혜를 주려고

---

1 제2성전기 해석자들은 법률(제정법)을 제정한 것이 아니라 토라를 유대인의 삶을 위한 규범으로 삼았다. 그들은 포괄적인 문화 정체성을 규정한 것이지 그 땅의 법을 제정한 것이 아니었다

2 Roy E. Gane, *Old Testament Law for Christians: Original Context and Enduring Application* (Grand Rapids: Baker Academic, 2017), 30 등 많은 학자가 이 견해를 긍정한다.

3 흥미롭게도 70인역 번역은 다윗의 결정을 7배의 배상을 요구하는 것으로 묘사한다. 따라서 마소라 텍스트의 독법은 불확실하다. 반면에 함무라비 법조문은 민간인으로부터 가축을 훔치는 것에 대해 10배의 배상을 나타낸다.

4 Michael LeFebvre, *Collections, Codes, and Torah: The Re-characterization of Israel's Written Law* (New York: T&T Clark, 2006), 47. 우리는 백성들에게 크게 낭독되는 고대 근동의 법 모음집의 예(例)가 없다는 점에 주목해야 한다. 고대 근동의 조약들이 크게 낭독되어야 한다는 규정들이 존재하기 때문에, 우리는 큰 소리로 낭독하는 것이 토라의 언약에서의 역할과 더 관련이 있다고 주장한다.

의도된 것이었다.[5] 토라는 (고대 근동의 법 목록들처럼) 지혜를 구체화한다. 토라는 법률을 제정하지 않는다.

셋째, 우리는 토라 안에 있는 법 모음집이 문학적으로 다차원적으로 삽입되었다는 것을 인식해야 한다. 가장 중요한 것은 법조문들이 야웨와 이스라엘 간의 언약이라는 맥락에서 제시된다는 점이다. 그 경우 그것들은 언약의 합의 조항 역할을 한다(이 점에 대해서는 명제 6과 명제 13에서 좀 더 논의된다). 언약(또는 조약) 조항들은 문학적으로 표현되든 그렇지 않든 간에 법과는 다른 기능을 수행한다. 그 조항들은 양 당사자에 의해 합의되며, 일반적으로 사법기관에 의해서 집행되는 것이 아니라 신들에 의해 집행된다. 그러나 더 나아가 모세 오경에 수록된 법 목록들은 문학적으로는 훗날 정경이 된 책들—그 책들 각각은 토라를 사용하여 자체의 개별적인 목적을 달성한다—뿐만 아니라 내러티브나 연설(신명기에서의 모세의 설교와 같은) 안에도 표현되어 있다. 그것은 이 중에서 어느 것도 법률이라는 문학적 맥락 안에 들어있지 않다는 것을 의미한다. 이것들은 두 번째 (또는 심지어 세 번째) 용법에도 채택되었다.

이러한 논증들은 모두 토라가 고대 근동의 법 모음집과 유사하며, 따라서 토라가 법률이 아니라는 생각을 뒷받침한다. 그러나 몇몇 학자들은 토라가 고대 근동의 다른 법 모음집과는 뚜렷이 구별되며 그 차이는,

---

5 이스라엘을 포함하여 고대 세계는 텍스트 중심의 세계가 아니라 듣기 중심의 세계다. 따라서 기록된 문서가 권위 있는 법의 토대로 사용되었다고 기대되지는 않는다. 일반적으로 단지 매우 특정한 영역들에서만 기록된 문서가 규범적인 기능을 수행했다. 그 문서들은 크게 낭독될 수 있도록 기록되었다. John H. Walton and D. Brent Sandy, *The Lost World of Scripture: Ancient Literary Culture and Biblical Authority* (Downers Grove, IL: IVP Academic, 2013)에 수록된 논의를 보라.

특히 토라는—다른 문서들은 그렇지 않았을지 몰라도—법률로 사용되도록 의도된 것이라고 주장한다. 우리는 다음 두 장에서 토라와 고대 근동의 법조문들 사이의 유사점과 차이점에 대해 논의할 것이다. 그러나 논의를 더 진행하기 전에 우리는 히브리어 용어의 증거를 검토해볼 필요가 있다.

용어

'토라'라는 용어는 보편적으로 지시를 가리키는 것으로 인정되고 있다.[6] 사실, "법"(=법률)에 대한 히브리어 단어는 없는데, 이제 우리는 그것이 고대 사회는 입법 사회가 아니었기 때문임을 알 수 있다. 그들의 경험에는 규범적인 성문법과 같은 것이 전혀 없다. 특정 유형의 법조문들을 기술하기 위하여 다음과 같은 여러 단어가 매우 자주 사용된다.

- **미쉬파팀**(*mišpāṭim*) - "법들/심판들" - 법적 맥락에서 주어진 평결들
- **후킴**(*ḥuqqîm*) - "칙령들" - 공식적인 권위(예컨대 왕)에 의해 내려진 명령
- **드바림**(*dəbārîm*) - "말씀들" - 사람의 생각을 인도할 통찰, 조언,

---

6   G. Lopez and H.-J. Fabry, תּוֹרָה *tôrâ*, *TDOT*, 15:609-46; P. Enns, "Law of God," *NIDOTTE*, 4:893-900. 이 결론은 어원에서도 지지를 받지만 광범위한 용례에서 훨씬 더 강하게 지지를 받는다. 신탁을 통한 지시든 지혜의 격언을 통한 지시든 개인적 조언이든 간에 지시 측면이 핵심적이다.

권고, 또는 훈계

- **미츠보트**(*miṣwôt*) - "계명들" - 인정된 지위를 가지고 있는 사람 (예컨대 부모 또는 장로들)에게서 나오는 명령 또는 지시
- **에도트**(*ʿēdôt*) - "법령들" - 주로 시편에서 법조문들에 대하여 사용되고, 모세 오경에서는 그렇지 않음
- **피쿠딤**(*piqqûdîm*) - "교훈들" - 질서를 세우는 말들; 시편에서만 사용됨

이 용어들과 몇 가지 다른 용어들은 시편 같은 시문학에서 상호교환적으로 사용된다. 시편 119편에서 이 용어들과 몇 가지 다른 용어들이 모두 사용된다. 그 용어 중 어느 것도 성문 법률을 지칭하지 않는다. **토라**는 종종 이것들 모두를 포함하는 용어로 사용된다. 본서에서 우리는 이 용어들을 구별하려고 시도하지 않을 것이다(비록 그것이 유익할 수도 있지만 말이다). '토라'라는 용어는 모세 오경 전체, 법적인 문서 전체, 그리고 다양한 유형의 법조문을 가리키는 용어로 사용된다. 토라는 어원상으로는 지시를 가리키는 어근(*yrh*)으로부터 만들어졌다.[7] 모세 오경, 예언서, 내러티브 문학, 그리고 심지어 시편을 통틀어 토라는 거의 언제나 시내산 언약과 관련하여 모세를 통해 야웨로부터 전달된 법적/제의적 계시를 가리키는 데 사용된다. 토라는 결코 왕, 제사장 또는 재판관들에 의하여 만들

---

7 어원은 의미에 대한 신뢰할 수 있는 지침이 아니라는 점을 기억해야 한다. 의미는 단어의 역사에 의해 결정되는 것이 아니라 단어의 용례에 의해 결정된다. 그러나 용례는 때때로 어원에 대한 기억을 보존할 수 있다. 결정은 사안별로 이루어져야 한다. 히브리어에서는 동사 어근이 이곳에서처럼 접두어 *t*가 사용됨으로써 명사 형태가 되는 일이 흔하다. 더욱이 히브리어는 명사들의 여성형을 사용한다(여기서는 '-*ah*'로 끝남으로써 표현된다).

어진 칙령을 가리키는 데 사용되지 않는다.[8]

월터 카이저는 **토라**(*tôrâ*)라는 용어가 번역에서 어떻게 옮겨졌는가
에서 문제의 근원을 파악한다. 각각의 경우에 번역은 고대 세계의 문화적
개념보다는 번역가들의 문화적 개념을 더 많이 반영한다. 이에 대한 예
로서 그는 **토라**를 70인역과 신약성경에서는 그리스어 **노모스**(*nomos*)로,
프랑스어로는 **루아**(*loi*)로, 그리고 독일어로는 **게제츠**(*Gesetz*)로 옮긴 결정
을 인용한다. 그는 이 단어들이 모두 토라에서 발견되는 자료의 본질에
관한 추정에 기초한다는 점을 개탄한다. 그는 "**토라**는 단순한 법 훨씬 이
상이다. 심지어 그 단어 자체도 인간 경험 전체를 다스리는 정적인 요구
사항들을 가리키지 않는다"라고 결론짓는다.[9] 대신에 그는 토라를 "인생
의 길을 걷기 위한 방향 교육 또는 지침"으로 본다.[10]

아마도 독자들로 하여금 토라는 법률이라고 생각하게 만드는 주요
증거는 "순종하라"는 반복되는 권고 또는 명령일 것이다. 여기서 우리는
구약성경에서 사용된 히브리어 단어에 대해 더욱 세심하게 주의를 기울
일 필요가 있다. 주요 번역본들에서 "순종하다"로 번역된 히브리어 단어
들은 어근 **샤마**(*šmʿ*, 대개 전치사와 함께 쓰인다)와 **샤마르**(*šmr*)에서 온 동사
들이다. 이 둘의 결합이 언약수립 진술 중 하나에서 현저하게 나타난다.

---

8 왕, 제사장 그리고 재판관이 법을 만들지 않았기 때문에도 이것은 사실이다. 왕의 칙령은
   광의의 토라의 범주에 포함될 수 있을 것이다. 그러나 칙령은 법이 아니다.

9 Walter C. Kaiser Jr., "The Law as God's Gracious Guidance for the Promotion of Holiness,"
   in *Five Views on Law and Gospel*, ed. Wayne G. Strickland (Grand Rapids: Zondervan,
   1996), 192.

10 Kaiser, "Law as God's Gracious Guidance," 193.

"세계가 다 내게 속하였나니 너희가 내 말을 잘 듣고[*šm'*] 내 언약을 지키면[*šmr*] 너희는 모든 민족 중에서 내 소유가 되겠고"(출 19:5)

샤마는 "듣다" 또는 "경청하다"를 의미한다(참조. 신 6:4, "이스라엘아, 들으라"). 초급 히브리어를 배우는 학생들은 어근 샤마(*šm'*) + 전치사 베(*b-*)의 결합("~에 귀를 기울이다")이 "순종하다"를 의미한다는 말을 자주 듣는다. 그러나 이 결합은 거의 항상 명사 "목소리"(*qol*)를 전치사의 목적어로 취하고(출 19:5에서처럼), 그것이 결코 **토라**나 그것의 동의어 중 하나를 전치사의 목적어로 취하지 않는다는 점에 주의하라. 주(主)의 목소리에 순종하는 것은 항상 좋은 개념이지만, 그것이 법에 복종하는 것과 동일시되어서는 안 된다. 몇몇 경우에 이 어근은 다른 전치사(**엘**['*el*] 또는 **알**['*al*]과 같은)와 함께 나타나 "순종하다"로 번역된다(예컨대 신 11:27; 12:28에서는 "계명들" 또는 "규정들"[언약 규정들을 가리킴]이 전치사 **엘**['*el*]의 목적어이고, 왕하 22:13에서는 "이 책[=힐기야와 요시아에 의하여 발견된 문서]의 말씀"이 전치사 **알**['*al*]의 목적어다). 이 모든 경우에 그러한 문서의 내용이 큰 소리로 낭독함으로써 유포된다는 사실은 그 말을 받는 사람들이 말해지고 있는 내용을 **들을** 뿐만 아니라 그 말에 **주의해야** 한다는 것을 의미한다. 주의하라는 권고가 순종해야만 하는 법률적 영역이기만 한 것은 아니다. 지혜 문학, 특히 잠언 책에서 지시를 받는 사람은 전달되고 있는 지혜에 주의를 기울이라는 명령을 반복적으로 받는다.[11] 이 잠언 지혜는 구체적으로 말

---

11   함무라비 법조문에 관한 동일한 개념은 Joshua A. Berman, *Inconsistency in the Torah: Ancient Literary Convention and the Limits of Source Criticism* (Oxford: Oxford University Press, 2017), 146을 보라.

하자면 법률이 **아니다**. 우리가 종종 "순종"이라고 부르는 반응은 좀 더 명확하게는 충성스러운 종의 역할을 맡음으로써 자기의 뜻을 야웨의 의지에 일치시키는 것과 관련이 있다.[12] 이런 종류의 반응은 규범적인 성문법을 따르는 것과는 거의 아무런 관계가 없다.

두 번째 동사 **샤마르**는 "보호하다, 지키다, 또는 준수하다"를 의미한다. 여기서도 우리는 그런 동사를 "순종하다"로 번역하는 것은 논란의 여지가 있고 법률이 관련되어 있다는 가정하에 작동한다는 것을 발견한다. 잠언 문학에서 학생은 주어지는 지혜의 지시에 대한 반응으로서 **샤마르**하도록 반복적으로 요청받고 있으므로(예컨대 잠 2:20; 4:21), 우리는 그 가정에 결함이 있음을 알 수 있다. 이는 분명히 순종의 문제가 아니다. 이 점에서 잠언에서 동사의 직접목적어가 **토라** 또는 **미츠보트**("계명들")인 몇몇 예들은 특히 흥미롭다.

"내 말을 네 마음에 두라.

내 명령[*miṣwôt*]을 지키라[*šmr*]. 그리하면 살리라"(4:4).

"내 계명[*miṣwôt*]을 지켜[*šmr*] 살며

내 법을 네 눈동자처럼 지키라"(7:2).

"계명[*miṣwâ*]을 지키는[*šmr*] 자는 자기의 영혼을 지키거니와

---

12 Christine Hayes, *What's Divine About Divine Law? Early Perspectives* (Princeton: Princeton University Press, 2015), 23.

자기의 행실을 삼가지 아니하는 자는 죽으리라"(19:16).

"율법[tôrâ]을 버린 자는 악인을 칭찬하나
율법을 지키는[šmr] 자는 악인을 대적하느니라"(28:4).

"묵시가 없으면 백성이 방자히 행하거니와
율법[tôrâ]을 지키는[šmr] 자는 복이 있느니라(29:18).

우리는 이 구절들이 이스라엘 백성이 순종할 필요가 있는 법률을 지칭하는지 여부에 관해 평가해야 한다. 그 구절들은 지혜 문학에서 나타나는데, (토라와 같은) 지혜 장르는 질서와 밀접한 관계가 있다. 지혜로운 사람은 무엇이 질서를 가져오는지 인식하고, 그러한 삶을 추구하며, 그것을 실천한다. 지혜로운 사람은 어디든지 질서가 발견되는 곳에서 질서를 보존하기를 추구할 것이고, 사회와 삶에서 질서를 증진할 것이다. 그러한 지혜는 질서가 인간관계에서 중요하며, 부주의한 말이나 나쁜 선택을 통해 훼손될 수 있음을 인지한다. 그리고 지혜는 사려분별을 포함하지만 그것에 국한되지는 않는다. 위에서 인용된 구절들에서 나타난 바와 같이 토라를 지키지 않음으로써 지혜에 주의하지 않은 결과는 죽음이다. 죽음은 때때로 법률 위반자의 운명이지만(사형에 처할 죄들) 여기서의 죽음은 지혜에 주의하지 않은 모든 자의 운명이다. 질서를 훼손하거나 포용하지 못하는 어리석은 자들은 불가피한 죽음의 가능성에 직면하기 때문이다. 언약을 위반하는 경우에는 특히 그렇다. 토라는 질서가 잡힌 언약의 세계에서 지혜와 생명의 길을 제시한다(신 30장). 그러므로 우리는 성경이 다루는 문제들이 순종해야 할 법률 및 그것의 규칙들과 관련이 있는 것이 아니라 지혜 및 언약에의 충실성과 관련이 있다는 것을 알 수 있다.

지혜롭게 사는 것은 법률로 정해질 수 없다. 그것은 규칙들을 따르는 문제가 아니라 지혜의 원칙들을 적용하는 문제다. 우리가 제안한 바와 같이 만일 하나님이 규칙을 주지 않았다면 순종해야 할 규칙은 없다. 만일 하나님이 법률을 제공하지 않았다면 순종해야 할 법들은 없다. 따라서 우리는 이런 단어 중 어느 하나라도 "순종하다"로 번역하는 것은 문화의 강을 위반하는 것—그것은 우리 문화에서 나온 개념이 이스라엘의 관점과 문학을 지배했다고 가정한다—이라는 결론을 내릴 수 있다. 사회 질서가 목표였고 그 질서는 지혜를 통해서 달성되는데, 지혜는 주님을 경외하는 것에 기초를 두었다. 개인이 그 질서에 공헌하는 것은 일련의 규칙에 의존하지 않았고, 그것을 위해 규칙이 제공되어야 할 필요는 없었다. 토라와 같은 지혜 문학은 어떻게 질서가 인식되고, 추구되고, 촉진되고, 증진되고, 유지되고, 획득되고, 실천되었는지에 대한 통찰력을 주었다.

이스라엘의 사법체계는 고대 근동 전역의 사법체계와 마찬가지로 법률이 아니라 재판관들의 지혜에 기반을 두고 있었다. 그것은 정적인 법전들보다는 관습, 신적 계시(신탁 포함), 직관의 역동적인 통합을 포함했다.[13] 토라에서 발견되는 법 모음집들과 다른 법 모음집들은 후원자의 지혜를 나타내고, 재판관들을 지도하며, 백성이 사회 질서를 이해하

---

13   LeFebvre, *Collections, Codes, and Torah*, 47; Bernard S. Jackson, *Wisdom-Laws: A Study of the Mishpatim of Exodus 21:1-22:16*(Oxford: Oxford University Press, 2006)도 보라.

도록 도움을 주었던 진술들의 특정 단면들을 제공함으로써 그 지혜를 구현한다.[14] 백성들은 이 지혜에 "주의"해야 하고 그것을 "유지"해야 한다. 이 관점에서 토라에 대한 기대되는 반응은 법률에 대한 반응과는 딴판이다. 법률에는 "너는 해야만 한다"라는 의미가 있는 반면에 지시에는 "너는 알게 될 것이다"라는 의미가 있다.[15]

따라서 우리는 성경의 용례에서 토라는 법률이 아니라 지혜의 표현이라고 제안할 것이다. 토라는 전체적으로 바람직하게 확립된 질서를 형성하는 예들을 기술한 모음집을 가리킨다. 우리는 그 용어를 모세 오경 전체에서 발견된 법조문 전체를 가리키는 데 사용할 것이다. 그리고 우리는 이 진술들이 야웨가 이스라엘과 맺은 언약 관계 안에서 사회의 질서를 유지하기 위한 지혜의 표준을 구현한다는 것을 입증하려고 노력할 것이다.

---

14 이것을 오늘날 "모범 관행"—특정 분야에서의 목표 달성에 가장 신뢰할 수 있거나 효과적인 관행들—과 비교하면 우리는 아마도 그것을 이해할 수 있을 것이다. 그것들은 규칙들/법들이 아니다. 이 예는 Dan Reid가 제안했다.

15 Jean Louis Ska, "Biblical Law and the Origins of Democracy," in *The Ten Commandments: The Reciprocity of Faithfulness*, ed. William P. Brown (Louisville, KY: Westminster John Knox, 2004), 146-58.

이스라엘의 언약은 사실상
고대 근동의 종주권조약 역할을 한다

우리는 언약에서 세 가지 중요한 장르를 발견한다. 우리는 법적 지혜에 관해서는 이미 논의했고, 궁극적으로는 제의적 지시(ritual instruction)에 관심을 돌릴 것이다. 그러나 우리는 지금은 두 번째 장르, 즉 종주권조약(suzerainty treaty)을 검토할 것이다. 우리는 세 장르 모두를 적절히 이해하면 언약 관계가 어떻게 작용하는지에 대해 이해할 수 있게 될 것이다. 종주-봉신 관계(suzerain-vassal relation)는 고대 근동의 조약들로부터 잘 입증된다. 전형적인 예의 대다수는 기원전 제2천년기 중반의 히타이트 문헌과 기원전 제1천년기 중반의 신아시리아 문헌에서 나온다. 전형적인 예들이 그 중간의 천년 기간에 걸쳐 흩어져 있다.[1] 야웨와 이스라엘 사이의 언약이 고대 세계의 이 국제 조약에서 사용되었던 문학 형태로 표현되어 있다는 점이 오랫동안 인정되어왔다. 주권자는 봉신의 행동에 상응하는 질서의 집행조치를 취했고 주권자가 그의 봉신들을 다루는 방식, 즉 종주-봉신 관계는 주권자의 명성을 확립했다. 따라서 우리가 토라를 이해하려면 종주권 관계의 본질과 그 관계 안에서 토라가 수행하는 역할을 이해해야만 한다.

법과 관련된 텍스트들과 마찬가지로 고대 근동의 조약 조항들은 특정한 사례들이고, 포괄적이지 않으며, 그것들의 의도는 지시이지 법률이

---

[1] 이에 관한 가장 철저한 논의는 Kenneth A. Kitchen and Paul J. N. Lawrence, *Treaty, Law and Covenant in the Ancient Near East*(Wiesbaden: Harrassowitz, 2012)의 3권짜리 저술을 보라. 성경의 종주권 조약 형태들이 제1천년기의 예(대부분 신아시리아 문헌)나 제2천년기의 예(주로 히타이트 문헌) 중 어떤 것을 어느 정도로 더 닮았는지에 관한 논의가 계속되고 있다. 그것이 우리의 목적에 중요하지는 않으므로 우리는 그 논쟁에 관여하지 않을 것이다.

아니다. 그러나 조약의 조항들은 재판관들에게 정의를 적절하게 집행할 지혜를 가르치는 것이 아니라, 섭정과 그의 행정담당 부하들이 충성스러운 봉신으로서 적절하게 섬길 지혜를 가르치기 위해 의도된 것이다. 이 문서들은 관계들(봉신의 역할, 종주의 역할)을 기술하고 당사자들 간의 관계에서 질서를 보존하는 역할을 한다. 고대 세계의 조약 조항들은 상대방과의 관계에서 각 당사자에게 기대되는 행동을 강조한다. 우리가 법과 관련된 지혜 텍스트에서 본 바와 같이, 이곳에서도 우리는 "폭력이 여기서 번성하지 않을 것이다"[2]와 같이 세세한 모든 사항을 기술하는 것이 아니라 매우 일반적인 진술들을 만난다. 그러한 내용으로 미루어—우리가 법조문들과 관련하여 언급한 바와 같이—우리는 이 조항들이 봉신에 대해 기대되는 모든 것을 포함하는 포괄적인 목록(즉 당신은 이 목록에 포함되지 않은 사항에 대해서는 의무가 없다)이 아니라 대표적인 목록이라는 결론을 내린다. 상세하고 구체적인 기대들은 실제적인 것으로 여겨져야 하지만, 조약의 조항이 모든 것을 망라한 것은 아니다.

그렇다면 조약 조항들의 전반적인 목표는 무엇이었는가? 이 점이 중요한데, 그 조항들은 종주로부터 내려온 계시로 받은 것이 아니었다. 봉신들은 종주가 그들에게서 무엇을 기대했는지 알고 있었고, 조약 문서를 읽고서 이 정보를 얻은 것이 아니었다. 충성과 주권자의 명성에 대한 긍정적인 숙고가 기대되었는데, 이것들은 일반적으로 전반적인 복종의 태도뿐만 아니라 평화롭고 질서 정연한 상태를 유지함으로써 성취된다.

---

2   Kitchen and Lawrence, *Treaty, Law and Covenant*, 49에 수록된 나람신과 엘람 사이의 조약을 보라.

봉신인 왕들은 이러한 이해를 공유하고 있었을 것이며, 통치자로서 그들에게 무엇이 기대되었는지 알고 있었을 것이다. 반역은 우연히 발생할 수 있는 범죄가 아니었다. 반역자들은 그들이 무엇을 하고 있는지 알고 있었고, 주권자는 자기들의 반응이 정당함을 입증하기 위하여 조약 문서에 있던 총칙들을 언급했을 것이다. 이러한 의미에서 우리는 조약 조항들을 대부분의 소프트웨어 구매에 동반되는 최종 사용자 라이선스 계약과 비교할 수 있을 것이다. 이 문서들을 읽는 사람들은 거의 없다. 그러나 우리는 그것들이 무엇을 말하는지 알고 있다(소프트웨어를 불법 복제하지 않겠다는 동의, 회사의 면책 등). 그리고 우리는 그 제품의 적절한 사용이 무엇을 수반하는지를 다소 직관적으로 알고 있다. 불법 복제자를 상대로 제기된 소송에서 라이선스가 언급될 수도 있지만—이것이 라이선스의 목적이다—우리가 그 문서를 읽어야만 그 제품을 도용해서는 안 된다는 것을 아는 것은 아니다. 마찬가지로 반역자들에 대한 소송—고대 근동은 종종 전쟁을 법적 조치의 한 가지 형태로 간주했다.[3]—에서 조약 문서들이 언급될 수 있었다. 그러나 봉신들이 그 문서를 읽어야만 무엇이 반역인지 아는 것은 아니었다. 종주가 봉신에게서 원하는 것은 충실이며, 그(종주는 거의 항상 남성이었다)는 그것이 무엇을 수반하는지에 관한 일반적인 개념과 구체적인 개념들을 가지고 있었다(추가로 명제 13에 수록된 논의를 보라).

우리가 구약성경에서 표준적인 조약 형식의 존재를 인식하고 나면 이스라엘의 법조문들의 문학적 역할이 밝혀질 수 있다. 그 진술들은 언약

---

3   Sa-Moon Kang, *Divine War in the Old Testament and in the Ancient Near East* (Berlin: de Gruyter, 1989), 14-15, 196.

협정의 조항을 구성했다. 즉 고대 세계에서 익숙한 법 모음집의 목록들은 두 번째 장르인 계약/조약에서 다시 사용되었고, 거기서 그것들은 계약 조항 역할을 한다. 이 중요한 관찰은 우리에게 그 진술들을 해석하는 방식(법률이 아니라 조약 조항으로 해석한다)을 이해하는 데 도움이 되는 추가 정보를 제공해준다. 이 점이 가장 중요한데, 그것은 야웨가 이스라엘의 하나님이지만 그 언약이 그를 이스라엘의 종주 왕으로 특징짓는다는 것을 나타낸다.

봉신을 취하는 것은 종주의 명성을 강화하는 데 도움이 된다. 조약은 주로 조항들에 관한 것이 아니다. 조약 관계는 종주가 조항들을 통해서 봉신을 축복할 수 있도록 만들어진 것이 아니었다. 그 대신 조약의 존재가 종주의 위대함을 전달하는 데 도움이 된다. (정치적으로 말하자면) 왕의 은총을 베푸는 행위로서 종주는 봉신을 자신의 가족으로 입양하였고, 봉신의 존재와 상태는 왕으로서의 그의 힘과 능력을 반영한다. 왕의 영토와 그의 봉신들뿐만 아니라 그의 조정, 기념비 및 건축 프로젝트, 조신들, 여러 차례의 후한 기부, 국고, 궁전, 왕비들과 첩들, 무기, 그의 업적을 묘사하는 부조들, 그의 형상들 등 그와 관련된 모든 것이 궁극적으로 이 기능을 수행한다. 스바의 여왕이 솔로몬을 찾아왔을 때 그녀는 솔로몬의 주권의 방대한 전시에 깊은 인상을 받았다. 봉신들은 왕의 힘과 능력을 과시하는 데 도움이 된다. 봉신이 더 강력하고 더 번성할수록 그들을 다스리는 왕은 더 위대해진다. 종주가 봉신들을 위하여 그들을 지원하는 것이 아니다. 봉신들의 상태가 자기에게 반영되기 때문에 왕은 그들을 지원한다.

고대 세계의 왕들은 자기에게 속한 것에 그것을 나타내는 표를 달고 싶어 했다. 벽돌에 그들의 이름이 찍혔고, 정복된 영토에 그들의 형상이 세워졌으며, 그들의 조약은 비석에 새겨져 눈에 띄도록 전시되었다. 봉신은 종주의 위엄을 보여주는 전시물이었다. 이처럼 표를 다는 것은—야웨가 이스라엘 위에 자기의 이름을 둔 것처럼—무언가에 자신의 이름을 두는 방식의 하나였다. 종주가 그의 이름을 봉신에게 확장하는 것은 은총의 행위로 해석되었다. 국제 조약과 토라 둘 다에서 이것은 자기의 봉신에 대한 종주의 사랑으로 묘사되었다. 이 사랑은 감상적, 감정적 또는 심리적이지 않다는 점이 오랫동안 확립되어 있다.[4] 대신에 그것은 종주가 자신의 정체성을 이 봉신에게 확장함으로써 봉신에 대한 은혜로운 편애를 표현했다는 것을 보여주었다.

이 모든 것에서 조약의 조항들의 역할은 미미했다. 그것들은 충성과 성실이 취하는 형태와 무엇이 반역인지의 경계를 정하는 수단이었다. 충성이 종주에게서 은총을 입은 데 대한 봉신 편에서의 감사의 표현이었으므로 모든 면에서 충성이 기대되었다. 이론상으로 반역은 생각할 수 없는 것이었고, 가혹하게 처벌받을 일이었다. 종주는 모든 찬양과 존경을 받을 가치가 있었고 그의 이름의 위대성에 대해 인정받아야 했다. 중요성은 종주가 행한 일이나 행하지 않은 일에서 발견되는 것이 아니라 종주의 정체성에서 발견되었다.

봉신은 (예컨대 전쟁에서 정복되었을 때나 정복에 대한 대안으로) 강제로 취해질 수도 있었지만, 일부 봉신들은—대개 자신의 적에 맞서는 군사적

---

4   William L. Moran, "The Ancient Near Eastern Background of the Love of God in Deuteronomy," in *Essential Papers on Israel and the Ancient Near East*, ed. Frederick E. Greenspahn (New York: New York University Press, 1991), 103-15.

지원을 받은 대가로—원해서 종주의 권위 아래로 들어갔다. 봉신이 되면 그에 따르는 유익이 있었지만 거기에는 대가가 따랐다. 우리가 검토하는 측면에서는 봉신이 되는 것의 가장 큰 대가는 조공을 바칠 필요가 있다는 것이었다. 군사적 보호(또는 불침략)의 대가로 종주는 해마다 다양한 자원을 바치도록 요구하곤 했다. 중요한 점은 조공의 (일차적인) 목적이 수익원 확보가 아니었다는 것이다. 봉신 국가들은 (예컨대 유럽의 식민지들과 같은) 재정적 투자처가 아니었다. 조공의 많은 부분은 성전이나 궁전의 보고에 있는 "고정 자산" 같은 것이 되었다. 왕이 받은 조공의 양은 그의 힘과 위대성을 입증하는 것의 일부로서 그의 비문은 그것을 자랑했다. 주로 정복된 적의 경제를 침체시켜 봉신의 반역에 사용될 자원을 제한시키기 위하여 과중한 조공이 부과되었다. 나아가 조공을 바치는 것은 봉신이 충성심을 입증하는 주요 방식 중 하나였다. 조공을 바치지 않는 것은 반역이었고 종주는 이에 대해 응징하곤 했다. 이는 통치자가 돈이 필요했기 때문이 아니라 반역하는 봉신을 진압하는 (또는 그렇게 하지 못하는) 능력이 왕의 명성에 영향을 주기 때문이었다. 왕은 그의 봉신과 서로의 필요를 통해 서로를 지원하는 공생관계로 존재하지 않았다. 봉신과 주권자는 모두 그들 자신의 방식으로 그 관계로부터 이익(각각 보호와 명성)을 얻었지만 의존 측면에서의 그 관계는 완전히 일방적이었다.

야웨가 이스라엘과 언약을 맺었다는 개념에 우리가 지금까지 종주권 계약에 관해 알아본 모든 내용이 존재한다. 왕이 그의 봉신의 사회에 필요한 법률을 제정하거나 도덕 체계를 시행하기 위해 조약 조항들을 열거한 것이 아니었던 것처럼, 야웨도 토라의 조항들을 통해 이스라엘에 도덕성이나 사회적 이상을 부과하지 않았다. 우리는 이미 이전 장들에서 고

제2부 고대 근동 법 모음집의 기능

대 근동의 법조문과 토라에 수록된 법조문들이 법률이 아니고 지혜라는 것을 설명했다. 여기서 우리는 한 걸음 더 나아가 이 지혜의 진술들이 조약 조항—이 조항들도 결코 봉신의 사회에 필요한 법률을 제정할 목적으로 사용된 적이 없다—으로서 언약에 통합되었다는 것을 살펴보았다.

종주가 봉신에게 조약 조항들을 부과한 것은 법률 제정이 아니었다. 그는 (영광스럽고 강력한 왕으로서) 자신의 정체성을 봉신에게 확장하였고, 특히 봉신을 통하여 자신의 정체성을 확장했다. 고대 세계의 왕들은 법을 부과하지 않았다. 그들은 자신의 정체성을 만들어낼 때 지혜를 주었다.[5] 야웨는 토라의 원천이었지만 조약 조항이나 법적 지혜 어느 것도 법으로 해석될 수 없기 때문에 야웨가 토라의 원천이라고 해서 법의 원천인 것은 아니다. 야웨는 이스라엘과 언약 관계를 맺은 종주였다. 따라서 그는 자신의 정체성을 그들에게 확장했다. "너희를 내 백성으로 삼고 나는 너희의 하나님이 되리니"(출 6:7. 그리고 이 표현은 자주 반복됨). 야웨는 고대 세계에서 봉신들을 취했던 종주들과 마찬가지로 봉신들에게 무언가를 주기 위해서가 아니라 자신의 명성을 확립하기 위해서 행동했다. 그는 필요에서 행동하지 않았고 단순히 후원자나 은혜를 베푸는 자의 역할을 하지도 않았다. 그는 위대한 왕이다.

야웨가 이스라엘과 맺은 종주-봉신 관계는 (특히) 신명기에서 확립되었지만 이스라엘의 언약에 대한 불충실에 대한 반응에서 가장 강하게 강조된다. 그 불충실은 계속해서 범죄나 도덕적 쇠락이라기보다는 반역

---

5   실정법은 아직 고안되지 않았다. 명제 2의 〈참고 자료〉 "용어 해설"에서 실정법에 대한 논의를 보라.

(예컨대 겔 2:3)이라고 불렸다. 봉신들은 왕의 명성을 강화하는 역할을 수행한다. 만일 봉신들이 충성스럽다면 왕은 그들에게 번영과 적들로부터의 보호를 부여함으로써 자신의 힘과 능력을 증명할 것이다. 만일 봉신들이 반역하면 왕은 그 반역을 잔인하게 진압함으로써 동일한 힘과 능력을 증명할 것이다. 그 반응은 봉신에게 달려 있다. 이스라엘에 관해서도 마찬가지다. "여호와께서 너희에게 선을 행하시고 너희를 번성하게 하시기를 기뻐하시던 것 같이 이제는 여호와께서 너희를 망하게 하시며 멸하시기를 기뻐하시리니"(신 28:63). 이스라엘에게 축복을 주는 것 자체가 아니라, 이스라엘을 그의 명성을 확립하는 수단으로 사용하는 것이 야웨를 기쁘게 한다. 이스라엘을 축복하는 것이 자신의 명성을 강화한다면 야웨는 그렇게 할 것이다. 그들을 파괴하는 것이 자신의 명성을 강화한다면 야웨는 그렇게 할 것이다. 야웨의 명성(이스라엘의 복지가 아니라)에 대한 강조가 에스겔 36:22-24에서 추방과 회복의 맥락에서 명시적으로 언급된다. "'이스라엘 족속아, 내가 이렇게 행함은 너희를 위함이 아니요, 너희가 들어간 그 여러 나라에서 더럽힌 나의 거룩한 이름을 위함이라.… 내가 그들의 눈 앞에서 너희로 말미암아 나의 거룩함을 나타내리니 내가 여호와인 줄을 여러 나라 사람이 알리라.' 주 여호와의 말씀이니라." 이는 봉신들에 대한 처우를 통하여 자신의 명성을 확립하기를 원하는 종주의 행위와 일치한다.

법적 지혜 텍스트와 조약은 모두 그것들을 만들어낸 왕의 명성을 확립하거나 강화하는 역할을 한다. 법적 지혜의 경우 텍스트는 지혜와 정의를 확립하고 그럼으로써 왕이 지혜롭고 정의롭다는 것을 증명하는 역할을 수행한다. 조약의 경우 문서는 봉신들에 대한 처우에 기초하여 종주의 힘과 능력을 증명할 관계의 변수들을 설정한다. 두 장르를 함께 사용하는 것은 이스라엘 언약의 전반적인 목적이 야웨가 명성을 확립하는 것임을 강하게 나타낸다. 바로 이것이 '**야웨가 언약을 사용해서 자신을 계시한다**'는 말의 의미다. 그 목적은 이스라엘**에게** 무언가(즉 법, 도덕적 또는 사회적 계몽, 축복)를 주는 것도 아니고, 이스라엘**로부터** 무언가(즉 경배, 봉사, 도덕적 성과)를 받는 것도 아니다. 이스라엘 사람들은 자신의 자유 의지로써 봉신의 지위를 수락하지만(출 24:1-8), 일단 그러고 나면 이스라엘이 무엇을 하든 하지 않든 간에 그들은 야웨가 그들을 통해 여러 방법으로 자신의 명성을 확립하는 매개체가 된다. 이스라엘이 그 합의로부터 혜택을 받을지 또는 고통을 당할지는 그들에게 달려 있다. "내가 생명과 사망과 복과 저주를 네 앞에 두었은즉 너와 네 자손이 살기 위하여 생명을 택하라"(신 30:19). 이 점에 비추어볼 때 우리는 이스라엘의 언약 문서들의 메시지를 우리 자신에게 적용하려 할 때 야웨가 자신을 위하여 확립하려고 하는 명성을 이해하려고 노력하는 측면에서 생각해야 한다. 우리는 야웨가 우리에게 주기 원하는 것(법) 또는 그가 우리로부터 받으리라고 기대하는 것(도덕적 성과)의 측면에서 생각해서는 안 된다. 이 개념은 이후의 장들에서 더 자세히 살펴볼 것이다.

그러나 야웨는 이스라엘의 종주일 뿐만 아니라 그 민족을 후원하는 신이기도 하다. 고대 근동의 신들은 왕들이 법을 부여하지 않은 것처럼 법을 부여하지 않았고[6] 신들이 반드시 명성 자체를 가지고 있었던 것

---

6   신법(divine law) 개념은 아직 고안되지 않았다. 토라를 실정법 또는 신법으로 이해하는 것은 시대착오다(명제 2의 〈참고 자료〉 "용어 해설"에 수록된 정의들을 보라).

도 아니지만 그들은 특정한 방식으로 투영된 정체성을 가지고 있었다. 이스라엘의 언약을 통한 야웨의 자기 계시는 그가 왕으로서 인식되는 방식을 확립하는 것뿐만 아니라 그가 신으로서 인식되는 방식을 확립하는 것을 포함한다. 이것은 이스라엘에게 부여된 거룩한 지위에 의해서뿐만 아니라 언약 문서들 내의 세 번째 장르, 즉 제의 문학을 통해 수행된다.

거룩은 목표가 아니라 지위다

많은 독자는 주로 레위기 19-21장에 대한 이해를 바탕으로 이스라엘이 법을 지킴으로써 거룩해질 것이라고 가정한다. 오늘날 많은 사람은 **거룩**은 **경건** 또는 **도덕**(일반적으로 둘 다)을 나타내는 또 다른 단어이며, 그러므로 법은 이스라엘 사람들에게 그들이 경건해지거나 도덕적으로 되기 위해서 무엇을 해야 하는지 말해주려고 의도되었다고 생각한다. 마찬가지로 오늘날 우리가 거룩을 성취하기 위하여 같은 규칙들을 준수함으로써 거룩(동일한 경건과 도덕)을 추구해야 한다고 생각하는 사람이 많다. 이는 잘못된 생각이며 요점을 놓친 것이다.[1] 거룩은 토라의 목표와 연결되어 있지만 토라는 (우리가 살펴본 바와 같이) 따라야 하는 규칙들로 구성되지 않았다. 그러므로 토라의 목표는 규칙들을 준수함으로써 성취되지 않는다. 이미 이 개념을 위한 토대를 놓았으므로 이제 우리는 그 개념에 살을 붙이고 그것을 따라가 그것의 논리적인 결론에 이를 수 있다.

사람들은 흔히 거룩은 경건한 사람들이 하나님을 본받으려고 시도할 때 성취하려고 열망해야 하는 어떤 것이라고 믿는다. 이 개념은 일상적으로 레위기 19:2에서 도출된다. "너희는 거룩하라. 이는 나 여호와 너희 하나님이 거룩함이니라."[2] 그러나 문법을 꼼꼼하게 살펴보면 우리는 하나님의 백성이 "거룩해지도록" 요구받지 않았다는 것을 알 수 있다. 여

---

1   더 충분한 논의는 John H. Walton and J. Harvey Walton, *The Lost World of the Israelite Conquest: Covenant, Retribution, and the Fate of the Canaanites* (Downers Grove, IL: IVP Academic, 2017), 103-17을 보라.
2   또한 마 5:48과 벧전 1:15-16. Walton and Walton, *Lost World of the Israelite Conquest*, 104-8에 수록된 좀 더 완전한 논의를 보라.

기서 동사의 형태는 명령형이 아니라 직설법("너는 거룩해질 것이다")이다.[3] 하나님은 선택 포고(election decree)를 통해 그의 백성을 거룩하다고 선언한다. 그가 준 것은 지위로서, 그 지위는 이스라엘 사람들 자신의 노력이나 실패를 통해서 얻거나 잃을 수 없다.

거룩은 전체적으로 신적 정체성을 정의하는 집합체라고 부를 수 있는 것의 요소들을 식별하는 단어다.[4] 고대 근동의 신적인 인격체들은 그들의 정체성을 확립하는 데 집합적으로 도움을 준 속성들 또는 수반하는 물체들이나 추종자들 목록에 의해 한계가 정해졌다. 이것들은 동일한 신의 여러 가지 측면들을 구별하였고(예컨대 아르벨라의 이슈타르 vs. 니느웨의 이슈타르), 만신전의 서로 다른 구성원들을 구별했다. 이는 이어서 우주의 관료제 내에서 그들의 후원 영역이나 기능의 영역을 지정하였고, 그들의 숭배자들이 그들과 관계하는 방식들을 나타냈다. **집합체**는 이 목록을 구성하는 모든 요소를 가리킨다.

주요한 신 대다수는 신인동형론적으로 생각된 신적 인물, 상(像), 숫자, 준보석, 광물, 동물, 상징, 별, 별자리나 다른 천상의 실체(entity) 그리고 다양한 특성들과 동일시된다. 특히 이슈타르는 하늘에 거주하는 신적인 인물이

---

3 70인역도 마찬가지로 동사의 명령형이 아닌 직설법 형태(*esesthe*)를 사용한다. 벧전 1:15은 다른 단어(*ginesthe*)를 사용한다. 마 5:48에서 "온전한"(*telios*)으로 옮겨진 단어를 70인역은 결코 히브리어 카다쉬(*qdš*, "거룩한")에 대한 번역으로 사용하지 않는다.

4 이 개념에 대한 철저한 논의는 Walton and Walton, *Lost World of the Israelite Conquest*와 온라인 부록 www.ivpress.com/Media/Default/Downloads/Misc/5184-appendix.pdf에서 내려받을 수 있는 기술적인 논의를 보라. 비록 Thomas W. Mann이 우리보다 **분리**를 더 많이 강조하기는 하지만, Thomas W. Mann, *The Book of the Torah* (Atlanta: John Knox, 1988), 117에서 문법적 구조 및 신적 정체성과의 연관성에 대한 독립적인 확인을 보라.

면서 동시에 다양한 지상 성전(가장 현저하게는 아르벨라와 니느웨)에 지방화된 인물, 금성, 숫자 15, 준보석인 청금석(lapis-lazuli) 그리고 광물질 납과 동일시되고 사랑이나 전쟁과 같은 특성들의 화신(化身)으로 이해된다.

뚜렷한 많은 요소로 구성된, 상호 연결된 이 신적 연결망 각각은 신적 집합체로 여겨질 수 있는데, 그 집합체에서 다양한 요소들은 다소 통합된 실체와 연결되어 그것의 정체성을 공유한다. 다시 말하자면 주요 신 각각은 여러 측면의 집합체로 구성되어 있으며 그 측면들은 (반)독립적으로 행동하며 그렇게 취급될 수 있다. 대다수 신적 집합체들은 연결된 몇 가지의 신격화된 측면들로 구성되는데, 이 측면들에는 항상 신격화되는 신인동형론적 핵심과 가끔 신격화되는 다른 요소들—천체, 추상적인 특성, 금속과 같은 요소들—이 있다.[5]

집합체의 요소들은—맥락과 그것들의 신과의 관계의 친밀성에 따라—때로는 그 자체로서 신성한 것으로 여겨졌고, 때로는 그렇지 않은 것으로 여겨졌다.[6] 히브리어에서 **카다쉬**(qdš, "거룩하다")라는 단어의 용법 중 하나는 그 지시 대상을 야웨의 집합체의 일부로서 지정하는 것이다.

• 야웨와 관련하여 그와 연관된 모든 것들의 완전한 집합체를 묘사하기 위해서 사용된 용어로서의 **거룩**은 사물들(법궤), 장소(시내산,

---

5 Michael B. Hundley, "Here a God, There a God: An Examination of the Divine in Ancient Mesopotamia," *AoF* 40 (2013): 68-107, 80-81에 인용됨.

6 Barbara Porter, ed., *What Is a God? Anthropomorphic and Non-anthropomorphic Aspects of Deity in Ancient Mesopotamia* (Winona Lake, IN: Eisenbrauns, 2009), 163-64.

성전), 시간(안식일), 땅(하나님께 바쳐진 들 또는 성읍), 공동체(이스라엘 민족)를 포함한다.

- 무언가를 "거룩하다"고 부르는 것은 그것을 집합적으로 신의 정체성을 정의하는 후원 영역 중 하나와 동일시하는 것이다.[7] "너희를 내 백성으로 삼고 나는 너희의 하나님이 될 것이다"(출 6:7).

- 추상적인 이스라엘 공동체이든 법궤나 성소와 같은 사물이든 어떤 것이 거룩해진다는 것은 그것의 존재 또는 행위가 어떤 식으로든지 하나님의 존재 또는 행위에 관한 무언가와 동일시된다는 뜻이다.

- 거룩은 야웨가 이스라엘과 언약을 맺음으로써 그 민족을 자신의 정체성의 일부로 만들기 위해 야웨로부터 이스라엘에게 주어진 지위다. 이스라엘의 거룩한 지위는 야웨가 자신을 "이스라엘의 하나님"으로 규정했다는 것을 의미한다. 그들과 언약을 맺고 그들에게 이 지위를 줌으로써 야웨는 그들을 자신의 집합체 안으로 들어오게 했다.

- 거룩은 수여된 지위다. 그것은 행동을 통해 얻어지거나 취득되거나 잃어버릴 수 없다.

- 거룩한 것은 각 개인이 아니라 이스라엘 공동체다.[8] 개인으로서

---

7   카도쉬(qādôš)는 아카드어 한정사 딘기르(DINGIR)와 동일한 의미를 가진다. 딘기르는 비슷한 범위의 사물들과 추상개념들에 적용된다. 충분한 논의는 Walton and Walton, *Lost World of the Israelite Conquest*, 105-16을 보라. 딘기르가 신적 정체성을 정의하는 것으로 사용되는 용법은 Hundley, "Here a God, There a God"을 보라.
8   확실히 각 개인은 공동체의 정체성에서 담당하는 역할이 있지만, "하나님의 형상"이나 "그리스도의 몸"처럼 그 초점은 그 그룹의 정체성에 있다.

는 오직 제사장들과 아마도 예언자들만이 거룩하다.

• 거룩은 하나님을 모방하는 것에 의해서 정의되지 않는다. 오히려 하나님은 그의 백성을 통하여 자신의 정체를 밝힘으로써 백성을 거룩하게 만든다.

• 이스라엘 민족이 거룩하다는 것은 야웨가 그들과의 상호작용을 통해서 자신의 정체를 밝힌다는, 즉 드러낸다는 것을 의미한다.

• 야웨가 이스라엘 백성과 언약을 맺고 그들이 자신의 거룩한 백성이라고 선언할 때—즉 자신이 그들의 하나님이라고 선언하고 그렇게 함으로써 그의 정체성이 그들에 의해서 그리고 그들을 통해서 반영될 것이라고 선언할 때—그들의 지위가 변한다. 그러나 이것이 그들에게 어떤 의미가 있는가? 이 새로운 지위는 그들의 행동에 어떤 영향을 줄 것인가? 이 지위가 실제로 어떻게 그들에게 다른 상황을 만들어낼 것인가?

현대의 해석자 대다수는 거룩이 특정한 도덕적 성품과 관련이 있다고 가정한다. 구체적으로는 거룩이 하나님의 도덕적 성품을 가리키며 사람들은 율법에 대한 순종을 통하여 그 성품을 본받기로 되어 있다고 가정된다. 따라서 우리가 야웨의 정체성을 반영하는 것은 (율법에 순종함으로써) 그의 도덕적 성품을 반영하는 특별한 도덕적 성품을 함양하는 것을 수반한다고 가정하기가 쉬울 것이다. 그러나 텍스트는 그렇게 말하지 않는다. 첫째, 우리는 토라의 조항들이 지켜야 할 규칙이 아님을 기억한다. 그것들은 기술적(descriptive)이다. 그것들을 읽는 목적은 어떤 행동을 하거나 어떤 존재가 되는 것이 아니라 어떤 것을 아는 것이다. 둘째, 우리는 또한 거룩은 획득되는 것이 아니라 주어지는 지위라는 것을 기억한다. 이스라엘은 그 민족이 언약을 지키든 그렇지 않든 똑같이 거룩하다. 거룩한 지위는 얻으려고 애써야 할 목표가 아니다. 세 번째 고려사항은 고대의 맥락에서 나온다. 고대 근동에서 사람들은 신들을 모방하려고 열망하지 않았으며, 신들은 그들의 숭배자들이 자기들을 모방하기를 기대하지 않았다. 인간은 인간이었고, 신은 신이었다. 그들의 기능과 본성은 달랐고, 그들은 다른 기준에 의해 평가되었다. 신들은 불가해하고 인간의 도덕 기준에 대해 책임지지 않았다. 그들의 동기와 행동은 신비롭고 인간에게는 이해될 수 없었다. 이스라엘은 야웨에 대해서도 같은 방식으로 생각했을 것이다. 이스라엘 사람들의 문헌에 있는 어떤 내용도 그들에게 자기들의 하나님에 관하여 달리 생각할 수 있는 자료를 제공하지 않았다. 그들의 왕으로서의 야웨의 역할 때문에 섭정 봉신이 왕의 지혜와 정의를 모방하려고 열망했던 것처럼 이스라엘 사람들(적어도 그들의 지도자들)도 하나님의 지혜와 정의를 모방하려고 열망했을 것이다. 그러나 그러한 모방은 주로 제의 문학의 맥락에서 등장하는 **거룩**이 가리키는 바가 아니다. 지혜와 정의로써 봉신 국가를 다스리는 것은 그것을 통해 야웨의 은총과 축복을 유지하는 수단이다. 그것은 이스라엘이 거룩을 성취하는 수단이 아니다.

거룩은 이 형용사의 지시 대상이 다른 것(즉, 이스라엘)일 때조차 항상 신(deity)을 기술한다. **거룩**은 이스라엘의 속성을 기술하지 않는다. 그것은 야웨의 속성을 기술한다. 고대 세계에서 어떤 요소를 신적 집합체의 일부로서 밝히는 것은 그 요소에 관하여 아무것도 말해주지 않는다. 그것은 그 요소가 속하는 집합체로 표현되는 신에 관하여 무언가를 말해준다. (예컨대) 아레스가 전쟁의 신이라고 말하는 것은 우리에게 전쟁에 관하여 아무것도 말해주지 않는다. 그것은 우리에게 아레스에 관한 무언가를 말해준다.

한 가지 예가 도움이 될 것이다. 우리 사회의 사람들은 또한 우리를 다른 사람들과 구별되는 독특한 개인들로 구별시키는 일종의 정체성 집합체를 형성한다. 이 집합체의 요소들은 우리의 직업, 취미, 정치적 또는 종교적 견해, 우리가 사는 곳, 다니는 대학, 응원하는 스포츠 팀, 구매 및 전시하기로 선택한 제품 브랜드와 같은 것들을 포함한다. 만일 당신이 나이키 신발을 구매하기로 선택한다 해도—즉 나이키 신발이 당신 개인의 집합체의 일부라고 선언해도—그 행동은 나이키에 관해서 아무것도 말하지 않는다. 오히려 그것은 당신에 관해서 무언가를 말한다. "나는 이 브랜드의 신발을 신기로 선택하는 사람이다." 그것은 당신이 나이키가 광고를 통해서 자신을 투영한 이미지와 당신 자신을 연결하는 방식이다. 그 이미지는 이어서 사람들이 그 브랜드 및 더 나아가 그 브랜드의 소비자들을 인식하는 방식을 좌우한다. 마찬가지로 야웨가 이스라엘 민족을 거룩하다고 선언함으로써 그들을 자신의 집합체 안에 들여놓을 때, 그는 모든 관찰자에게 자신이 이스라엘과 같은 민족의 후원자가 되려고 하는 하나님이라고 선언하는 셈이다.

물론 어떤 회사가 자체 브랜드의 이미지를 변경하여 자신의 이미지를 소비자들이 더 이상 지지하고 싶지 않은 무언가로 변경한다면 소비자들은 그들의 제품 구매를 중단할 수 있다. 반면에 야웨는 이스라엘을 버릴 의도가 없다. 야웨가 자기 백성과의 관계를 통하여 투영하기를 원하는 특성 중 하나는 충실(faithfulness)인데, 이는 히브리어로 **아하브**('ahab, 사랑)와 **헤세드**(hesed, 충성, 친절)라는 용어를 통해 표현된다. 동시에 그는 방종(indulgence)으로 특징지어지는 것을 원치 않는다. 오히려 그의 성품은 질서, 지혜, 정의에 대한 헌신에서 표현된다. 이스라엘이 자신을 질서, 지혜, 정의로 특징지으면 하나님은 그 민족이 자신을 반영하는 방식을 기뻐하고, 자기가 기뻐한다는 것을 모든 사람이 볼 수 있도록 이스라엘에게 복과 번영을 줄 것이다. 다른 한편 이스라엘이 (그들이 자주 그랬던 것처럼) 자신을 무질서와 불의로 특징지으면 야웨는 자기가 화났다는 것을 모든 사람이 볼 수 있도록 그들에게 심판을 내림으로써 지혜, 질서, 정의에 대한 자신의 헌신을 보여줄 것이다.

하나님의 심판의 결과로써 이스라엘은 자기 백성을 정복하고 자기의 성전을 파괴하는 적군으로부터 보호해 줄 수 없는 하나님을 섬기는 민족으로 인식될 수 있다. 이것은 열왕기하 18:32-35에서 아시리아 왕 산헤립이 한 말에서 입증된다.

> 히스기야가 너희를 설득하여 이르기를 "여호와께서 우리를 건지시리라" 하여도 히스기야에게 듣지 말라. 민족의 신들 중에 어느 한 신이 그의 땅을 앗수르 왕의 손에서 건진 자가 있느냐? 하맛과 아르밧의 신들이 어디 있으며 스발와임과 헤나와 아와의 신들이 어디 있느냐? 그들이 사마리아를 내 손에서 건졌느냐? 민족의 모든 신들 중에 누가 그의 땅을 내 손에서 건졌기에 여호와가 예루살렘을 내 손에서 건지겠느냐?

야웨는 그의 힘을 보여줌으로써 이 조롱에 응답한다. "이 밤에 여호와의 사자가 나와서 앗수르 진영에서 군사 십팔만 오천 명을 친지라. 아침에 일찍이 일어나 보니 다 송장이 되었더라"(왕하 19:35). 바빌로니아 유수

뒤 에스겔 36:18-23에서 야웨를 향해 퍼부어지는 비슷한 비난에 대해 야웨는 자기 백성을 그 땅으로 회복시키겠다는 약속으로 응답한다.

> 그들이 땅 위에 피를 쏟았으며 그 우상들로 말미암아 자신들을 더럽혔으므로 내가 분노를 그들 위에 쏟아 그들을 그 행위대로 심판하여 각국에 흩으며 여러 나라에 헤쳤더니 그들이 이른바 그 여러 나라에서 내 거룩한 이름이 그들로 말미암아 더러워졌나니, 곧 사람들이 그들을 가리켜 이르기를 "이들은 여호와의 백성이라도 여호와의 땅에서 떠난 자라" 하였음이라. 그러나 이스라엘 족속이 들어간 그 여러 나라에서 더럽힌 내 거룩한 이름을 내가 아꼈노라.
>
> 그러므로 너는 이스라엘 족속에게 이르기를 "주 여호와께서 이같이 말씀하시기를, 이스라엘 족속아, 내가 이렇게 행함은 너희를 위함이 아니요, 너희가 들어간 그 여러 나라에서 더럽힌 나의 거룩한 이름을 위함이라.… 내가 여호와인 줄을 여러 나라 사람이 알리라."

야웨의 관심은 이스라엘의 도덕적 또는 사회적 상태가 아니라 자신의 거룩한 이름(즉 그의 명성)에 관한 것임에 주의하라. 그리고 회복은 특히 야웨의 명성을 위한 것이지, 이스라엘에게 무언가를 주려는 욕구에 의해서 촉발되는 것이 아님에 주의하라. 야웨는 이스라엘의 하나님이기 때문에 이스라엘의 상태가 그에게 반영되는데, 야웨는 멸망당하고 쫓겨난 백성의 패배한 하나님으로 보이기를 원치 않는다. 야웨와 이스라엘의 모든 상호작용은 어떤 식으로든지 그의 명성을 확립하는 데 공헌한다. 야웨가 이스라엘을 사용하여 자신을 드러낸다는 말은 바로 이런 의미다.

야웨는 이스라엘과 주변 민족들 앞에서 자신의 정체성과 명성을 확립하고 투영한다. 이 관찰자들은 모두 고대 근동의 문화의 강에 속한다. 따라서 야웨는 고대 세계가 이해한 충실, 지혜, 질서 및 정의 개념의 원칙에 따라 자신을 확립하는데, 이는 우연히도 그 개념들이 고대 세계의 가장 높은 가치들이기 때문이다. 질서, 정의, 충실에 대한 고대의 이해는 토라의 법적 지혜 문서 및 조약 문서들 안에서 한계가 정해진다. 그러나 우리는 마치 야웨를 섬기는 모든 장소와 모든 시대의 모든 사람이 고대 근동의 문화적 가치들을 재생산할 것으로 기대되기라도 하는 것처럼, 야웨가 그 개념들을 영구히 승인하기를 원한다고 가정해서는 안 된다. 마찬가지로 우리는 이 단어들을 우리 자신의 정의들로 대체하고서 **이것이** 야웨가 지지하는 것이라고 가정해서도 안 된다. 더 나아가 그것은 어떤 사회의 가장 높은 가치들이 무엇이든 간에 야웨가 그것을 승인한다고 우리가 가정할 수 있음을 의미하지도 않는다. 현대 사회에서는 자유, 평등, 자기표현 그리고 일반적인 인간 번영 등이 가장 높은 가치일 것이다. 대신 우리는 야웨의 자기 계시를 절대적이거나 보편적 것들의 측면에서가 아니라 대조의 측면에서 이해해야 한다. 충실, 질서, 정의는 일반적으로 고대 근동의 신들과 관련 있는 특성들이 아니었다(비록 그 신들이 그들의 숭배자들로부터 그런 종류의 행동을 원했을지라도 말이다). 사실상 야웨는 이스라엘 사람들에게 자신은 그들의 문화가 그들로 하여금 신에 대해서 기대하게 한 것과는 다른 부류의 하나님이라고 말한 셈이다.

신학 교과서를 만들 수 있게 하는 것이 야웨의 자기 계시의 목적이 아니었기 때문에 야웨의 성품에 대한 세부사항은 여전히 파악하기 어렵다. 이스라엘은 그들의 하나님이 인간 세계를 아끼며, 자신의 피조물을 책임지고, 그들의 복지에 관심이 있으며, 단지 자신의 유익을 위해 그들을 착취하는 데만 관심이 있는 존재가 아니라는 것을 배워야 했고 우리도 그것을 배울 수 있다. 이스라엘은 계시의 목적을 위한 수단이었지만 그 백성들도 하나님의 축복, 은총 그리고 (특히) 임재의 형태로 유익을 얻었는데, 이것들은 고대 세계에서 갈망의 대상이었다. 그들의 이웃들과 달리 이스라엘 사람들은 하나님의 은총을 유지하는 방법을 알았다. 그들은 무작위적인 위반이나 알려지지 않은 범죄에 대한 보복을 두려워할 필요가 없었다. 우리 그리스도인들이 이 점을 이해하면 우리가 성육신을 이해하고, 나사렛 예수 안에서 성육신한 분이 바로 이 하나님이며, 고대 근동의 신, 로마의 신 또는 추상적인 철학적 신이 아니라는 것을 아는 데 도움이 된다. 반면에 거의 모든 시대의 사람들 대다수는—특히 고대 근동에서는—그들의 신들에 관하여 이러한 확신을 지니지 못한다. 고대 근동의 신들은 그들의 기대를 계시하지 않았고, 인간을 단지 자기들을 섬기는 존재로만 보았다. 우리는 다음 장에서 고대의 신과 인간 사이의 관계를 살펴볼 것이다.

제3부

제의와 토라

명제 8

고대 근동의 제의는
신들의 필요를 충족시키는 역할을 했다

우리가 살펴본 바와 같이, 고대 세계에서 최우선순위 중 하나는 우주와 사회에서 질서를 유지하는 것이었다. 법 모음집들은 질서 유지를 위해 가장 중요하고 필수적 요소인 정의의 토대 역할을 하는 지혜를 전달함으로써 이것을 다뤘다. 안정된 사회와 우주의 평형을 유지하기 위한 또 다른 중요한 요소는 제의(ritual)였다. 제의는 함무라비의 비석과 같은 법 모음집들에서는 다뤄지지 않지만 다른 많은 문서가 고대 근동에서의 제의 생활에 대한 풍부한 통찰력을 제공한다.

제의는 다양한 방식으로 정의된다. 전문가들 대다수는 제의란 의도된 결과를 달성함에 있어서 무엇이 효과적인가에 관한 종교적 신념 및 그 실천의 대상의 본질에 관한 형이상학적 개념들을 반영하는, 의식적이고 관습적인 정례적 수행과 관련이 있다는 데 동의한다. 제의들은 상징(이런 상징들은 때로는 불가사의하고, 난해하며, 불투명하고, 심지어 잊히기도 한다)으로 가득하고, 그것을 통해서 참여자들이 우주 질서와 그들의 공동체의 안정을 유지할 수 있게끔 해주는 수단을 제공한다. 제의에 관한 표현의 예를 들자면 고먼은 제의는 "그것의 형식, 질서 및 연속적인 순서로 특징지어지는 상징적 행위들의 복합적인 수행을 가리키는데, 이 수행은 특정한 상황에서 일어나는 경향이 있고, 사회 질서의 통제를 중심 목표 중 하나로 삼는다"고 말한다.[1]

---

1   Frank H. Gorman Jr., *The Ideology of Ritual: Space, Time and Status in the Priestly Theology* (Sheffeld: JSOT, 1990), 19. 다른 학자들은 몇몇 측면에 대해 반대하거나 다른 입장을 취하지만, 많은 부분에 대해서는 같은 의견을 보인다. 참조. Ithamar Gruenwald, *Rituals and Ritual Theory in Ancient Israel* (Atlanta: Society of Biblical Literature, 2003); 그리고 Roy E. Gane, *Ritual Dynamic Structure* (Piscataway, NJ: Gorgias, 2004).Mary Douglas는 이 연구

고대 근동에서 제사 의식 체계는 신들의 필요를 충족시키기 위해 고안되었다는 증거가 풍부하며, 학자들 사이에서 이 점에 대해 광범위한 합의가 이뤄져 있다.[2] 그 전제는 애초에 신들이 자기들을 위해 그리고 자기들의 욕구를 충족하기 위해 우주를 창조했다는 것이었다. 그들은 사람이 없이도 꽤 만족해하였고 그러한 피조물들을 만들 계획을 지니고 있지 않았다. 그러나 신들은 인간들과 똑같이 의식주가 필요했다. 마침내 신들은 자기들의 생존을 확보하고 그들의 실존을 유쾌한 것으로 만들어줄 익숙한 편의를 제공하는 데 필요한 모든 노역에 지쳤다. 그 문제가 어떻게 임계점에 이르렀는가에 관한 다양한 이야기가 유포되었지만, 결론은 신들이 자기들이 필요로 하는 것들을 공급하는 종으로서 사람을 창조하기로 작정했다는 것이었다.

그러나 이 체계가 작동하려면 그것이 단지 일방적인 관계일 수만은 없었다. 사람들이 신들의 필요를 성공적이고, 효과적이고, 지속적으로 충족시키려면 신들은 사람들이 농작물을 재배하기에 충분한 비를 내리고, 곡물이 자라게 하고, 동물들이 번식하게 하며, 사람들이 침략이나 기타 재앙으로부터 보호받을 수 있도록 보장해줘야 했다. 죽은 사람이나 빈곤한 사람은 신들을 부양할 수 없었다. 그러므로 상호 필요에 의한 상호의

분야에서 가장 중요한 학자 중 하나로 여겨진다. 그녀의 연구는 영향력이 큰 저술인 *Purity and Danger* (New York: Routledge & Kegan Paul, 1966)로 거슬러 올라가지만, 그녀의 견해는 시간이 지남에 따라 수정되었다. 그녀의 좀 더 최근 저술로는 *Leviticus as Literature*, rev. ed. (Oxford: Oxford University Press, 2001)가 있다.

2 자세한 논의는 Michael B. Hundley, *Gods in Dwellings: Temples and Divine Presence in the Ancient Near East* (Atlanta: Society of Biblical Literature, 2013) 및 그의 *Keeping Heaven on Earth: Safeguarding the Divine Presence in the Priestly Tabernacle*, FAT 50 (Tübingen: Mohr Siebeck, 2011)을 보라.

존 체계가 확립되었다. 신들은 의식주가 필요했고, 그러한 편의를 신뢰할 수 있게 제공하기 위해서 사람들은 보호와 공급이 필요했다.

그것이 고대 세계의 생활, 종교적 사상, 제의 및 신학의 배경을 이룬 공생관계를 나타내기 때문에 우리는 이것을 위대한 공생이라고 부른다. 신들에게는 필요한 것들이 있었고, 그들은 그들을 숭배한 사람들을 통해 모든 면에서 충분히 만족하기를 원했다. 이 공생관계의 주요 초점은 특정한 신의 왕궁인 성전이었다. 그 신은 그 성전에 거주하고, 그곳으로부터 통치하며, 형상으로 표현되었다. 성전은 예배와 임재와 계시를 중재하는 신성한 중심을 차지했다. 그런 성전들은 우주의 통제 센터로 여겨졌고, 신은 그곳으로부터 질서를 유지하고 사람들의 제의를 통해 부양되었다.

제의 전문가들로 여겨진 제사장들이 제의 관행을 감독했다. 그들은 신들의 필요를 충족시키는 기준과 원칙들을 사람들에게 가르쳤다. 성전 복합체는 신이 그곳에 거주하기 때문에 신성한 장소로 여겨졌다. 유감스럽게도 신들의 은총이 어떻게 유지될 수 있는지 또는 무엇이 신들의 비위를 상하게 할 수 있는지가 항상 분명한 것은 아니었을지라도, 사람들은 신들이 어떤 식으로든 비위 상하지 않기를 원했기 때문에 정결(purity) 요건은 엄격했다.

제사장들이 신들의 꼼꼼한 요구들을 전달하였지만, 어떤 보장도 없었다. (신들이 자기들의 욕구를 신탁이나 징조를 통하여 전달할 수는 있었지만) 제사장들의 지식은 계시에서 비롯된 것이 아니라 전통적인 사고방식에서의 훈련에서 유래했다. 제사장들은 신들이 더 요구가 많을 뿐이지 다른 면에서는 사람들과 유사하다는 가정에서 일했다. 논리적으로 한 신을 섬기는 것은 지위가 가장 높은 인간을 부양하는 수준에서 시작해서 그다음에는 기하급수적으로 증가할 것이다. 신을 제대로 부양하지 못하면 신의 분노가 촉발되어 온갖 종류의 잠재적 재앙이 초래될 것이다. 신의 보호를 받지 못한 채 무질서 또는 악마와 적의 영향에 노출되지 않으려면 화가 난 신을 진정시킬 필요가 있었다.

　당시의 위대한 공생에서 제의는 그것을 통해 질서가 유지될 수 있는 수단을 제공했다. 이 등식이 종교 체계의 기초였다. 그렇다면 우리가 정의, 법 또는 도덕이 어떤 역할을 했는지를 묻는 것은 당연한 일이다. 신들은 인간의 공공선에 관심이 없었고 오직 그들 자신의 이익에만 관심이 있었다. 인간 사회에서 질서가 유지되기 위해서는 정의, 법의 지배 그리고 우리가 도덕적 행위라고 부를 수 있는 것이 중요하지만, 질서가 신들에게 중요했던 이유는 오직 질서가 그들이 특전을 받을 수 있도록 보장한다는 이유 때문이었다. 이 체계에서 인간은 도덕적이거나 정의로와야 할 종교적 의무가 없었다. 인간은 신들을 돌볼 종교적 의무가 있었고, 신들은 그들의 수입원을 확보하기 위해서는 어떤 일도 서슴지 않았을 것이다. 신들은 인간이 안전하게 그리고 생산적으로 자기들을 충분히 만족시키는 의무를 수행할 수 있게끔 인간 세계에서 질서를 유지하도록 왕들을 세웠다. 이제 법 텍스트와 제의 텍스트는 서로 중복되는 개념적 영역을 차지했다는 점이 명백해졌을 것이다. 양쪽 텍스트 모두 질서와 신들의 은총을 보장하기 위한 전략들이었다. 법 텍스트가 그 시대의 지혜가 인간의 정의를 위한 성공적인 전략이라고 인식하는 것에 대한 예들을 제공한 것처럼, 제의 수행을 위한 지시들은 신들을 계속해서 만족시킬 전략들을 위하여 제사장들이 동원할 수 있는 모든 지혜를 제시했다. 법적 지혜를 따르지 않으면 사회는 불의의 무게 때문에 무너져 무정부 상태와 신들에 대한 태만으로 이어졌다. 제의적 지혜를 따르지 않으면 화난 신들이 백성에게서 등을 돌려 그들이 온갖 종류의 결과(질병, 가뭄, 기근, 침략 등)를 겪게 할 것이다. 재판관들이 습득된 [법적] 지혜를 적용해서 사건을 판결할 책임이 있었던 것처럼, 제사장들은 획득된 제의적 지혜를 적용해서 신들을 확실히 진정시킬 책임이 있었다.

법과 제의의 실제 관행에는 중복되는 부분도 있다. 예컨대 오늘날 활용할 수 있는 포렌식 수단이 나오기 전에는 종종 소문이나 상충하는 증언 외에 다른 증거가 거의 없었다. 따라서 판사들은 심리에서 자신들의 증언이 사실이라고 선서하고 맹세하는 재판 당사자들에게 훨씬 더 많이 의존했다. 신의 이름으로 선서한 맹세를 깨는 것은 그 증언이 거짓일 경우 그 사람을 보복받기 쉽게 만들었을 뿐만 아니라 사법체계의 생존 능력을 붕괴시키고 따라서 사회 질서를 훼손했다. 때때로 신성 재판을 사용할 때 제의가 작동하기 시작하곤 했다. 신성 재판에서는 어떤 사람의 무죄 또는 유죄는 그 사람을 생명을 위협하는 시련(예컨대 강에 던져짐)에 처하도록 해서 신들이 그를 구해주는지를 봄으로써 확증되었다.

요약하자면 언제나 신의 은총이 목표였다. 정의와 제의는 모두 그 은총을 얻기 위한 유서 깊은 수단이었고, 지혜는 이 두 가지 관행의 토대였다. 우리는 이제 이스라엘의 관행에서 이스라엘 사람들도 법적 지혜와 제의적 지혜를 질서와 관련하여 겹치는 개념들로 보았다는 것을 알게 될 것이다. 고대 근동의 문서들과 달리 이스라엘의 법적 지혜와 제의적 지혜는 두 영역 모두 언약 조항에 통합될 정도로 겹치는 개념이었다.

야웨는 아무것도 필요하지 않기 때문에
고대 이스라엘의 제의는
언약 질서를 유지하는 역할을 한다

고대 세계의 제의는 신들의 필요를 충족시킴으로써 신들을 기쁘게 하고 그럼으로써 신들의 은총 및 그 결과로서 일어나는 인간 세계에서의 안정과 번영을 확보하기 위한 사회 질서 제도와 연계하여 작동했다. 우리는 이제 이스라엘의 제의 체계를 다른 고대 세계에서 발견되는 체계와 비교하여 평가할 수 있는 위치에 있다. 제의들의 실제 형태는 별로 차이가 없다. 규칙적인 희생제사의 틀은 우리가 나머지 고대 세계에서 추적할 수 있는 것과 같은 많은 경로를 따른다. 예컨대 이스라엘을 기원전 제2천년기 중반의 우가리트에서 살던 사회와 비교할 때 알 수 있는 바와 같이 심지어 다수의 희생제물들의 명칭조차도 동일하다. 확실히 몇 가지 현저한 차이가 있다. 가장 두드러진 차이는 이스라엘의 피를 다루는 제의들에서 나타난다. 피를 다루는 것을 특징으로 하는 이스라엘의 희생제사들, 즉 주로 일반적으로 속죄제와 속건제라 불리는 희생제사들은 지금까지 고대 세계에서 입증된 제의 체계에서 유례를 찾아볼 수 없다. 이 동물들의 피는 (욤 키푸르[Yom Kippur, 대속죄일] 제의에 기여하는) **키페르**(*kipper*)를 이루기 위하여 사용되었다. **키페르**라는 용어는 전통적으로 "속죄"(atonement)로 옮겨졌다. 그러나 그것은 오해의 소지가 있다. 좀 더 최근에는 학자들이 "보상"(expiation, Milgrom) 또는 "지움"(clearing, Hundley)과 같은 용어들을 사용했다. 동물의 죽음 덕분에 피는 성소를 더럽히는 모든 것을(용인할 수 없는 행동이든 제의상의 부정이든) 지우는 제의상의 세정제 역할을 했다.

비록 피를 다루는 제사들을 사용하는 것이 이스라엘의 제의 체계에서 중요한 특징이기는 하지만, 이것은 이스라엘과 고대 근동 사이의 가장 중요한 차이 중 작은 측면에 지나지 않았다. 이스라엘에서는 위대한 공생이 없었다. 야웨는 음식, 의복 또는 주택 등 어떤 것도 필요로 하지 않았다. 그는 여전히 제의들(그리고 거의 같은 종류의 제의들)을 요구하지만 그것들의 목적은 변경되었다. 그는 여전히 으리으리한 거처로서 성전을 가지고 있고 거기서 보좌에 앉아 우주를 통제하지만 그의 형상이 성소의 중심을 차지하지 않는다. 그는 궁극적으로 질서를 유지하는 데 관심이 있지만 단순히 극진히 섬김을 받는 것에는 관심이 없다. 모든 것이 밖에서 보면 거의 똑같아 보이지만 (실제로는) 모든 것이 다르다는 점을 우리는 확실히 알아야 한다. 고대 근동의 위대한 공생에서는 희생제사들과 다른 제의들은 인간과 신들 사이에 존재하는 것으로 인식되었던 관계—상호 필요의 관계—를 유지했다. 이스라엘에서 우리는 위대한 공생 대신에 그 관계가 (언약을 통하여) 종주와 봉신의 관계로서 재정의되었다는 것을 발견한다. 그 관계에서 인간은 하나님의 필요를 공급하기보다는 그의 영광을 나타내고 그의 명성을 드높인다.

이스라엘의 신학에서 야웨는 고대 세계의 다른 신들과 달리 아무것도 필요로 하지 않는다. 고대 근동의 신들은 자신들을 위하여 우주를(그리고 결국에는 사람을) 창조했다. 야웨는 자기의 필요를 충족시킬 사람들을 공급하기 위해 창조한 것이 아니라 피조물을 위해 창조했다. 야웨가 사람들을 돌보지만 위대한 공생을 견인하는 것과 동일한 이유로 그런 것은 아니다. 이스라엘이 야웨께 보일 수 있는 많은 반응(예컨대 찬양, 영광, 예배, 질서)은 적절하지만, 야웨는 그것들이 필요하지 않으며 그것들을 얻기 위해 언약 관계에 들어간 것이 아니다. 마찬가지로 야웨는 이스라엘에게 무언가(예컨대 축복, 깨우침, 행복, 번영, 구원 또는 도덕)를 주기 위하여 이 관계를 시작한 것이 아니다. 야웨는 그의 봉신인 이스라엘의 종주로서 자신의 명성을 선포하고 있다. 서로 주고받는 보상은 폐지되었다.

야웨가 이스라엘과 맺은 동반관계는 언약에서 구현된다. 그 언약에서 야웨는 주권자이고, 이스라엘은 그를 위하여 섬기는 그의 봉신이다. 이스라엘에서 시행된 이 제의들은—비록 그것들이 종종 이웃 민족의 제의와 매우 유사하게 보였을지라도—완전히 다른 현상을 유지했다. 제물은 봉신이 주권자에게 바친 공물을 나타내며 충성과 복종을 보여준다.

> 만군의 여호와가 이르노라. "너희가 눈먼 희생 제물을 바치는 것이 어찌 악하지 아니하며 저는 것, 병든 것을 드리는 것이 어찌 악하지 아니하냐? 이제 그것을 너희 총독에게 드려 보라. 그가 너를 기뻐하겠으며 너를 받아 주겠느냐?…나는 큰 임금이요 내 이름은 이방 민족 중에서 두려워하는 것이 됨이니라." 만군의 여호와의 말이니라(말 1:8, 14).

제사들 대다수는 위반에 대한 반응이 아니다. 번제는 종종 탄원을 동반하고, 위반과 관련 있는 속죄제와 속건제는 성전을 계속 정결하게 유지하기 위해 제공되었다. 이 제사들은 기분이 상한 신에게 음식을 뇌물로 줌으로써 그의 분노를 달랜 것이 아니었다. 속죄제와 속건제는 사람들 사이에서 매일의 죄 또는 부정한 행위들이 발생할 때 그것들의 더러움을 제거했다. 그러나 몇몇 행위들이 간과되거나 다뤄지지 않는 것은 불가피했다. 속죄일(Yom Kuppur)은 잔여 오염을 제거하기 위해 계획되었고, 사실상 재설정 단추 기능—신성한 공간을 그것의 "초기 기본 설정"으로 되돌리기—을 했다.

그러므로 희생제사 체계의 초점은 그들의 왕인 야웨와 관계를 맺는 것(예컨대 감사제물, 서원제물, 자원하는 제물), 탄원할 때 선물을 가져오는 것(번제제물), 그리고 거룩한 하나님을 위하여 적절한 환경을 제공하는 일의 중요성을 인식하는 것에 있었다. 그렇게 함으로써 그들은 질서 잡히고 제대로 작동하는 제사 체계를 유지했다. 이 체계는 신성한 공간의 정결에 대한 적절한 존중을 포함했다. 그런데 이스라엘에서 왜 고대 근동의 제사 체계가 전용되었는가? 공통적인 제의 중 일부(즉 중앙 성소 밖에서 희생제사를 드리는 관습)는 이스라엘에서 폐지되었다. 위대한 공생이 사라졌다면 그들은 왜 제의에 신경을 썼는가?

첫째, 위에서 언급한 바와 같이, 희생제사는 공물의 역할을 했다. 종주-봉신 관계가 적절히 표현되기 위해서는 봉신들이 그들의 충성과 복종을 보여줄 필요가 있었다. 야웨가 신이기 때문에 공물은 신에게 선물을 바치는 확립된 형태의 수단, 즉 제의적 희생제사의 형태를 취했다. 그러나 이 점이 더 중요한데, 적절하게 기능하는 제사 및 제의 체계는 적절하게 질서가 잡히고 작동하는 사회의 상징이다. 그 목적이 계시였기 때문에 이스라엘 사회는 고대 세계의 표준에 의한 사회 질서를 다소 이상적으로 구현할 필요가 있었다. 제사 체계가 없었던 사회는 적절하게 작동하는 사회로 보이지 않았을 것이다. 예컨대 현대 서구의 문화의 강에서 적절하게 작동하는 국가의 한 가지 중요한 요소는 민주주의다. 만일 어떤 사회가 선거를 통하여 지도자를 임명하지 않는다면, 우리는 자동으로—그것이 사실이든 아니든—그 사회가 결함이 있고 그 정부가 적절하게 작동하지 않는다고 가정한다. 고대 세계에서 제사 체계가 없는 사회는 우리가 선거 없는 사회를 퇴보적이고 역기능적인 사회라고 인식하는 것과 거의 같은 방식으로 인식되었을 것이다. 야웨는 퇴보적이고 역기능적인 민족의 하나님으로서 자리 잡는 것을 바라지 않기 때문에 제사 체계를 수립하지만, 위대한 공생의 상호의존과는 달리 자신과 이스라엘 간의 종주-봉신 관계를 반영하기 위하여 그것의 목적을 변경한다.

　모든 종주-봉신 관계들에서처럼 이스라엘은 의무뿐만 아니라 혜택도 얻었다. 그 혜택 중 하나는—명제 6에서 논의된 바와 같이—인간 황제에게서 기대되는 것처럼 적들에 대항할 군사적 지원이었다. 그러나 야웨는 또한 신이기 때문에 그의 종주권의 혜택에는 신의 은총의 혜택—번영과 풍요—도 포함되었지만, 가장 중요한 것은 그들 가운데 거주하는 신의 임재였다.

　신의 임재에 대한 이스라엘의 관점은 고대 세계의 관점과 매우 유사했다. 신은 성전 보좌에 앉아 있고, 그 결과 창조를 통하여 확립된 질서가 유지되고, 그 질서를 위협하는 세력은 저지되며, 인간 공동체의 생존 능력이 유지되었다.[1] 우주에서의 질서와 권능의 중심이자 신의 임재의 자리인 성전이 인간의 공동체 내에 존재함으로써 들판의 풍요, 번영, 건강, 평화, 정의와 같은 큰 혜택들에 대한 소망과 잠재력이 생겨났다. 우리는 구데아 실린더에 실린, 자신을 위한 성전 건축에 대해 반응하는 닌기르수 신의 연설에서 이것을 엿볼 수 있다.

　충실한 목자 구데아여,

　네 손이 나를 위하여 수고를 견딜 때

1　다음 문헌들을 보라. Michael B. Hundley, *Gods in Dwellings: Temples and Divine Presence in the Ancient Near East* (Atlanta: Society of Biblical Literature, 2013); 그리고 Byron E. Shafer, ed., *Temples of Ancient Egypt*, 2nd ed. (Ithaca, NY: Cornell University Press, 1997).

나는 하늘에게 비를 내리라고 외칠 것이다.

하늘로부터 풍요가 네게로 내려오고,

사람들이 너와 함께 풍요를 받을지어다.

나의 성전을 세움으로 인하여

풍요가 임할지어다!

큰 들판들이 네게로 그 손을 들고,

수로(水路)가 네게로 그 목을 뻗을 것이다.…

수메르는 너로 인하여 풍부한 기름을 쏟아붓고,

너로 인하여 풍부한 양털의 무게를 측정할 것이다.[2]

그러므로 성전은 우주의 경제 중심지로 이해될 수 있다. 이것을 존 룬드 퀴스트는 "고대 근동 사회에서 중심이 되고, 조직하고, 통합하는 제도"라고 부른다.[3] J. N. 포스트게이트는 그것을 "공동체를 단결시키는 접합제, 부와 재화의 원천"이라고 부른다.[4] 언약 축복들(레 26:3-13; 신 28:3-14)과 솔로몬의 성전 봉헌 기도(왕상 8장)에서 표현된 바와 같이 이스라엘의 사고에도 같은 이념과 소망이 반영되어 있다.

이러한 이해에 비춰보면 희생제사 체계가 모두 죄에 관한 것이었다

---

2   *COS*, 2:155, Gudea Cylinder A: xi. 5-13, 16-17 (Richard Averbeck 역).

3   John Lundquist, "What Is a Temple? A Preliminary Typology," in *The Quest for the Kingdom of God: Studies in Honor of George E. Mendenhall*, ed. H. B. Huffmon, F. A. Spina, and A. R. W. Green (Winona Lake, IN: Eisenbrauns, 1983), 213; Jon D. Levenson, "The Temple and the World," *JR* 64, no. 3 (1984): 298도 보라.

4   J. N. Postgate, "The Role of the Temple in the Mesopotamian Secular Community," in *Man, Settlement, and Urbanism*, ed. Peter J. Ucko, Ruth Tringham, and G. W. Dimbleby (Cambridge, MA: Schenkman, 1972), 811-25, 특히 813-14.

고 생각하는 것은 실수일 것이다. 이미 언급한 바와 같이 대부분의 희생제사는 위반에 대한 반응이 아니다. 그 지적만으로도 충분하지만, 우리는 이제 범죄에 대한 반응인 희생제사―소위 속죄제와 속건제[5]―로 주의를 돌릴 것이다. 이 희생제사들은 생명이 피 안에 있다는 논리와 함께(레 17:11) 피의 제사를 특징으로 한다(반면에 그것들 외에는 피가 거의 사용되지 않는다). 피의 제의들은 고대 근동 세계의 다른 곳에서는 흔하지 않다. 다른 신들에게도 동물들이 바쳐지지만, 일반적으로 피를 다루는 것은 수반되지 않는다.[6] 이스라엘의 관행에서 토라는 어떤 부정이 성소를 침범하거나(속죄제) 성소에 속한 무언가가 개인적인 용도로 전용될 때(속건제)의 반응으로서 이 두 희생제사를 수립한다.

토라의 위반이 비고의적으로 일어났을 때 속죄제가 요구된다. 의도적인 죄에는 제의적 대응책이 없었다. 제의적 부정과 관련된 비고의적 위반, 또는 행동에 대한 사회의 기대 위반이 성소의 신성을 더럽히는 영향을 미친다고 이해되었다. 뚜렷한 물리적 은유를 제시하기 위해 성전 벽에 배설물이 튀겨져서 더럽혀지는 것을 상상해보라. 신성모독적인 오염이 다뤄져야만 했다. 피는 위반의 결과를 지워 없애고 성소의 신성과 공동체의 질서를 회복하는 제의적 세제로 지정되었다.

---

5 이 명칭들(속죄제와 속건제)은 전통적인 용어이지만 학자들은 이를 널리 부정확한 표현이라고 생각한다. 영어에는 독자에게 의미가 통하는 대체어가 없어서 이 명칭들이 계속 사용되고 있다. 이에 대한 논의들은 학술 문헌에서 매우 흔하다. 하나의 예로 N. Kiuchi, *The Purification Offering in the Priestly Literature: Its Meaning and Function*, JSOTSup 56(Sheffeld, UK: JSOT Press, 1987)을 보라.

6 주요한 예외가 (이스라엘의 속죄일과 같은) 제거 제의들에 나타난다. 그 제의들에서―특히 히타이트 사람들 가운데서―피 의식(blood rites)이 분명히 존재한다. Yitzhaq Feder, *Blood Expiation in Hittite and Biblical Ritual*(Atlanta: Society of Biblical Literature, 2011)을 보라.

이러한 이해로 미루어 우리는 이 제의들이 사람의 죄를 없애기 위해 고안된 것이 아님을 알 수 있다. 그것들은 하나님의 임재의 장소에서의 평형을 회복시키기 위해 고안되었다. "깨끗하게 하는" 피의 소독제 역할이 키페르(*kipper*)를 달성한다. 동사 키페르는 좀처럼 사람이나 죄를 목적어로 취하지 않는다. 그 동사의 직접 목적어는 대개 신성모독으로부터 씻기는 성소의 일부(예컨대 휘장, 법궤, 제단 뿔)다. 이 동사의 한 형태가 잘 알려진 속죄일(*yom kippur*)에서 사용된다. 속죄일에는 한 해 동안 쌓였던(희생제사를 통해 처리되지 않은) 모든 위반이 제거되어(광야로 쫓겨남으로써) 평형이 다시 확립된다(초기의 기본 설정값으로 재설정된다). 속죄제와 속건제를 통하여 성취되는 키페르의 결과는 그 사람이 용서받을 수 있다는 것, 즉 그(녀)가 공동체로부터 끊길 필요가 없으리라는 것이다. 만일 어떤 사람이 용서받지 못하거나 공동체로부터 끊기지 않는다면, 그 사람은 공동체 안에 존재하면서 계속 성소를 오염시켜 결국 신의 임재 및 은총의 철회를 초래할 것이다. 그러나 그 오염은 개인이 아니라 **성소**에 남아 있다. 따라서 키페르가 위반행위를 저지른 개인을 깨끗하게 한다는 아무런 암시가 없다.

이 정보를 바탕으로 우리는 "속죄"(atonement)라는 말을 우리의 죄와 관련하여 그리스도가 십자가 위에서 성취한 것과 관련시킬 때 그 번역이 매우 유감스럽고 오도하는 번역이라는 것을 알 수 있다.[7] 대신에 키

---

7   히브리서가 확실히 그리스도의 사역을 기술하는 정교하게 확장된 은유의 한 부분으로 이 이미지를 사용하고 있기는 하지만, 그 은유는 제사 체계가 고대 이스라엘과 레위기의 원래 맥락에서 이해된 것처럼 작동하는 것이 아니라 제2성전기에 이해된 방식의 맥락에서 작동한다. 명제 15를 보라.

페르는 이스라엘 사람들이 제의에 피를 사용함으로써 성소를 위하여 성취된 것을 가리킨다. 이스라엘의 희생제사들이 죄를 없애지 않고, 사실 결코 그렇게 하려고 하지도 않는다면 그 희생제사들은 구원(죄로부터의 구원)과 아무 관계가 없다(명제 15에서 다루는 논의를 보라). 더 나아가 그것들은 단순히 그리스도가 하게 될 일에 대한 기대가 아니다. 그것들은 그리스도가 하게 될 일과 같은 일을 하지 않는다.[8] 희생제사들은 단지 예수가 그의 사역을 하러 올 때까지의 대타가 아니다. 그것들은 구약신학에서 및 중요한 토라의 역할에서 그 자체의 의미를 지니고 있다.[9]

제의들은 토라의 필수적인 요소이기 때문에 우리는 그것들을 소위 토라의 도덕적 측면들과 인위적으로 구별해서는 안 된다. 제의들은 제의적 오염물에 대한 대응 역할을 한다. 죄는 제의적 오염물이기 때문에 이것이 도덕적 위반들을 포함할 수 있지만, 도덕적 위반들이 특별히 강조되는 것은 아니다. 월경이나 기타 몸의 유출물 같은 비도덕적인 오염물들은 우리가 죄라고 부를 위반들과 동일한 제물(속죄제물)을 필요로 했다(레 15:15, 30을 보라). 제의들은 토라의 다른 측면들과 같이 야웨가 그들 가운데 거주할 때 야웨의 은총을 유지하기 위한 질서를 제공한다. 그러므로 우리는 본서에서 여러번 반복되는 설명을 재검토한다. (제의들을 포함한)

---

8   유일한 실제 유사점은 교회는 성전에 필적한다는 은유에 기초할 것이다. 하나님은 성전에 거했고 또한 (아주 다른 방식으로) 그의 백성 안에 거한다. 이 은유에 따르면 만일 하나님의 거처가 정결을 유지할 수 있도록 범죄의 효력을 지워버리기 위하여 성전에서 피가 사용되었다면, 우리는 그리스도가 그의 백성 안에서 살 수 있도록 그의 백성을 정결하게 만들기 위해 그리스도의 피가 위반의 효력을 지워 없앤다고 말할 수 있을 것이다.

9   그리스도와 희생제사 체계 사이의 관계에 관한 좀 더 광범위한 논의는 John H. Walton, *Old Testament Theology for Christians: From Ancient Context to Enduring Belief* (Downers Grove, IL: InterVarsity Press, 2017), 261-63을 보라.

토라의 목적은 법률이나 도덕적 지시가 아니고, 이상적인 사회를 형성하는 것도 아니며(명제 16을 보라), 보편적으로 적용할 수도 없고, 언약 밖에 있는 사람들에게 의무로 지워지지 않으며, 구원과는 관계가 없다.

제사장들은 야웨의 성소의 신성을 유지해야 할 책임이 있었는데, 그것은 공동체가 제의적 정결을 유지하게끔 돕는 것을 포함했다. 이는 그들이 제의 전문가들이어야 했고, 공동체가 언약 안에 잘 머물러 있으며 그들을 거룩하게 만든 하나님을 존중하게끔 토라의 모든 측면에서 백성들을 가르쳐야만 했다는 것을 의미했다. 우리는 종종 제사장들을 희생제사를 수행한 사람들로 생각한다. 그것은 확실히 그들의 책임 중 하나였다. 그러나 그것을 그들의 정체성에 대한 주된 묘사라고 상정하는 것은 좁은 시각이다. 제사장들이 희생제사를 바친 이유는 그들이 제물의 질, 제물을 가져오는 사람의 제의적 지위, 제물을 바치기 위한 올바른 절차, 그리고 그들의 중재가 보호되는 것을 확보하기 위하여 그들 자신의 제의적 정결을 유지하는 것과 관련하여 제의들의 요구사항을 알았기 때문이었다. 그들은 신성한 공간의 수호자들이었다. 토라 준수의 모든 측면에 대한 가르침과 제의 수행 둘 다 그들의 지위의 중요한 측면들이었지만, 우리는 그들의 책임이 그것들뿐이었다고 생각해서는 안 된다.

예컨대 국가의 최고 통치자의 생명을 보호하는 사람들을 생각해보자(미국의 경우 대통령을 경호하는 비밀 요원들을 생각해보라). 그들의 주된 역할은 지도자가 절대로 암살당하지 않게 하는 것이라고 말하면 적절하지 않을 것이다. 확실히 그것은 그들의 임무 중 하나다. 그러나 그것은 그들의 임무 중 일부일 뿐이다. 그들의 임무는 한마디로 지도자의 직무 수행을 방해하는 모든 요소를 제거하는 것이다. 지도자의 안전은 국민의 안정과 공동체의 언약 관계의 질서를 가져온다.

　결론적으로 말하자면 토라와 관련된 제의들은 이스라엘과 (그들과 언약을 맺은) 그들의 주권자 사이의 적절한 관계를 유지했다. (제사장들에 의해 중재된) 제의들은 그들이 야웨께 대한 그들의 예배를 표현하고 야웨의 임재—그들은 그 임재를 맞이하는 호스트였다—의 신성성 대한 모든 위협을 교정할 수 있게 했다. 희생제사 의식들을 순종해야 하는 명령들이라고(그래서 그것들이 법률 역할을 한다고) 생각하기 쉬울 것이다. 그리고 제사장들이 희생제사에 관한 지시들을 정확하게 고수하도록 요구된 것은 사실이지만, 이 지시들 자체는 명령이 아니었다. 제의들은 (현금 출납기를 성공적으로 사용하기 위해 필수적인 절차들과 마찬가지로) 백성이 원하는 결과를 얻고자 한다면 적절하게 실행되어야 했던 절차를 기술했다. 그럼에도 불구하고 그것들은 무엇이 야웨께 용납될 수 있는지, 어떻게 그들이 야웨를 화나게(또는 역겨워하게) 하는 것을 막을 수 있는지, 그리고 어떻게 그들이 안전하게 그의 임재 안으로 들어올 수 있는지에 대한 야웨의 의사소통 역할을 했다. 뜨거운 난로를 만지면 그에 따른 결과가 초래되듯이 불결은 그에 따른 결과를 초래했다. 무시하면 반드시 그 대가를 치르게 되는 특성들이 존재하는 것이다. 제의들은 그들에게 그들이 자연스럽게 하고 싶어 하는 것 대신에 그들이 해야 하는 것을 알려주는 명령들(강제법)이 아니었다. 대신에 그것들은 무엇이 그들의 관계에서 필수적인가에 관해 야웨가 그들과 적극적으로 의사소통한 것을 대변한다. 이는 일반적으로 신들이 사람들에게 무엇이 필수적인 것으로 여겨지는지에 대해 알려주지는 않으면서도 어쨌든 그들에게 책임을 지웠던 고대 세계와 대조될 수 있다.

개인주의와 자유를 소중하게 여기는 현대의 사고방식에서 우리는 신적 기대와 책무를 부정적으로 생각하는 경향이 있을 수도 있다. 우리는 그것을 율법주의라고 부르고 억압적인 것으로 간주한다. 우리는 신적 기대로부터 자유로워지기를 선호할 수도 있다. 이것이—비록 우리가 "율법으로부터의 자유"를 그 말의 본래 의도를 훨씬 넘어서 적용하기는 하지만—우리가 율법으로부터 자유하다고 말하는 신약성경이 우리에게 매력을 주는 이유다. (하지만) 이스라엘에서 그러한 자유는 "사람이 각기 자기의 소견에 옳은 대로"(삿 21:25) 행하였던 사사 시대에 명백했던 바와 같이 오직 무정부 상태만 초래할 수 있었다. 그것은 좋지 않았고 질서를 가져오지 않았다. 이스라엘 백성은 야웨가 자기들에게 준 지침과 지시를 환영했고 그것을 축복과 은혜의 행위로 간주했다.

제3부 제의와 토라

제4부

토라의 맥락

토라는 고대 근동의 법 모음집에
의존하기 때문이 아니라 동일한
문화적 맥락에 내장되어 있기 때문에
고대 근동의 법 모음집과 유사하다

명제 1에서 우리는 우리 자신의 세계가 고대 세계와 매우 다르다는 것을 이해하는 하나의 방법으로서 문화의 강이라는 은유를 도입했다. 구약성경을 마치 그것이 현대 세계에 구현된 것처럼 읽기보다는 그것이 고대 세계에 구현된 것으로서 읽을 필요가 있다. 고대 세계에서 하나님의 계시를 전달한 사람들은 우리의 문화나 문화사에 나타난 다른 어떤 문화도 예상하지 않았다. 이 문화적 내장성은 토라에 우리가 고대 근동의 다른 지역에서 발견하는 것과의 필연적인 유사점들을 제공한다. 그러나 우리는 이제 구약성경이 고대 세계에서 발생했기 때문에 그것이 고대 세계의 특정한 문학 작품에 빚진 것은 아닌지에 관한 질문을 다루고자 한다. 더 나아가 그것의 고대 세계에의 문화적 내장성이나—혹시 구약성경이 다른 어떤 문헌에 빚진 것으로 발견될 경우—다른 문헌에 빚졌다는 사실이 하나님의 계시로서의 구약의 정체성을 훼손하는가?

　　이스라엘과 고대 근동 간의 비교 연구를 수행할 때, 우리는 그것들의 텍스트 사이에서 어떤 유사성이 발견되더라도 그것이 문학적 빚짐을 암시한다고—즉 이스라엘의 서기관들이 이를테면 바빌로니아의 기존 문서들을 미미하고 표면적인 수정을 가해서 베끼거나 번역했다고—가정해서는 안 된다. 우리는 그러한 각색이 이따금 일어났을 수도 있음을 부인할 필요는 없다. 그러나 종종 증거는 그런 밀접한 관계를 입증하지 않는다. 차용이 일어났다고 결정되려면 다수의 장소에서 거의 똑같은 단어들과 어구들 및 개념들이 사용되고 있음을 보여주어야 하고, 또한 이스라엘 사람들이 다른 문학 작품에 어떻게 접근할 수 있었는지를 제안해야 한다(이는 지리적 및 연대학적 근접성에 대한 논의를 요구한다). 빚짐(즉 문학적 의존성)에 대한 입증의 책임은 매우 엄격하며, 단순히 두 텍스트가 유사한 개념들을 유사한 방식으로 묘사한다는 점만으로 확립될 수는 없다. 예컨대 오늘날 우리는 누군가가 "내일 죽을 테니 먹고 마시고 즐기자"라는 철학을 말로 표현하는 것을 드물지 않게 들을 수 있을 것이다. 오늘날 그렇게 말하는 사람 대다수는 에피쿠로스의 저술에서 그 말을 읽은 것도 아니고, 그 말이 그에게서 나왔다는 사실도 모른다. 그 말이 우리의 문화의 강 안으로 보급되었지만, 우리가 그 말을 에피쿠로스의 저술에서 차용하여 사용하는 것이 아니라 그 말이 문화의 강에 내장됨으로써 그 말을 사용한다.

이와 비슷한 방식으로 구약성경의 문헌 일반, 특히 토라를 고대 근동의 문서들과 비교해보면 이스라엘이 단순히 고대 세계에 소속되었다는 사실로 설명될 수 있는 유사점들이 종종 발견된다. 이스라엘의 저자들은 그들 주변의 사람들처럼 생각하고 주변 문화의 전통들과 대략적으로 친숙한 경향이 있었다(아마도 이는 문헌적 접근보다는 구전에 의한 확산을 통해서였을 것이다).[1] 어떤 문화의 전통(구전 전통 또는 문헌 전통)이든지 더 넓은 문화의 강으로 흘러들어오며, 같은 문화의 강에 잠겨 있는 다른 사람들은 그 강으로부터 미묘하고 추적할 수 없는 방식으로 그 전통을 이용할 수

---

1   여기서 그것을 탐구하기는 적절하지 않지만 그러나 이 분야의 학자들은 "대응 텍스트"(countertexts) 또는 "변증법"(polemics)이라 불리는 문학적 전략들을 포함하여 내장성의 다양한 범주들을 식별했다. 이러한 연구들은 더 넓은 문화 환경 안에서 공통적인 확산 및 암시(반향들)의 역할을 인정한다. 다음 문헌들을 보라. Eckart Frahm, *Babylonian and Assyrian Text Commentaries: Origins of Interpretation* (Münster: Ugarit-Verlag, 2011), 364-68; 그리고 John H. Walton, "Biblical Texts Studied in Comparison with Other Ancient Near Eastern Documents," in *Behind the Scenes of the Old Testament: Cultural, Social, and Historical Contexts*, ed. Jonathan S. Greer, John W. Hilber, and John H. Walton (Grand Rapids: Baker Academic, 2018), 573-85.

있다.

그러나 그보다 더 중요한 것은 '사람들이 그들의 문화의 강에서 흐르는 흐름(개념)에 어떻게 반응하는가?'라는 질문이다. 사람들은 그 흐름을 따라 편안하게 떠다니거나 그것들에 격렬하게 저항할 수 있다. 우리는 이스라엘의 토라가 우리가 고대 문화의 강에서도 인지할 수 있는 특징들을 포함하는 방식들을 관찰할 수 있다. 문제는 그들이 차용한 것이 무엇인가가 아니라 이스라엘의 토라가 하나님의 계시를 어떻게 나타내는가다. 토라가 문화의 강의 어떤 측면들(예컨대 신의 임재는 바람직하다는 개념)은 채택하고 다른 측면들(예컨대 인간은 신들의 필요를 공급해야 한다는 개념)에는 저항할 수 있지만, 우리의 관심은 토라가 이 측면들을 어떻게 사용하는가에 있다. 우리는 그 개념들과의 상호작용 안에서 하나님의 계시가 토라를 성경으로 만든다는 점을 발견할 것이다. 즉 정보의 잠재적 출처(예컨대 고대 근동의 여러 문헌으로부터의 정보)는 저자가 그 정보를 사용하기로 한 결정보다 훨씬 덜 중요하다.

〈표 10.1〉 성경과 고대 근동의 유사한 법조문 비교에서 우리는 토라의 법조문들과 고대 근동 법조문들 사이의 몇몇 유사점을 살펴본다. 우리는 독자들이 그 유사점들의 성격을 알 수 있게끔 이것을 제공한다.[2] 이

---

2   성경의 법 모음집들과 고대 근동의 법 모음집들 사이의 유사점에 대한 논의는 여러 자료에서 찾아볼 수 있다. David P. Wright, *Inventing God's Law: How the Covenant Code of the Bible Used and Revised the Laws of Hammurabi* (Oxford: Oxford University Press, 2009)은 온전히 그 주제만 다룬다. Pamela Barmash, "Ancient Near Eastern Law," in *The Oxford Encyclopedia of the Bible and Law*, ed. Brent Strawn (Oxford: Oxford University Press, 2015), 1:17은 고대 근동의 법 모음집들 사이의 유사점들의 광범위한 목록을 포함하고 있다. 좀 더 포괄적으로 길게 취급하는 자료는 Samuel Jackson, *A Comparison of Ancient Near Eastern Law Collections Prior to the First Millennium BC* (Piscataway, NJ: Gorgias, 2008)를 보라.

비교는 토라의 법조문들이 고대 근동의 법조문들과 장르상의 특징을 공유한다는 우리의 주장을 강화할 것이다.

　법적 지혜가 여러 문화에서 공통의 근거를 발견하고 하나님의 백성이 시간과 역사 전체에 걸쳐 인류에게 공통적이었던 사회 질서에 대한 동일한 이해 중 일부를 반영한다고 해도 그것이 놀랄 일은 아니다. 법적 지혜의 내용은 하나님의 독특한 계시로서 존재하지 않는다. 예컨대 모든 문화권에서 모든 사람은 살인이 사회 질서를 파괴한다는 것을 알고 있었다. 어떤 사람들은 야웨가 살인에 대한 이스라엘의 관점을 개량했다고 주장할 수도 있으며 우리는 그렇게 개화된 혁신을 배제할 수 없다. 그러나 동시에 우리가 토라의 계시적 지위를 입증하기 위하여 그러한 개량을 발견해야 한다는 의무감을 느낄 필요는 없다. 사실 〈표 10.1〉의 예들이 보여주는 바와 같이 일관성 있게 그렇게 하기는 어려울 것이다. 토라의 법적 지혜의 내용은 그 문화 속에 내장되어 있고 대체로 모든 사람이 이미 알고 있는 것을 반영하는 개념들을 포함한다. 우리가 토라에 나타난 계시가 법의 내용에서 발견되는 것이 아니라는 점을 인정하고 나면 이것이 계시로서의 토라의 지위를 위태롭게 하지 않는다. 토라가 법을 계시하고 있는 것이 아니라면 토라가 법의 내용들에 대한 특이한 관점을 제시할 필요는 없다. 우리는 왜 이스라엘 사람들이 자기들이 시내산에서 독특한 무언가를 경험했다고 믿었는지에 대한 이유를 탐구할 필요가 있다.

〈표 10.1〉 성경과 고대 근동(ANE)의 유사한 법조문 비교

도시 또는 시골에서의 성관계

토라　신명기 22:23-27

처녀인 여자가 남자와 약혼한 후에 어떤 남자가 그를 성읍 중에서 만나 동침하면 너희는 그들을 둘 다 성읍 문으로 끌어내고 그들을 돌로 쳐죽일 것이니 그 처녀는 성안에 있으면서도 소리 지르지 아니하였음이요, 그 남자는 그 이웃의 아내를 욕보였음이라. 너는 이같이 하여 너희 가운데에서 악을 제할지니라.

만일 남자가 어떤 약혼한 처녀를 들에서 만나서 강간하였으면 그 강간한 남자만 죽일 것이요, 처녀에게는 아무것도 행하지 말 것은 처녀에게는 죽일 죄가 없음이라. 이 일은 사람이 일어나 그 이웃을 쳐죽인 것과 같은 것이라. 남자가 처녀를 들에서 만난 까닭에 그 약혼한 처녀가 소리질러도 구원할 자가 없었음이니라

ANE[a]　히타이트 197

어떤 남자가 산에서 여자를 붙잡으면(그리고 그녀를 강간하면), 그것은 그 남자의 범죄다. 그러나 그가 그녀를 그녀의 집에서 붙잡으면, 그것은 여자의 범죄이며 그 여자는 죽어야 한다. 그 여자의 남편이 현장에서 그들을 발견하면 그가 그들을 죽여도 죄가 되지 않는다.

뿔로 받는 소

토라　출애굽기 21:28-29

소가 남자나 여자를 받아서 죽이면 그 소는 반드시 돌로 쳐서 죽일 것이요 그 고기는 먹지 말 것이며 임자는 형벌을 면하려니와, 소가 본래 받는 버릇이 있고 그 임자는 그로 말미암아 경고를 받았으되 단속하지 아니하여 남녀를 막론하고 받아 죽이면 그 소는 돌로 쳐죽일 것이고 임자도 죽일 것이며

ANE[a]　소가 받는 소이고 당국이 그에 대해 소 임자에게 알렸으나 그가 그의 소를 억제하지 못해서 소가 사람을 받아 죽이면, 소 임자는 은 40세켈을 달아 주어야 한다.

함무라비 251

어떤 사람의 소가 받는 소로 알려진 소이고 그 도시 구역의 당국이 그에게 그것이 받는 소로 알려진 소라고 통고했음에도 그가 그 소의 뿔을 무디게 하거나 자기 소를 통제하지 않아 그 소가 아윌루(*awilu*) 계급의 일원을 받아 죽이면, 그(임자)는 은 30세켈을 지불해야 한다.

남자들 싸움에 개입한 여자

토라   신명기 25:11-12

두 사람이 서로 싸울 때에 한 사람의 아내가 그 치는 자의 손에서 그의 남편을 구하려 하여 가까이 가서 손을 벌려 그 사람의 음낭을 잡거든 너는 그 여인의 손을 찍어버릴 것이고 네 눈이 그를 불쌍히 여기지 말지니라

ANE[a]   아시리아 A-8

여자가 싸움 중에 남자의 고환을 터뜨리면, 그녀의 손가락 중 하나를 잘라내야 한다.

남자가 두 번째 아내를 취할 때 첫 번째 아내의 권리

토라   출애굽기 21:10-11

만일 상전이 다른 여자에게 장가들지라도 그 여자의 음식과 의복과 동침하는 것은 끊지 말 것이요, 그가 이 세 가지를 시행하지 아니하면 여자는 속전을 내지 않고 거저 나가게 할 것이니라.

ANE[a]   함무라비 148-149

남자가 한 여자와 결혼한 후 그녀가 라붐(la'bum) 병에 걸려 그가 또 다른 여자와 결혼하기로 하더라도 그는 라붐 병에 걸린 아내와 이혼하지 말아야 한다. 그녀는 그가 지은 거처에 거주하고, 그는 그녀가 살아있는 한 계속해서 그녀를 부양해야 한다.

그 여자가 남편의 집에서 거주하는 것에 동의하지 않으면, 그는 그녀가 친정에서 가져온 지참금을 그녀에게 돌려주고 그녀는 떠나야 한다.

잃어버린 동물

토라   신명기 22:1-3

네 형제의 소나 양이 길 잃은 것을 보거든 못 본 체하지 말고 너는 반드시 그것들을 끌어다가 네 형제에게 돌릴 것이요, 네 형제가 네게서 멀거나 또는 네가 그를 알지 못하거든 그 짐승을 네 집으로 끌고 가서 네 형제가 찾기까지 네게 두었다가 그에게 돌려 줄지니, 나귀라도 그리하고 의복이라도 그리하고 형제가 잃어버린 어떤 것이든지 네가 얻거든 다 그리하고 못 본 체하지 말 것이며

ANE[a]   히타이트 71

누구든 소나 말이나 노새를 발견하면, 그는 그것을 왕의 문으로 몰고 가야 한다. 그가 시골에서 그것을 발견하면, 그들은 그것을 장로들에게 제시해야 한다. 발견자는 그것을 이용한다(즉 그가 그것을 보관하고 있는 동안에 그것을 사용한다).

그것의 임자가 그것을 발견하면 그는 법에 따라 그것을 취하지만 발견자를 도둑으로 체포해서는 안 된다. 그러나 발견자가 그것을 장로들에게 제시하지 않으면, 그는 도둑으로 간주되어야 한다.

수간(獸姦)

토라   레위기 18:23

너는 짐승과 교합하여 자기를 더럽히지 말며 여자는 짐승 앞에 서서 그것과 교접하지 말라. 이는 문란한 일이니라.

ANE[a]   히타이트 187-188

남자가 암소와 성관계를 가지면 그것은 허용되지 않는 성 교합이며, 그는 죽임을 당해야 한다. 그는 왕의 법정으로 호송되어야 한다. 왕이 그를 죽이라고 명령하든 그의 생명을 살려주든, 그는 왕 앞에 나타나서는 안 된다(그가 왕족을 더럽히지 않도록). [188은 그 대상이 양일 경우에 비슷한 지시를 한다.]

주술/마술

토라   출애굽기 22:18

너는 무당을 살려두지 말라.

ANE[a]   아시리아 A-47

남자든 여자든 마술을 행하다가 발견되고 그들에 대한 혐의가 입증되고 그들이 유죄로 판결되면, 마술 행위자를 죽여야 한다.

배회하는 가축

토라   출애굽기 22:5

사람이 밭에서나 포도원에서 짐승을 먹이다가 자기의 짐승을 놓아 남의 밭에서 먹게 하면 자기 밭의 가장 좋은 것과 자기 포도원의 가장 좋은 것으로 배상할지니라.

ANE[a]   함무라비 57

목자가 양과 염소를 방목하기 위해 밭 주인과 약정을 맺지 않고 밭 주인의 허락 없이 양과 염소를 놓아 밭에서 먹게 하면, 밭 주인은 밭을 수확하고 밭 주인의 허락 없이 양과 염소를 놓아 밭에서 먹게 한 목자는 밭 주인에게 (밭의) 18이쿠스(ikus)당 6,000 실라스(silas)의 곡물을 추가로 주어야 한다.

경계표 옮기기

토라   신명기 19:14

네 하나님 여호와께서 네게 주어 차지하게 하시는 땅, 곧 네 소유가 된 기업의 땅에서 조상이 정한 네 이웃의 경계표를 옮기지 말지니라.

신명기 27:17
그의 이웃의 경계표를 옮기는 자는 저주를 받을 것이라.

ANE[a]   아시리아 B-8

사람이 그의 동료 소유지의 넓은 경계지역을 (자신의 소유지에) 편입시키고 그에 대한 혐의가 입증되고 그가 유죄로 판결되면, 그는 그가 편입시킨 것의 3배의 밭을 주어야 한다. 그의 손가락 중 하나를 자르고, 막대기로 100대를 때리고, 그는 만 1개월 동안 왕의 봉사를 수행해야 한다.

출처: William J. Doorly, *The Laws of Yahweh: A Handbook of Biblical Law* (Mahwah, NJ: Paulist Press, 2002), 119-22에서 발췌된 목록. 더 많은 논의는 John H. Walton, ed., *Zondervan Illustrated Bible Backgrounds Commentary* (Grand Rapids: Zondervan, 2009), vol. 1에 수록된 성경 구절에서의 법조문을 찾아보라.

a   Martha T. Roth, *Law Collections from Mesopotamia and Asia Minor* (Atlanta: Society of Biblical Literature, 1995)에서 번역한 것임.

토라와 고대 근동의 법 모음집 사이의 차이는
법률에서 발견되는 것이 아니라
언약에서 세워진 질서에서 발견된다

이스라엘 사람들은 여러 면에서 고대 근동의 다른 사람들과 유사했다. 우리의 목적상 우리는 그들이 무엇이 사회에 질서를 가져다주는지에 관해 대체로 동의했다는 것과 두 집단 모두 사회에서 정의를 집행하기 위한 지혜의 예들을 모아놓은 법 모음집들을 가지고 있었다는 것에 주목해야 한다. 이스라엘 사람들의 사고를 그들 주변 사람들의 사고들과 구별시킨 관점들과 비교하면 (비록 널리 퍼져 있기는 하지만) 피상적인 유사점들이 무색해진다. 그들은 관점이 서로 차이나는 원인을 그들의 하나님 야웨의 계시로 돌렸다.

토라와 고대 근동의 법 모음집들 사이의 차이점

원천

우리는 함무라비 비석에서 왕이 샤마쉬 신으로부터 무언가를 받는 것이 아니라 그에게 보고하고 있음을 기억한다. 왕이 신들로부터 지혜를 받는 것으로 믿어졌다는 점을 부인해서는 안 된다. 그러나 그 지혜를 정의롭게 통치하는 임무에 적용하는 것은 왕의 책임이었다. 그러므로 질서와 질서를 확립한 지혜에 관한 왕의 관점이 법조문 모음집들에 반영되었다. 이와 대조적으로 이스라엘은 인간의 권위(즉 모세)를 토라의 근원으로 보지 않았다.[1]

---

1 "모세의 책들"과 함무라비 비석 간의 비교는 대개 모세를 입법자(함무라비)로서 그리고 야웨를 초월적인 신적 후원자(샤마쉬)로서 묘사한다. 그러나 함무라비 법전의 종장에는 다음과 같은 내용이 나온다. "이것들은 유능한 왕인 함무라비가 확립했고 그렇게 함으로

범위

구약신학은 야웨가 우주와 인간 세계 모두를 위한 질서와 지혜의 중심이자 원천이라고 생각한다. 아담과 하와가 선악을 알게 하는 나무 열매를 먹었을 때 그들은 그것을 지혜의 나무로 이해했고(창 3:5), 그 열매를 먹음으로써 자신들을 질서와 지혜의 중심으로 만들려고 시도했다는 점에서 "하나님과 같이" 되었다. 나중에 그들은 에덴동산에서 쫓겨나 그들 스스로 질서를 확립하게 된다(명제 14를 보라). 고대 근동에서도 신들은 오직 자신들에게만 관심이 있었기 때문에 인간 세계에서 질서를 확립하는 것은 인간의 책임이 되었다. 이스라엘 밖에서는 이 점에서 인간의 노력들—특히 도시와 문명의 설립—이 다소 성공적인 것으로 여겨졌다. 구약성경은 인간이 자신들의 세계를 정돈할 수 있는 능력에 관하여 좀 더 비관적이며 대신에 (언약을 통해) 신적으로 집행된 질서를 본질적인 것으로 묘사한다.

야웨에게 근원을 두고 있는 토라는 인간 사회에서 질서의 확립과 관련이 있다. 이 점이 고대 근동의 다른 문서들과 다르다. 통치하는 왕으로서의 야웨는 시내산에서 이스라엘이라는 인간의 영역에서 질서를 위한 토대 역할을 할 칙령들을 공표한다.[2] 이것이 중요한 차이다. 그러나 우리는 또한 야웨가 토라를 제공할 때 이스라엘의 왕으로서 행동했고,

---

써 진리의 경로와 올바른 삶의 방식을 따라 그 땅을 지배한 정당한 결정들이다"(Martha T. Roth, *Law Collections from Mesopotamia and Asia Minor* [Atlanta: Society of Biblical Literature, 1995], 133에 의한 번역). 성경 텍스트에서 그런 진술은 결코 모세에게 귀속되지 않는다. 법은 야웨에 의하여 확립되었고, 칙령들은 야웨의 것이며 줄곧 "나는 야웨다"라는 후렴구가 반복된다. 야웨가 입법자이고 모세는 단지 서기관에 불과하다.

2   우리가 십계명이라고 부르는 것조차 히브리어 텍스트에서는 "열 개의 말씀들"(시 33:6과 동일한 히브리어 단어를 사용함)이라고 부른다는 점에 주목하라.

따라서 이 칙령들이 고대 근동에서처럼 (비록 신적인 왕이지만) 왕에게서 나왔다는 것을 깨달아야 한다. 원천이 중요하지만 이스라엘을 고대 근동의 다른 지역과 차별화하는 주요 요소들은 거룩과 언약이라는 측면들이다.

거룩과 언약

우리는 명제 7에서 거룩에 대해 우리가 이해하는 핵심을 소개했다. 우리는 이제 이스라엘의 법조문과 고대 근동 법조문 간의 차이에 대한 분석을 다시 시작할 준비가 되었다. 야웨는 이스라엘과 언약 관계에 들어갔다. 그 관계는 하나님이 아브라함과 관계를 맺고(창 12장) 그러고 나서 그의 가족과의 언약을 인가했을 때(창 15장) 시작되었다. 그 언약은 출애굽기 6:6-7에서 아브라함의 가족인 이스라엘로 확장되었고(출 19:5-6도 보라), 신명기 2:2-23에서는 아브라함과 이삭의 후손들에게 확장되었다. 신과 민족 사이의 이런 종류의 행동은 고대 근동에서는 입증되지 않는다. 고대 근동에서 신들은 일반적으로 왕들과 후원 협정을 맺을 뿐이다.[3] 비록 사사기 11:24에서 입다가 (야웨가 이스라엘에게 땅을 준 것처럼)

---

3   아르슬란 타쉬에서 발굴된 기원전 7세기의 한 페니키아 부적(몇몇은 아람 부적이라고 말한다)은 아슈르 신과 "우리" 사이의 "영원한 언약"을 가리키는 것으로 해석된다. 그것은 더 나아가 그것이 "하늘과 영원한 땅의 언약"으로 이루어졌다고 설명한다. 그 텍스트는 "An Amulet from Arslan Tash" (P. K. McCarter 역), COS, 2.86, pp. 222-23을 보라. 완전한 논의는 다음 문헌들을 보라. Ziony Zevit, "A Phoenician Inscription and Biblical Covenant Theology," IEJ 27 (1977): 110-18; S. David Sperling, Ve-Eileh Divrei David: Essays in Semitics, Hebrew Bible and History of Biblical Scholarship(Leiden: Brill, 2017 [1981년에 개최된 컨퍼런스 발표 자료임]), 60-69. 문제는 이 텍스트에서 "언약"으로 번역된 단어가 대개 때때로 맹세 및 언약과 관련된 "저주"를 가리키는 단어라는 것이다. Herbert Chanan Brichto, The Problem of "Curse" in the Hebrew Bible (Philadelphia: Society of Biblical

그모스 신이 아모리 족속에게 그들의 땅을 주었다—이는 이것이 고대의 신들이 할 수 있었던 일임을 나타낸다—고 주장함에도 불구하고, 땅의 수여도 일반적으로 신이 아니라 왕에 의해 이루어진다. 그러나 하나님이 시내산에서 이스라엘과 언약을 맺었을 때, 그는 자신을 그들과 동일시했고 그들을 자신과 동일시했다. "너희를 내 백성으로 삼고 나는 너희의 하나님이 될 것이다"(출 6:7). 야웨가 "이스라엘의 하나님"이 된다(출 5:1). 이 상호동일시(co-identification)는 그것이 이스라엘의 정체성을 확장한 것과 같이 (그것이 새로운 것이기 때문에) 야웨의 정체성을 확장한다.[4] 이 상호동일시의 결과 야웨가 거룩하기 때문에 이스라엘도 거룩해진다. 그 거룩한 지위는 땅과 민족에 대한 아브라함의 축복에 참여하는 다른 어떤 민족에게도 수여되지 않았다. 우리가 지적했듯이 이 진술은 거룩을 이스라엘이 성취하려고 노력해야 하는 것으로 언급하지 않는다. 그것은 야웨가 그들에게 준 지위다. 야웨는 정의상 당연히 거룩하며(거룩하다는 본질적으로 "신적이다"라는 뜻이다), 이스라엘은 야웨가 그들을 자기와 동일시하기 때문에 거룩하다(그의 신적 집합체의 일부이다). 비록 그들이 그 지위를 적절하게 반영할 수도 있고 반영하지 않을 수도 있지만, 이 지위는 그들의 행위에 의해서 얻거나 잃을 수 있는 것이 아니다.[5]

Literature, 1963), 22-71에서 그 용어에 대한 긴 논의를 보라. 아슈르 신이 자신에게 저주를 돌리는 것이 반드시 언약에 들어가는 것과 동일한 것은 아니다. 특히 그 텍스트에 있는 몇몇 행(行)들도 맹세(이것이 부적이므로 아마도 보호에 대한 맹세일 것이다)와 관련된 이 저주를 언급하기 때문에 그것이 평행 사례로 여겨질 수 있으려면 이 문제는 좀 더 많은 학문적 관심이 필요하다.

4   하나님의 이 정체성 확장은 성육신과 비교될 수 있다. 야웨는 훗날 인간이 "되는" 것과 같이, 여기서 이스라엘의 하나님이 "된다".

5   좀 더 많은 논의는 고전 히브리어 용법에서의 어근 *qdš*("거룩한")에 대한 풍부한 전문적인

그러므로 토라는 법률과는 거리가 멀고, **야웨의 정체성의 일부를 보여주는 사람들을 정의하는 질서의 본질을 규정하는 것**을 목표로 삼는다. 토라의 지혜는 그것의 주요 청중—왕들과 제사장들, 그리고 그들의 부하 관리들—에게 그들이 야웨의 정체성을 적절히 반영하고 그렇게 함으로써 언약적 축복의 형태로 야웨의 은총을 유지하기 원한다면 그들이 유지해야 하는 질서의 성격에 관해 가르친다. 고대 근동에는 이 거룩 개념에 필적할 만한 것이 아무것도 없다. 즉 고대 근동의 신들은 그들의 후원 대상들을 통하여 반영되는 자기들의 정체성의 고결성(integrity)에 관심이 없다. (야웨의 정체성이 이스라엘 민족의 성격을 통해서 정의되는 것처럼) 전쟁의 신의 정체성은 전쟁이라는 현상에 의해서 규정되지만, 전쟁의 신은 전쟁에서 사람들을 가르쳐 전쟁 행위가 자기의 정체성을 반영하게 하지 않는다. 더욱이 민족, 도시 또는 다른 인간들의 수호신들은 야웨가 이스라엘과 동일시하는 것만큼 자신을 그들의 백성과 친밀하게 동일시하지 않는다.[6] 시내산을 독특한 것으로 구별 짓는 계시적 요소는 법의 내용이나 장르와 관련된 것이 아니라, 언약의 맥락과 그 언약이 이스라엘 사

개요를 제공하는 온라인 부록(www.ivpress.com/Media/Default/Downloads/Misc/5184-appendix.pdf) 및 Walton and Walton, *Lost World of the Israelite Conquest* (Downers Grove, IL: InterVarsity Press, 2017), 103-17(명제 10)을 보라. 최근의 학문적 분석은 다음 문헌들에서 찾아볼 수 있다. Michael B. Hundley, "Here a God, There a God: An Examination of the Divine in Ancient Mesopotamia," *AoF* 40 (2013): 68-107; 그리고 idem, *Keeping Heaven on Earth: Safeguarding the Divine Presence in the Priestly Tabernacle*, FAT 50 (Tübingen: Mohr Siebeck, 2011), 특히 71-72.

6   고대 근동에서는 무언가 또는 누군가를 신적 집합체의 일부로 표시하고 싶을 때, 그것을 한정사 딘기르(명사 앞에 놓인 d)로 표시했다. 신들에게 속하는 사물들뿐만 아니라 신들도 그렇게 표시된다. 왕들은 자주 그렇게 표시되지만, 민족 집단은 결코 그렇게 표시되지 않는다. 광범위한 논의는 Walton and Walton, *Lost World of the Israelite Conquest*, 108-16을 보라.

람들에게 야웨의 정체성을 규정하는 데 기여하는 지위(즉 거룩한 자들이라는 지위)를 수여한 방식과 관련이 있다. 야웨는 그들의 종주이자 왕이며, 고대 근동의 왕들이 질서가 어떤 모습이어야 할지를 정의한 것처럼 야웨 역시 그렇게 한다. 그러므로 토라는 단지 정의를 집행함으로써 우주와 사회에서 질서를 유지하는 것에만 초점을 맞추지 않는다. 토라는 언약 질서가 야웨가 자신을 위하여 확립하기 원하는 정체성을 반영하게끔 그 질서를 정의하도록 고안되었다. 이러한 이해로 미루어볼 때 토라에 포함된 지혜가 재판관들에게 정의를 집행하기 위한 지혜를 가르칠 뿐만 아니라 이스라엘의 모든 사람으로 하여금 삶의 모든 영역에서 질서를 유지하게끔 지혜를 가르치는 것은 놀라운 일이 아니다.[7]

이러한 이해에 비추어 우리는 토라가 이스라엘에게 법에 관한 개량된 의식을 주거나 개선된 법률을 제공하는 것으로 생각해서는 안 된다는 점을 되풀이할 수 있다. 우리는 그 렌즈를 통해서 토라의 계시나 토라와 고대 세계의 다른 법 모음집 간의 차이를 이해하지 않는다. 그 이유는 첫째, 우리가 토라나 고대 근동의 법 모음집들은 법률이 아니며, 법의 실천—고대 세계에서는 법의 실천 자체가 오늘날과 판이하게 작동했다—과 직접적인 관계가 없다는 것을 보았기 때문이다. 고대 세계에서 법의 실천 자체는 오늘날과 매우 다르게 작용했다.

7　출 18:20-23이 백성을 가르치고 권고하는 일의 중요성을 지적하는 점에 주목하라. Michael LeFebvre, *Collections, Codes, and Torah: The Re-characterization of Israel's Written Law* (New York: T&T Clark, 2006), 46-47에 수록된 논의를 보라. 종장에서 함무라비가 부당한 취급을 받은 사람들에게 와서 비석이 큰 소리로 낭독되는 것을 듣고 비석의 선언을 통해 그들의 사건에 관한 지혜를 얻으라고 명령하기 때문에 바빌로니아의 백성도 모호하게나마 가르침을 받을 것으로 기대되었다.

둘째, 토라는 고대의 법을 개선하려고 노력하지 않으며, 이스라엘 사람들은 고대 근동에서의 법의 전제나 실천에 반대하는 주장을 하지 않는다. 어떤 영역에서는 함무라비 비문에서 발견되는 내용보다 토라에서 발견되는 내용이 더 합리적으로 보이는 반면에, 토라가 덜 "개화된" 것으로 보이는 영역도 있다. 그것은 요점이 아니다. 토라는 변증적이지 않다. 그것은 언약 안에 위치하는 이스라엘의 질서의 토대가 된다. 다른 누구도 언약을 통해 질서를 정의하도록 되어 있지 않다(이 점에 관해서는 명제 13을 더 보라). 토라의 계시는 개정된 법이 아니다. 그것은 언약 질서다.

이것은 우리로 하여금 '토라 준수는 무엇을 의미하는가?'라는 예비 질문을 하도록 이끈다. 우리가 말해오고 있듯이 토라는 순종해야 할 일련의 규범적인 규칙으로 의도된 것이 아니라 전체적으로 언약 질서의 성격의 한계를 정하는 실례들의 목록이다. 이 언약 질서는 이스라엘 백성이 언약을 통한 야웨와의 봉신 관계 속에서 그의 백성이 되려고 노력할 때 그들을 안내할 수 있다. 이스라엘 백성은 야웨의 거룩한 백성이기 때문에 (이상적으로는 그리고 이론적으로는) 언약 질서에 따라 살면서 그들의 공동체가 야웨의 정체성을 정의하는 역할을 할 것이다. 그들이 언약 질서에 따라 살지 않으면, 책임 있게 행동하는 종주가 반역하는 봉신들을 벌하는 것과 같이 야웨가 그의 임재와 은총을 철회하고 그들을 벌함으로써 자신의 정체성을 정의할 것이다. 이스라엘이 어떤 대우를 선호하든 간에 어떤 식으로든지 야웨의 정체성과 명성이 확립될 것이다.

보충 설명: 저작에 관한 논의

우리는 본서에서 모세 오경의 저작을 살펴보거나 다양한 자료 이론을 논의하지는 않을 것이다.[8] 그러나 이 간략한 보충 설명에서 우리는 토라를 지혜로 보는 우리의 평가가 모세 오경을 이해하는 데 어떤 의미가 있는지를 밝힐 필요가 있다.

이전에 토라가 규범적인 법률로 간주되던 시기에 성경을 진지하게 받아들이는 사람들에게는 서로 모순되는 것처럼 보이는 법조문들이 토라 전체에 흩어져 있다는 사실이 걱정스러운 일이었다.[9] 이는 성경을 "틀리지 않는" 또는 "무오한" 것으로 특징짓는 경향이 있는 사람들에게 훨씬 더 그러했다. 두 개의 다른 책이 동일한 법적 사안에 대해 다른 견해를 갖고 있다면 어떻게 오류가 없을 수 있는가? 성경이 단일체라는 점에 관심이 없는 일부 해석자들은 그러한 사례들을 이용하여 여러 시대의 다양한 자료들이 실제로 서로 모순되었다고 제안하거나 토라가 여러 사회학적 시기의 이스라엘 민족의 삶에 대한 인위적인 편집을 나타낸다고 제안했다.[10] 우리가 여러 자료나 단계가 있었음을 부인할 이유를 찾지 못할

---

8 자료 이론의 한계에 관한 중요한 분석은 Joshua A. Berman, *Inconsistency in the Torah: Ancient Literary Convention and the Limits of Source Criticism*(Oxford: Oxford University Press, 2017)을 보라.

9 Christine Hayes, *What's Divine About Divine Law? Early Perspectives* (Princeton, NJ: Princeton University Press, 2015), 19-21은 성경에 수록된 법들 가운데 모순되는 예들을 제시한다. 특히 출 21:2-11과 신명기 15:12-18 간의 비교를 보라. Lefebvre, *Collections, Codes, and Tora*는 69-70에서 언약 책(출 20:23-23:19)과 신명기 법(신 12-26장) 간의 차이점을 강조하는 도표를 제공한다. 이 둘은 모두 제단 쌓기, 노예제도, 결혼/간음, 시신 처리, 일곱째 해의 면제, 이삭줍기, 명절에 관한 법조문들을 포함한다.

10 참조. William S. Morrow, *An Introduction to Biblical Law* (Grand Rapids: Eerdmans,

수도 있지만, 어느 경우든 그러한 재구성들은 추측에 크게 의존하고 있고 우리가 그러한 가설들에 의존할 필요는 없다.

토라는 법률이 아니라 지혜라는 견해를 채택하면 우리는 더 이상 명백한 모순들을 조정할 필요가 없다. 지혜는 그러한 변화들에 훨씬 더 큰 자유를 제공한다. 잠언 26:4-5의 다음 구절을 생각해보라.

미련한 자의 어리석은 것을 따라 대답하지 말라.

두렵건대 너도 그와 같을까 하노라.

미련한 자에게는 그의 어리석음을 따라 대답하라.

두렵건대 그가 스스로 지혜롭게 여길까 하노라.

어떤 2행 연구(聯句)가 옳은가? 둘 다 옳다. 어떤 것이 지혜인가? 둘 다 지혜. 우리는 어떤 구절을 따라야 하는가? 지혜로운 사람은 어떻게 처신해야 할지를 알 수 있는 분별력을 가질 것이다. 둘 다 타당한 원칙들을 구현한다. 그 구절들이 상충하는 조언을 제공하는 것은 중요하지 않다.

이 예는 토라에 관한 사고를 위한 틀로 사용될 수 있다. 우리는 미련한 자에 대한 다른 반응들이 다른 맥락에서는 지혜로운 것으로 여겨졌을지 걱정할 필요가 없다. 토라에 대해서도 마찬가지다.[11]

그러한 경우들은 고대 이스라엘에서 법의 신성성이 법의 불변성이나 절대

2017).

11 Berman, *Inconsistency in the Torah*는 이 논의를 길게 전개한다.

적인 성격을 수반하는 것으로 인식되지 않았다는 사실을 증명한다. 신법(神法)의 용어들은 그것들의 전달 과정에서 수정되고, 개정되고, 갱신되고 해석되었다.…성경이 기록되고 난 뒤에 나온, 야웨가 계시한 신법이 고정되었고 변경할 수 없다는 주장은 모세 오경의 증거와 일치하지 않는다. 성경 저자들과 편집자들에게는 신법의 유연성과 진화 그리고 심지어 자기모순조차 그 법의 권위적이거나 신적인 지위를 침해하는 것으로 보이지 않는다.[12]

토라에 나타난 그러한 예들이 복수의 목소리나 상충하는 견해들에 대한 증거로 여겨질 필요가 없으며, 모세 오경의 저작을 결정하는 가장 중요한 도구가 되어서는 안 된다. 우리는 (내러티브든 법이든 지혜든) 전통들의 일차적인 전달이 구전으로 이뤄졌다는 점을 기억해야 한다. 문서들은 매우 제한적인 기능만 담당했다.[13] 구전 전승과 텍스트 전승이 혼합되었기 때문에 저작 과정을 해명할 수 있는 우리의 능력이 크게 제한을 받는다. 고대 세계에는 오늘날의 책과 저자에 필적할 만한 것이 아무것도 없었다. 기록된 문서가 만들어질 때마다 그것은 서기관들과 문서들의 세계였다. 그것은 정기적으로 행해지지도 않았고 필수적이지도 않았다. 문서의 권위는 저자에게 있지 않았고, 그 문서 배후의 권위에 있었다.[14] 이런 식으로 모세는 실제로 자신의 손으로는 토라의 어떤 것도 기록하지 않고서도 이론적으로 토라 배후의 권위가 될 수 있었다. 동시에 기록 전승에서의 그의

---

12 Hayes, *What's Divine About Divine Law?*, 21.

13 John H. Walton and D. Brent Sandy, *The Lost World of Scripture: Ancient Literary Culture and Biblical Authority* (Downers Grove, IL: IVP Academic, 2013), 특히 17-29의 논의를 보라

14 Walton and Sandy, *Lost World of Scripture*, 24-26, 216-23.

역할을 부인할 만한 타당한 이유도 없다.

그 전통이 최종적으로 우리가 가지고 있는 형태로 기록될 때마다 야웨와 밀접하게 연결되어 있다는 것을 우리는 확실히 안다. 그것은 구전 단계와 텍스트 단계를 결합한 긴 과정이었을 수 있다. 구전 전승이 종종 기록 전승보다 더 큰 권위를 지니는, 듣기가 지배적인 문화에서는 텍스트가 말에 선행할 것이라고 기대되지 않을 것이다. 달리 말하자면 편집 및 저작 역사에서 "책"은 첫 번째 단계가 아니라 마지막 단계였을 가능성이 더 높을 것이다. 그 책이 결국 모세에게 귀속되었다는 것은 단지 그가 오랫동안 그 전통의 근원 배후의 권위 있는 인물로 밝혀져왔다는 점만을 의미할 것이다. 그것은 그 책이 그에게 귀속된 것을 정당화하기에 충분할 것이다. 더욱이 성경으로서 토라의 권위는 기록된 문서들의 일부 또는 전부가 어떤 수준에서든 모세에게 귀속될 수 있는지 그렇지 않은지에 기초하지 않는다.

결론

요약하자면 우리는 모세 오경에 수록된 법조문들의 성격을 논의했고 그것들이 고대 근동 전체에서 발견되는 법조문들과 유사하다는 것을 발견했다. 우리의 비교 연구 결과 장르와 내용 면에서 중복되는 부분이 상당히 많음이 밝혀졌다. 연구 과정에서 우리는 법조문 모음집들이 법률이 아니라 사회에서 정의와 질서를 보존하기 위한 지혜에 초점을 맞춘다고 제안했다(이 견해는 고대 근동 학자들 사이에 존재하는 합의와 일치한다). 이는 그러한 텍스트에 관한 현대 독자들의 직관과는 상당히 다른 관점을 낳는다.

동시에 우리는 거룩 및 언약과 관련하여 가장 중요한 차이점들을 밝혔다. 고대 세계에서 알려진 비슷한 장르와 내용이 구약성경에서는 다른 목적에 따라 새로운 기능을 하도록 새로운 방식으로 사용되었다. 야웨는 단지 이스라엘에게 정의의 기준을 전달하기만 하는 것이 아니라, 자기 백성이 그들의 거룩한 지위를 반영할 수 있는 기준을 전달하고 있다. 토라에 내장된 지혜는 그들로 하여금 언약 질서를 유지할 수 있게끔 해줄 것이다.

마지막으로, 토라가 법률이 아니라면 우리는 그것에 가감하지 않는 것이 무슨 뜻인지 물을 수 있다(신 4:2; 12:32). 토라에 이와 같은 진술들이 있다고 해서 그것이 법적 완전성이 성취된 영구적으로 정적인 상황을 가리키는 것은 아니다. 그런 권고들은 고대 근동의 법 문학(함무라비 비문의 종장)뿐만 아니라 다른 종류의 문학(에라 서사시 또는 조약들)에서도 발견된다. 그러나 의미심장하게도 구약성경에서는 그런 권고들이 예언자의 신탁(렘 26:2)이나 심지어 지혜 문학(잠 30:5-6)과 관련하여 발견되기도 한다.[15] 그러므로 그러한 경고들은 법률 문서에 특유한 것이 아니며, 확실히 완전하고 변경할 수 없는 법률을 나타내지 않는다. 대신에 그 경고들은 텍스트—그것이 어떤 종류의 텍스트이든—의 무결성을 확보하는 방편으로 서기관들에게 한 말이다.[16] 그것은 입법상의 혁신과 관련 있는 것이 아니라 텍스트를 함부로 변경하는 것과 관련이 있다.[17]

그러나 토라가 고대 근동의 문헌과 다른 경우에도 토라는 여전히 고

---

15 LeFebvre, *Collections, Codes, and Torah*, 67.

16 LeFebvre, *Collections, Codes, and Torah*, 68.

17 Berman, *Inconsistency in the Torah*, 191.

대 세계의 문화의 강 안에 완전히 내장되어 있다. 따라서 그것이 도입하는 혁신들조차도 여전히 고대 세계의 맥락 안에서 이해되어야 한다. 우리는 다음 몇 개의 장에서 토라가 문화적으로 "자리 잡고 있음"을 살펴볼 것이다.

토라는 고대 세계의
맥락 안에 자리 잡고 있다

토라는 몇 가지 중요한 맥락 안에 내장되어 있으므로 다음 장들에서 우리는 토라의 "자리 잡고 있음"을 다루고 정의할 것이다. 토라가 어떤 맥락 안에 자리 잡고 있다는 말은 그것이 마치 하늘에서 떨어진 것처럼 읽힐 수 없다는 뜻이다. 토라는 고대 근동 세계의 인지 환경의 언어와 논리에 속한 한 민족에게 쓰였다. 따라서 우리는 토라가 고대 근동의 문화적 맥락 안에 자리 잡고 있다고 말한다. 그러나 토라는 또한 이스라엘과 야웨 사이의 언약의 일부로 그들에게 주어졌다. 따라서 그것은 이스라엘 언약의 조건 안에 자리 잡고 있다. 마지막으로 그 언약은 신성의 본질과 하나님, 백성, 땅 사이의 관계에 관한 매우 특별한 개념 안에서 작동한다. 그러므로 그 언약은 신성한 공간―그들 가운데 살고 계시는 야웨―에 관한 이스라엘의 신학 안에 자리 잡고 있다. 이 세 가지를 규정하는 특징들은 이번 장 및 이후 세 개의 장들에서 다뤄질 것이다. 언어의 의미는 맥락에 의해서 결정되기 때문에 여기서 주요 목표는 현대의 독자들로 하여금 토라에 맥락이 있음을 인식하고 그 맥락이 토라의 단어들과 어구들이 의미하는 바에 영향을 미치는 다양한 방법들을 이해하게끔 만드는 것이다.

토라가 고대 세계에 자리 잡고 있다는 진술은 진부한 진리, 곧 무의미한 사실로 인식되기 쉽다. 그러나 그러한 진술은 단순히 문학의 연대기적 위치만을 의미하는 것이 아니다. 토라가 고대 세계에 자리 잡고 있다는 말은 그것의 의사소통과 대화가 고대 세계에 내장되어 있음을 인식하는 또 다른 방식이다. 따라서 토라의 모든 측면은 고대의 맥락 안에서 해석되어야 한다. 맥락을 벗어나는 추정은 위험하다. 그것은 우리가 추정할 수 없다는 뜻이 아니라, 우리는 추정할 때 우리가 무엇을 다루고 있는지

(장르)와 어떻게 효과적으로 추정할 수 있는지(방법론과 해석학)에 대한 완전한 지식을 갖고서 매우 신중하게 추정해야 한다는 것을 의미한다. 우리는 토라가 법률이나 도덕 체계라는 가정하에 추정하려고 시도해서는 안 된다. 그러므로 그것은 불변하는 하나님의 변치 않는 율법에 관한 문제도 아니고, 도덕성이 상대적이라는 가정에 관한 문제도 아니다. 만일 토라가 법전도 아니고 도덕 체계도 아니라면(이 점에 관해서는 명제 21에서 더 자세하게 논의된다), 우리는 이 경로를 따라서는 토라의 교훈을 배울 수 없다.

사람들이 구약 "법"의 어떤 부분이 여전히 적실성이 있고 어떤 부분이 적실성이 없는지 분류하려고 시도하는 것은 실제로는 어떤 진술이 문화적으로 상대적이고 어떤 진술이 상대적이 아닌지 결정하려고 시도하는 것이다. 우리가 "살인하지 말라"와 같은 진술들을 읽을 때 우리는 자연스럽게 그것들이 문화적으로 상대적인 것이 아니라 보편적이라고 가정한다. 그러한 사고 과정은 그 진술들이 법이라는 기본적인 가정—이는 우리가 이미 잘못된 인식이라고 주장한 개념이다—을 반영한다. 그러므로 우리는 우리의 평가 과정을 처음부터 시작해야 한다.

만일 토라가 고대 이스라엘 사회에서 질서—하나님의 거룩한 백성으로서의 신성한 장소의 신성을 보전하는 것으로 정의된 언약 질서—를 유지하는 방법에 관한 실제 예를 제공한다면, 그것은 **모두** 문화적으로 상대적이다. 그렇지 않은가? 오직 이스라엘 사람들만 야웨와 언약 관계에 있었다. 오직 이스라엘 사람들만 야웨의 성막 또는 성전에서 그들 가운데 거주하는 야웨의 임재를 경험했다. 그러므로 우리는 토라가 이 언약 관계에 대한 정의를 제공하는 도구로서 완전히 고대 문화 안에 자리 잡고 있고, 완전히 언약 관계 안에 자리 잡고 있으며, 완전히 성전 이데올로기 안에 자리 잡고 있다고 결론을 내려야 한다.

현대의 성경 독자들은 토라가 하나님의 법이며, 도덕 체계와 동일시되어야 하고, 하나님의 (변하지 않는) 이상을 반영한다고 가정하기 때문에, 그리고 토라가 성경(하나님의 모든 백성에 대한 하나님의 계시)에 수록되어 있으므로 토라를 보편적인 것으로 간주하는 경향이 있다. 무엇이 우리로 하여금 토라가 완전히 상황 속에 자리 잡고 있으며 상대적이라고 결론지을 수밖에 없도록 만드는가? 우리는 그 질문을 다음과 같이 바꿔서 다룰 수 있다. 무엇이 우리로 하여금 토라가 문화적으로 자리 잡고 있지 **않다**고 믿게 만드는가?

우선 우리는 기독교 세계에서 사실상 아무도 토라 전체를 보편적으로 적용할 수 있는 것으로 취급하지 않는다는 점에 주목한다. 따라서 우리는 단지 토라가 성경에 수록되어 있다는 이유만으로 그것이 보편적이라고 말할 수 없다. 그리스도인들은 대개 리넨과 모직이 혼합된 옷을 입는 것이나 어미 젖에 새끼를 요리하는 것을 피하는 방법에 관하여 관심이 없다. 토라의 일부가 보편적으로 적용될 수 있는 것이 아니라는 점이 인정된다면 우리는 보편성이 토라의 본질이 아님을 알 수 있다. 보편성이 토라의 본질이 아니라면, 토라의 일부가 보편적이라는 우리의 의식은 특정한 경우 질서에 대한 우리의 이해가 그들의 이해와 비슷하다는 사실에서 비롯된다. 따라서 우리는 토라를 우리에 대하여 권위를 지니는 것으로서 취급하고 있는 것이 아니다. 우리는 단순히 우리 자신의 양식(良識)과 논리를 사용해서 우리가 이미 동의하는 경향이 있는 그 측면들을 식별하고 있는 것이다.

그와 대조적으로 우리는 조사해 보면 토라의 내부 논리가 고대의 것이고 토라가 옹호하는 상태들이 이상적인 것이 아니라 고대의 것이라는 점을 발견할 것이다. 몇몇 구절들은 대여나 부채와 같은 경제적 관심사를 다룬다(출 22:25-27; 신 23:19-20). 그 구절들이 반영하는 경제는 자본주의 시장 체계 안에서 작동하는 서비스 경제가 아니라 농축산 경제다. 토라는 우리의 것들과는 다른 계급 및 지위에 대한 개념들을 기반으로 하며, 가뭄이나 흉작이 생존을 위협할 때 농부들에게 경제 회복을 제공하기 위하여 고안되었다(추가로 명제 16의 논의를 보라).

이 고대 문화들은 공동체의 정체성에 의해 특징지어졌으며, 그것은 사회 질서의 모든 측면에 영향을 주었다. 사람들은 공동체 안에서의 자신의 역할과 지위에서 그리고 그들이 공동체에 명예를 가져왔는지 또는 수치를 가져왔는지에서 자신의 정체성을 발견했다.[1] 이러한 정체성의 개념은 중매결혼과 같은 관행에서 반영된다. 중매결혼에서 결혼은 사랑의 감정에 기초하는 것이 아니라 공동체의 유익을 위한 두 가문의 상호 헌신을 반영한다(명제 16의 논의를 더 보라). 마찬가지로 정체성이 공동체(특히 가족/부족) 안에 있는 경우에는 독립, 자율성, 민주주의라는 가치들은 존재하지 않으며 그것들은 바람직하지도 않다. 공동체의 모든 구성원은 그들 자신보다는 공동체에 더 높은 가치를 부여하고, 그들의 권리를 요구하거나 동등한 발언권을 요구하기보다는 공동체의 권위에 복종하려고 노력

---

1   통찰력 있는 예들은 John J. Pilch, *Introducing the Cultural Context of the Old Testament* (Mahwah, NJ: Paulist, 1991), 96-98에 수록된 서구 문화와 지중해 문화의 비교를 보라; Victor H. Matthews, *The Cultural World of the Bible: An Illustrated Guide to Manners and Customs*, 4th ed. (Grand Rapids: Baker Academic, 2015)에서 추가로 풍부한 예들을 모을 수 있다.

한다.[2] 혹자는 우리가 기술한 특성들이 명백한 고대의 특성들은 아니라고 이의를 제기할 수도 있다. 그들은 그것들이 우리가 현대 서구(미국과 유럽) 문화에서 경험하는 것들이 아닐 뿐이라고 지적한다. 오늘날 아시아와 아프리카의 다양한 문화에서 그러한 특징들을 찾을 수 있다는 것이다. 맞는 말이다. 그러나 그것은 여전히 이러한 특징들이 문화적으로 상대적임을 나타낸다.

그런 문화들에서 가장 우선시되는 가치는 개인의 행복이 아니다. 대신에 가장 높은 가치는 사회 질서다. 그 결과 법조문들의 초점은 행복이 아니라 질서. 그러므로 예를 들어 이스라엘 공동체의 평신도 구성원들은 모직과 리넨이 혼합된 옷을 입지 않았다(신 22:11). 제사장들은 그 혼합물이 들어 있는 의복을 입는다. 지위 및 지위를 표시하는 것들이 인정되고 존중될 때 공동체에서 질서가 유지된다. 비슷한 방식으로 우리는 경찰관이 아닌 사람이 경찰관의 제복을 입는 것을 불법이라고 생각한다.

마지막 문제이자 이 장에서 가장 중요한 문제는 어떻게 토라가 하나님의 계시로서 기능하는지에 관한 질문이다. 토라를 하나님의 계시라고 생각하는 것은 **참으로** 적절하다. 그러나 가장 중요한 질문은 '무엇에 대한 계시인가?'다. 하나님이 계시하는 모든 것이 영속적인 가치가 있고 보편적인 적실성을 지니는 것으로 여겨져야 한다는 것은 확실히 옳은 말이다. 그럼에도 불구하고 그 결론에 이르기 전에 우리는 하나님이 계시하고 있는 것이 무엇인지를 고찰해야 한다. 이전 장들에서 우리는 이미

---

2   아니면 적어도 그들은 그렇게 하기로 되어 있었다. 그렇게 하지 않는 사람들은−오늘날 우리가 폭력성 정신질환자를 사회 질서에 대한 위협으로 생각하는 것처럼−사회 질서에 대한 위협으로 보였을 것이다.

토라가 고대 이스라엘이 처한 상황의 맥락에서 전달된 지혜의 예들을 포함한다는 주장을 제시했다. 그리고 그 맥락은 하나님이 이스라엘과 맺은 언약의 본질을 묘사한다. 하나님은 그 언약을 통하여 (이상적인 사회를 계시하거나 인간에 대한 그의 도덕적인 기대를 계시하는 것이 아니라) 하나님 **자신을** 계시한다. 그 언약이 무엇인지 그리고 그것이 하나님이 세상에서 어떻게 일하기로 작정하는지에 관하여 우리에게 무엇을 말해주는지에 대한 계시는 오늘날 우리가 신약성경에서 발견된 새 언약을 이해하기 위한 맥락을 제공한다. 우리는 이 점을 이후의 장들에서 더 전개할 것이다.

결론적으로 우리는 문화의 강이라는 은유로 돌아온다. 하나님은 모든 언어 또는 공용어를 통해 문화적으로 중립적인 환경 안에서 소통한 것이 아니라(이 중에서 어느 것도 존재하지 않고 존재한 적도 없다) 히브리 언어로 이스라엘 문화와 소통했다. 의미(meaning)는 맥락, 즉 언어와 문화에서 도출된다. 히브리어 단어들이 보편적으로 의미가 있는 것이 아니듯이 성경의 문화적 맥락과 논리적 맥락도 보편적으로 적실성이 있는 것이 아니다. 구약성경의 메시지가 하나의 언어로 하나의 문화 안에서 의사소통하기 때문에 구약성경은 필연적으로 그 언어와 문화 안에 위치한다. 구약성경이 하나님의 계시라는 믿음이 그 사실을 변화시키지 않는다. 우리가 이전에 말했듯이 그것은 우리를 위하여 쓰인 것이지 우리에게 쓰인 것은 아니다. 따라서 구약성경의 나머지 부분과 마찬가지로 토라는 고대 세계—고대 이스라엘 사람들의 언어와 문화—에 자리 잡고 있다. 우리는 토라가 하나님의 계시이기 때문에 그것이 갖고 있는 영속적인 가치를 분별하기 위해 그것의 의미를 해석하려고 할 때 그 점을 고려해야 한다.

토라는 언약의 맥락 안에 자리 잡고 있다

고대의 조약 안에 들어 있는 조항들은 그 계약에 참여하는 당사자들에 대한 의무를 확립하지만(명제 6을 보라) 이 의무의 성격에 관한 미묘한 내용을 이해할 필요가 있다. 계약 참여자가 아닌 자들은 의무 아래 놓이지 않는다는 것은 말할 필요도 없다. 더욱이 우리는 계약 조항을 통해 확립된 의무는 법률을 통해 확립된 의무와는 다른 종류라는 점에 주목한다. 우선 계약 조항은 상호 합의의 문제인 반면에 법률은 공동체의 일원이라는 사실에 의해 부과된다는 점에서 일반적인 구별이 이루어질 수 있다.[1] 그 비교의 초기 개척자 중 한 명인 조지 멘덴홀이 지적한 바와 같이 언약과 조약은 관계를 형성하고 일체감을 느끼는 공동체를 만들어내는 반면에 법은 사회 질서를 전제로 하며 그것을 유지하려고 노력한다.[2] 우리가 미국의 헌법에 관하여 생각해보면 이 점을 명확히 구별할 수 있을 것이다. 그것은 본질적으로 국민과 정부 사이의 조약이다. 그것은 국민이 어떻게 통치될 것인지를 설명하지만 법률을 포함하지는 않는다.

고대 근동의 조약들에 들어 있는 조항들에는 법에 의하여 부과된 의무와는 다른 종류의 의무가 대략적으로 서술되어 있다. 명제 6에서 보았듯이 계약 조항들에서 논의된 주제들은 예상되는 바와 같이 단체(도시 또

---

1 이 두 가지 특징 모두 면밀히 조사해보면 제한될 필요가 있을 것이다. 두 나라가 조약의 조건에 동의할 수도 있지만 군사적 또는 정치적 압력으로 인해 조약을 체결하도록 강요될 수도 있다. 법률은 부과되지만 민주주의의 이상적인 형태들(국회의원 선거, 주민투표 등)에서는 국민의 욕구에 종속하는(적어도 간접적으로) 것으로 여겨질 수도 있다.

2 George E. Mendenhall, "The Conflict Between Value Systems and Social Control," in *Unity and Diversity: Essays in History, Literature and the Religion of the Ancient Near East*, ed. Hans Goedicke and J. J. M. Roberts (Baltimore: Johns Hopkins University Press, 1975), 169-80 (chart on 174-76).

는 국가 그리고 그것들의 대표로서의 왕)와 관련이 있고 종주에 대한 봉신의 예상되는 행동에 관한 세부사항들을 제공한다.[3] 그 조항들 사이에서 발견될 수 있는 몇몇 범주들과 의무들은 봉신의 의무가 무엇인가에 대한 일반적인 기대와 구체적인 세부사항을 모두 포함한다.

일반 조항

- 종주를 유일한 주인으로 인정함[4]
- 자신을 사랑하듯이 종주를 사랑할 것[5]
- 종주에 대항하여 동맹을 맺거나 반역에 동참하거나 그를 저주하지 않음으로써 그에게 충실함
- 불충실이 땅의 몰수를 초래하리라는 것을 인정함[6]
- 충성 또는 복종할 것을 인정함
- 종주가 봉신을 보호할 것을 약속함
- 동맹 관계에 있는 다른 봉신들의 토지 또는 주민들을 탐내지 않음[7]
- 종주에 대하여 악하게 말하지 않고 그렇게 하는 사람들을 처벌함[8]

---

3   소수의 대등한 당사자 간의 조약(parity treaty)도 비슷한 유형의 조항들을 다루지만, 거의 모든 조약은 봉신 조약이었다.

4   히타이트의 수필룰리우마 1세와 후카나스 및 하야사 백성 사이의 조약에 포함된 조항. Kenneth A. Kitchen and Paul J. N. Lawrence, *Treaty, Law and Covenant in the Ancient Near East* (Wiesbaden: Harrassowitz, 2012), 1:441.

5   아시리아의 에사르하돈과 메데아 사람들 사이의 조약. Kitchen and Lawrence, *Treaty, Law and Covenant*, 1:979.

6   알레포의 아바-안과 알라라크의 야림-림 사이의 조약에 포함된 조항. Kitchen and Lawrence, *Treaty, Law and Covenant*, 1:233.

7   히타이트의 무르실 2세와 세하강-땅의 마나파-타르훈타 사이의 조약. Kitchen and Lawrence, *Treaty, Law and Covenant*, 1:531.

8   히타이트의 무와탈리스 2세와 윌루사의 알락산두스 사이의 조약. Kitchen and Lawrence,

- 종주의 형상(또는 비석)을 공손하게 다루고 그것을 전시함(나람-신과 엘람 사이의 조약에 포함된 조항. "모든 사람은 나람-신이 맡긴 이것을 두려워해야 한다")[9]

특수 조항

- 물 관리 및 권리
- 경계 설정
- 전쟁을 위한 병력 제공: 보급품 및 주둔군
- 폭동과 위반자를 보고할 의무
- 반역자 또는 도망자 인도
- 범죄자에 대한 형벌 조치
- 조공 납부
- 무역 및 관세 제한 또는 요구
- 상대방과 관련된 시민의 행동
- 양 당사자의 시민들 간의 채무 및 소송
- 절도에 대한 배상
- 합동 군사 작전에서 얻은 전리품의 분배
- 사절에 대한 대우

몇몇 관찰들은 우리가 이 조항들로부터 배운 정보를 토라의 해석에 적용

Treaty, Law and Covenant, 1:557

9 Kitchen and Lawrence, *Treaty, Law and Covenant*, 1:51.

하도록 도움을 줄 수 있다. 첫째, 특수 조항 중 다수가 공동체 간의 정치적 관계와 관련이 있으므로 성경 자료에는 평행 규정들이 별로 없다. 동시에 일반 조항들은 토라에서 표현된 관심사들과 명백하게 유사하다.[10]

둘째, 우리는 때때로 조약 조항들이 법 모음집들에서 발견되는 것과 동일한 종류의 형태 및 내용을 취한다는 점에 주목할 수 있다. 예컨대 기원전 24세기에 에블라와 아바르살 사이에 체결된 조약의 조항 37-41에서 이 흥미로운 사례를 살펴보라.[11]

> [37] 양우리에서 훔치는 자, 성내에서 훔치는 자, 벽이 있는 정착지에서 훔치는 자는 죽어야 한다.
>
> [38] 에블라 사람이 아바르살 사람의 집에서 유숙할 수 있다. 그리고 집주인은 그를 위하여 일어날 것이다.
>
> [39] 만일 그가 그 집에서 훔치면, 그는 훔친 물건들을 돌려주어야 한다. 만일 에블라 사람이 아바르살 사람을 죽이면, 그는 벌금으로 숫양 50마리를 지불해야 한다.
>
> [40] 누구든 [결혼한?] 여성과 동침하면, 그는 다채색 의복과 황소 세 마리를 벌금으로 지불해야 한다.
>
> [41] 만일 동침한 여성이 결혼하지 않은 처녀로서 그가 존중하는 처녀였다면, 그는 자기의 청혼을 확인해야 한다. 그리고 이 손님은 그녀와 결혼해야 한다.

---

10 위의 일반 조항 목록들과 유사한 토라 조항들의 예는 출 22:28; 레 24:16; 민 15:30 그리고 신 4:25-26, 39; 6:5; 8:19; 11:16; 12:10을 보라.

11 Kitchen and Lawrence, *Treaty, Law and Covenant*, 1:27, 29의 요약 번역.

그러므로 우리는 법 모음집들과 조약 조항들이 일부 상투적인 표현을 공유하며, 내용이 겹치는 부분이 있다는 것을 볼 수 있다. 입증하기는 어렵지만 우리는 법 모음집의 공식들이 조약 조항에서 재사용될 수 있었다고 추측할 수도 있을 것이다.

지금까지의 논의에 기초해서 우리는 이제 토라의 본질을 재고할 준비가 되었다. 조약 조항들과 마찬가지로 언약 조항들은 이스라엘이 야웨와 어떻게 관계를 맺어야 하는지를 다룬다. 조약 조항들이 종주에 대한 충실의 예들을 제공한 것과 마찬가지로 언약 조항들은 야웨께 대한 충실을 다룬다. 조약 조항들과 마찬가지로 언약 조항들은 야웨와 그의 백성 사이의 관계에서의 질서에 대해, 즉 이스라엘이 어떻게 야웨께 충실하고 야웨의 종주권을 존중해야 하는지에 대해 정의를 내린다. 이 조항들은 충성과 충실의 예들을 제공한다. 조약 조항들은 그런 식으로 법 모음집들뿐만 아니라 지혜 문학과도 겹친다. 이스라엘에서 지혜의 시작인 "주를 경외하는 것"이 종주의 뜻에 대한 충성스러운 복종을 가리킨다는 점에 주목하라. 비록 그 조항들이 상세한 세부사항들을 포함할지라도 결국 그것들은―강조하는 초점만 다를 뿐―법 모음집들처럼 사례들이다.

- 고대 근동의 법 모음집들은 사회에서의 정의가 어떤 모습인지에 대한 예를 제시한다.
- 고대 근동의 조약들은 종주에 대한 충실이 어떤 모습인지에 대한 예를 제시한다.

- 제의 관련 지시들(예컨대 히타이트의 제사장들에게 내리는 지시들[12])은 거룩한 공간에서의 정결이 어떤 모습인지에 대한 예를 제시한다.

우리는 이제 언약 안에 자리 잡고 있는 토라가 이 세 가지 중심 요소(정의, 정결, 충실) 모두를 포함하고 있다는 것을 알 수 있다. 그러나 우리는 토라가 야웨의 정체성(=거룩)을 정의하는 질서의 예들을 제시하는 측면이 앞서 말한 모든 요소보다 더 중요하다고 본다. 거룩(이스라엘에게 부여된 지위)의 속성이 정의와 충실과 정결이 필요한 근본적인 이유다. 언약을 비준함으로써 이스라엘은 거룩한 지위를 받는다. 그러므로 거룩은 언약 조항이 아니며 단순히 정의, 정결 또는 충실과 같은 조건들의 혼합도 아니다.

이 모든 장르는 여러 면에서 질서를 유지하는 것과 관련이 있고 특정한 사례들을 보여준다. 조약 조항들에서 일반적인 진술들은 그 예들이 명시하는 것보다 더 많은 의무가 있음을 보여준다. 이러한 조항들의 예를 들어보자.

- 너의 마음을 완전히 종주에게 바쳐라
- 아무 잘못도 저지르지 말라
- 위반 또는 폭행을 저지르지 말라
- 종주에게 적대적인 행위는 아무것도 하지 말라

---

12 Jared L. Miller, *Royal Hittite Instructions and Related Administrative Texts* (Atlanta: Society of Biblical Literature, 2013), 244-65.

- 나쁜 일은 아무것도 하지 말라
- 어떤 식으로도 죄를 짓지 말라
- 종주를 지원하기를 소홀히 하지 말라
- 바람직하지 못한 생각을 마음에 두지 말라
- 좋지 않은 일은 아무것도 하지 말라

이 조항들은 끝이 정해져 있지 않으며, 필요한 모든 사항을 완전하게 규정할 수는 없지만 기대되는 것들을 다룬다.

결론을 내리자면, 우리는 토라의 법 모음집들이 특정 사례 접근법을 사용해서 이스라엘에서 특히 정의와 관련하여 편만할 것으로 기대되었던 질서의 본질을 정의하고, 그렇게 함으로써 그것을 이해하기 위하여 지혜를 제공했다는 점에 주목했다. 이스라엘의 특성이 하나님의 특성에 대한 공적인 정의를 내리기 때문에(그들이 하나님의 백성으로 선택되었을 때, 하나님이 거룩한 것처럼 그들도 거룩한 자들로 인식되었다), 이스라엘은 하나님을 적절히 반영하고 그렇게 함으로써 그의 은총을 유지하기 위하여 고대 세계의 가치들에 따라 정의(正義)를 나타내야 한다. 비록 지혜로운 사람은 조약 조항들에 주의를 기울이겠지만 그 조항들이 지혜 자체를 제공하지는 않으며 그 조항들은 또한 충실의 측면들을 다룬다. 즉 이스라엘의 특성이 하나님의 특성(거룩)을 공개적으로 정의하기 때문에 이스라엘 사람들은 하나님/주권자를 반영하고 그렇게 함으로써 그의 은총을 유지하기 위하여 고대 세계의 가치들에 따라 그들의 주권자(하나님)에게 충성스러운 섬김을 나타내야만 한다. 비록 그 조항들이 지혜 목록들은 아니지만 지혜 목록들이 조약 조항들 안에서 역할을 할 수 있는데, 우리는 그것이 토라에도 적용된다고 믿는다.

그러므로 토라는 고대 세계에서 잘 알려진 이 두 가지 장르가 결합된 것인데, 우리는 이 사실에 비추어 토라가 포괄적이지 않고 특정 사례들을 보여주며, 이스라엘이 충실과 정의라는 특징을 보일 것을 요구한다고 결론을 내린다. 그러나 토라에서 정의된 이 의무는 야웨의 언약 당사자인 이스라엘에게만 부과된다. 토라는 언약 관계 안에 자리 잡고 있으며, 그 관계 밖에 있는 누구에게도 구속력이 있는 것으로 추정될 수 없다. 그 관계 밖에 있는 사람은 누구도 거룩한 자로 지정되지 않았다. 토라는 야웨가 세상과 역사를 위한 그의 계획과 목적 안에서 자신의 언약 백성인 이스라엘이 지니는 역할이 무엇인지에 관한 그의 계시다. 토라는 친숙한 문학 장르들을 통하여 그 중요한 역할을 어떻게 수행할지를 이스라엘에게 전달한다. 그 역할이 모든 사람에게 주어진 것은 아니지만, 그것은 야웨가 착수한 위대한 사업을 나타낸다. 그것에 대해서 우리는 다음 장에서 더 배울 것이다.

단언법 공식과 결의법 공식

형식 측면에서 조약 조항 중 다수는 본질적으로 단언적이다("너는 ~할지니라/~하지 말지니라"). 고대 근동의 법 모음집들이 최초로 분석되었을 때, 그것들 대부분이 결의법 형태(사례법[case law], "만일 누가 X를 행하면, 그 반응은 Y가 될 것이다")를 사용하는 것으로 관찰되었다. 토라에서 결의법 공식의 예가 몇몇 부분들에서 발견되지만, 다수의 다른 부분들은 다양한 다른 형태들을 사용한다.[a] 가장 잘 알려진 모음집인 십계명은 단언법 공식을 사용한다. 성경의 토라가 두 개의 장르—법 모음집과 조약 조항—를 모두 반영한다는 점을 인식하면 우리는 토라에서 단언법과 결의법이 같이 사용되는 현상을 설명할 수 있다. 법 모음집들이 십계명에서 발견되는 것과 같은 단언법 공식들 대신 결의법 공식들을 사용할지라도 십계명의 제5-제9계명의 주제가 법 모음집들에서 다뤄지고 있는 것으로 관찰되었다.[b] 그러나 조약 조항들을 살펴보면 우리는 (안식일을 제외하고) 비슷한 문제들이 종종 단언법 공식으로 말해지고 있는 것을 쉽게 발견할 수 있다.

다음의 예들은 십계명과 평행하는 조항들을 예시하기 위해 선택된 조약 조항들이다.

• 다른 어떤 종주도 두지 말라.[c]

- 종주의 형상을 존중하라.[d]
- 종주에 대하여 악의적으로 말하지 말며, 그렇게 하는 자들을 죄 없다 하지 말라.[e]
- [비교할 만한 것이 없음]
- 네 땅에서 너의 날들이 길게 되도록 종주를 공경하라.[f]
- 종주의 백성 중 누구도 살인하지 말라.[g]
- 종주의 가족 중 누구와도 성행위를 하지 말라.[h]
- 종주에게 속한 것을 훔치지 말라.[i]
- 거짓으로 맹세하지 말라(종주에게 한 맹세를 위반하지 말라).
- 종주에게 속한 것을 탐내지 말라.[j]

이 조항 중 어느 것도 토라가 고대 근동 문서에서 차용된 것이라고 주장하기 위하여 제시되지 않는다. 우리가 명제 10에서 논의한 바와 같이 이 문제는 문학적 빚짐이 아니다. 비록 그 장르들이 토라에서 새로운 모양으로 만들어질 수 있지만 문화적 내장성이 유사한 장르들을 사용하는 경향에 영향을 준다. 토라는 고대 근동 전체에 걸쳐 서기관 학파들이 작성한 문서들(조약 또는 법 모음집) 안에 있는 상투적인 문구들을 사용할 수도 있다.[k] 이러한 비교는 토라가 담겨 있는 문화의 강에 비추어볼 때 토라가

---

a   M. Clark, "Law," in *Old Testament Form Criticism*, ed. John H. Hayes (San Antonio: Trinity University Press, 1974), 106에서 히브리어 구문론에 관한 유용한 편집물을 보라.

b   Karel van der Toorn, *Sin and Sanction in Israel and Mesopotamia: A Comparative Study* (Assen, Netherlands: Van Gorcum, 1985)는 고대 근동의 법 모음집들에서 수집된 정보를 사용해서 하나의 장에서 각각의 계명을 다룬다.

(문학적으로) 무엇인가에 대한 향상된 이해, 즉 문화의 강의 독특한 부분이 지만 복제는 아니라는 이해를 제시한다.

---

c   Suppiluliuma I and Huqqana, Gary M. Beckman, *Hittite Diplomatic Texts*, ed. Harry A. Hoffner Jr., 2nd ed., WAW 7 (Atlanta: Society of Biblical Literature, 1999), par. 2, p. 23.

d   Naram-Sin and Elam, Kitchen and Lawrence, *Treaty, Law and Covenant*, 1:51.

e   Muwattalli II and Alaksandu, Beckman, *Hittite Diplomatic Texts*, par. 13, p. 85.

f   Suppiluliuma I and Huqqana, Beckman, *Hittite Diplomatic Texts*, par. 22, p. 27.

g   Ebla and Abarsal, Kitchen and Lawrence, *Treaty, Law and Covenant*, 1:27.

h   Ebla and Abarsal, Kitchen and Lawrence, *Treaty, Law and Covenant*, 1:29.

i   Ebla and Abarsal, Kitchen and Lawrence, *Treaty, Law and Covenant*, 1:27.

j   Murshili II and Manapa-Tarhunta, Beckman, *Hittite Diplomatic Texts*, par. 7, p. 79.

k   오늘날 공통 조항을 사용하는 법 문서들과 다르지 않다. 예컨대 주택 매매 절차 종결 서류나 도서 계약서.

명제 13

토라는 이스라엘 가운데 거하시는
야웨의 임재에 관한 이스라엘 신학의
맥락 안에 자리 잡고 있다

토라가 고대 세계(현대 세계가 아님) 및 이스라엘과의 언약(보편적이지 않음) 안에 자리 잡고 있듯이 그것은 또한 이스라엘 가운데 거하시는 야웨의 임재와 토라 사이의 관계 안에서 이해되어야 한다. 이 개념을 이해하기 위해서는 고대 근동에서의 신의 임재라는 성전 이데올로기에 관한 논의부터 시작해야 한다.

고대 근동에서 성전은 신들의 호화로운 거주지였다. 신들은 그곳에서 쉬고 그곳에서 통치했다. 희생제사가 음식을 제공한 것처럼 성전은 신에게 주택을 제공했다. 모든 것이 우리가 '위대한 공생'이라고 부르는 것에 공헌한다. 성전에서 신은 극진한 대접을 받았지만, 성전은 또한 우주를 통제하는 중심지로 여겨졌다. 사람들은 신이 자기들 가운데 거주하는 거처인 성전이 있으면 자기들이 신을 섬길 수 있고 그렇게 함으로써 신의 은총을 얻을 수 있었기 때문에 성전을 갖기를 원했다. 신의 은총을 받으면 안전과 번영을 구가할 수 있었다. 신의 임재와 은총을 유지하기 위해서는 신의 필요가 계속 그리고 심지어 사치스럽게 충족되어야 했다.[1]

우리가 논의한 바와 같이 이스라엘은 위대한 공생을 전혀 믿지 않았고 야웨에게는 아무것도 필요하지 않았기 때문에 이스라엘의 성전 이데올로기는—겹치는 부분이 상당히 많음에도 불구하고—중요한 여러 측면에서 고대 근동의 성전 이데올로기와 달랐다. 임재, 통치, 은총을 얻는 방법은 달랐지만 그 이데올로기적 측면들은 유지되었다. 구약성경에서 하

---

1 더 많은 정보는 H. Walton, "Temples," in *Behind the Scenes of the Old Testament: Cultural, Social, and Historical Contexts*, ed. Jonathan S. Greer, John W. Hilber, and John H. Walton (Grand Rapids: Baker Academic, 2018), 586-96을 보라.

나님이 사람들 가운데 거한다는 사실은 흔하게 되풀이되는 주제로서 다양한 텍스트에서 다양한 방식으로 다뤄진다.

우리는 신의 휴식에 무엇이 관련되어 있는지 더는 알지 못하거나 과학의 질문들로 인해 다른 곳에 주의를 돌리기 때문에 종종 이 점을 인식하지 못하지만, 성경의 독자들은 이 주제를 창세기 1:1-2:4에서 최초로 만난다. 우리의 해석에서는 창조의 7일은 주로 하나님이 에덴(사실상 우주 성전이다)에 자신의 거처와 안식처를 정할 때 그가 통치할 영역인 우주를 배열하는 것과 관련이 있다. 고대 근동에서 신의 영역 밖의 세계는 크게 인간의 영역과 경계 영역(liminal realm)으로 나뉘었는데 인간의 영역에서는 질서가 확립되고 유지되었지만 경계 영역에서는 그렇지 않았다. 경계 영역은 창조세계의 주변부에 존재하는 사막, 산악 또는 바다와 같은 적대적인 지형으로서, 위험한 동물이나 거칠고 먹을 수 없는 식물 또는 악마나 방황하는 영 또는 괴물 같은 반인 야만인(demihuman barbarians)처럼 이 세상의 존재가 아닌 실체들의 본거지였다. 질서가 잡힌 세계는 신들이 그들의 성전에서 안식할 때 신들에 의하여 보호되고 유지되었다. 여기서 **안식**은 수동적인 휴식이 아니라 활동적인 거주와 통치를 가리킨다. 신들은 침대나 소파에서 쉬지 않는다. 그들은 보좌 위에서 쉰다. 창세기에서 창조의 7일은 질서가 잡힌 세계의 설립을 묘사한다. 그 과정은 야웨가 자신의 안식에 들어간 일곱째 날 완성된다.[2] 아담과 하와가 스스로 지혜

---

2   해석 및 그것을 뒷받침하는 증거의 세부내용은 다음 문헌들에서 찾아볼 수 있다. John H. Walton, *Lost World of Genesis One: Ancient Cosmology and the Origins Debate* (Downers Grove, IL: IVP Academic, 2009); idem, *Lost World of Adam and Eve: Genesis 2-3 and the Human Origins Debate*(Downers Grove, IL: IVP Academic, 2015).

("선과 악을 앎", 창 2:17)를 취하기로 선택할 때 그들은 동시에 하나님과 같이 되고(창 3:22) 그렇게 함으로써 질서를 확립하고 유지할 책임을 물려받는다. 따라서 그들은 경계 세계(liminal world)로 쫓겨나 스스로 그것의 질서를 세우는 책임을 부여받았다. 그들은 고대 근동 전역에서 인간 세계의 질서를 확립하는 요소로 여겨졌던 구조물들인 도시와 문명을 세움으로써 질서를 확립하려고 시도한다. 창세기 4-11장은 이러한 시도들이 성공적이지 않았다고 기록한다. 도시와 문명은 사실상 질서가 잡힌 상태에 이르지 못한다. 창세기의 나머지 부분은 이스라엘이 제안받은 대안을 위한 배경을 제공하는데, 그 대안은 언약이라는 도구를 통해 하나님에 의해 확립된 질서다. 언약은 에덴으로 돌아가는 것이 아니고(구약성경은 그것을 기대하거나 바라지 않는다), 인간의 노력을 통해 인간에 의해 유지되는 것도 아니며, 신(야웨)에 의해 유지되는 질서를 나타낸다. 이러한 신 중심의 질서는 마침내 출애굽에서 언약을 비준하고—하나님이 자기 백성 가운데서 안식을 취하는 장소인—성막을 건축함으로써 확립된다(출 40:34).

하나님의 임재라는 주제를 중심으로 출애굽기의 수사학적 전략이 형성되기 때문에 우리가 토라와 관련하여 위에서 언급한 개념을 발전시키기 위해서는 먼저 하나님의 임재가 출애굽기에서 중심적인 위치를 차지한다는 점을 이해해야 한다. 야웨는 출애굽기가 시작할 때 오랫동안 부재했던 것으로 보이며 그 뒤 차츰 자신의 임재를 나타낸다(불붙은 떨기나무, 재앙, 구름/불기둥, 회막, 시내산). 하나님의 임재는 그가 새로 건축된 성막에 거처를 정하기 위하여 강림하는 대목에서 절정에 이른다. 자신의 백성 가운데서의 하나님의 임재의 확립은 구약성경에서 그리고 실제로 성경 전체에서 반복되는 주제다(예컨대 "내가 내 성막을 너희 중에 세울 것이다", 레

26:11). 고대 근동과 이스라엘에서 신의 임재는 질서가 유지되며 세계가 적절하게 기능하고 있음을 나타내는 징후다.

언약은 야웨가 왕이자 자기 백성의 공급자가 되는 신 중심의 질서를 확립하기 위한 기제 역할을 할 공식적인 관계를 규정한다. 이 언약은 결국 (출애굽기의 끝부분에서) 그의 지상 임재—이스라엘 백성 가운데서의 그의 안식/거주—의 확립에 이른다. 야웨는 자기 백성들 한가운데서 살면서 그들의 종주로서 그의 임재와 통치를 통해 그들을 위해 질서를 확립한다. 성막은 하나님의 임재가 거할 최초의 장소를 제공하고 나중에는 성전으로 대체된다. 그 장소에서 야웨가 통치하는 이 성소들은 위대한 왕의 궁전으로 기능할 뿐만 아니라 질서를 가져오기 위하여 그의 임재가 자기 백성들 가운데 거하는 장소로도 기능한다. 토라가 주어진 것은 이스라엘이 왕(야웨)의 지혜로부터 그의 은총과 임재를 유지하는 방법을 배우고, 그 은총과 임재가 확립하는 질서를 통해 야웨의 통치를 선포하고 그의 이름을 영예롭게 함으로써 야웨의 명성을 높일 수 있게끔 만들기 위해서다. 만일 그들이 그렇게 하지 못하면, 그들의 목숨이 위태로워질 수도 있고, 그들이 그 땅에서 쫓겨날 수도 있으며(일단 그들이 거기에 거주하면), 야웨가 그들을 버릴 수도 있을 것이다.

야웨는 또한 자기 백성을 위한 땅을 가지고 있다. 그것은 야웨의 땅이지만, 그는 그들에게 임차를 허용한다. 레위기 25:23은 이 사실을 명확히 밝힌다. "토지는 다 내 것이니라. 너희는 거류민이요 동거하는 자로서 나와 함께 있느니라." 토마스 만은 그것을 간결하게 표현한다. "외인인 이스라엘은 그 땅에 대한 소유권을 앗아갈 수 없는 권리로 보유하는 것이 아니다."[3] 야웨는 그가 "자기 이름을 그곳에 두었다"고 하는 빈번한 주장을 통해 그의 소유를 나타낸다(예컨대 신 12:5, 11, 21). 왕이 (자기 이름을 승전비에 새김으로써 문자적으로) 어떤 땅에 자기 이름을 두는 것은 그가 권리를 주장한 봉신 국가에 대한 그의 주인됨을 나타낸다.[4] 땅은 야웨께 속하기 때문에, 고대 세계 전체의 봉신 관계에서 전형적이었던 바와 같이 이스라엘이 야웨의 땅에서 거주하는 것은 그들의 봉신 조약에 대한 충실을 조건으로 한다. 고대 세계의 다른 지역의 공생과는 대조적으로 이스라엘은 주권자에게 충실함으로써 하나님의 임재 및 그것과 관련된, 신에 의해 확립된 질서라는 유익을 유지할 것이다.

신의 임재라는 주제는 예언자들이 하나님이 미래에 이스라엘 가운데 거할 것에 관해서 이야기할 때뿐만 아니라(사 2장; 미 4장) 임박한 유기와 바빌로니아의 손을 통한 형벌에 관해서 이야기할 때(겔 10장)에도 계속 등장한다. 다른 한편으로 예언자들의 소망 신탁들은 하나님이 자기 백성을 회복시키고 다시 그들 가운데 거하실 때를 고대한다(겔 40-48장).

토라는 성소—야웨가 언약 관계 안에서 자신의 백성 가운데 거하고 그들을 다스리는 임재 장소—와 별도로는 아무런 역할도 하지 않는다. 그러므로 토라는 성막/성전—이스라엘 사람들 가운데서의 하나님의 임재의 확립—을 조건으로 한다. 토라는 하나님의 언약 백성인 이스라엘이 야웨의 은총과 그들 가운데 거하는 그의 임재를 유지할 수 있게끔 해주는 방향으로 그들의 삶과 사회를 정돈하도록 주어졌다. 토라는 언약

---

3   Thomas W. Mann, *The Book of the Torah* (Atlanta: John Knox, 1988), 123.

4   Sandra L. Richter, *The Deuteronomistic History and the Name Theology*: lešakkēn šemô šām *in the Bible and the Ancient Near East*, BZAW 318 (New York: de Gruyter, 2002), 217.

질서의 예들을 제공하고, 그들이 거룩한 자들로 지정됨으로써 야웨와 동일시되었기 때문에 이스라엘로 하여금 그들이 어떻게 야웨의 이름(즉 명성)에 수치가 아니라 영예를 가져올 수 있는지 이해하도록 돕기 위해 고안되었다.[5] 그들이 토라의 지혜에 주의함으로써 언약에 충실하면 그들은 자기들 가운데서의 하나님의 임재를 보존할 것이다. 그들이 언약 질서를 확립하지 못하면 야웨가 떠나갈 것이고 그것은 그들에게 큰 손실이 될 것이다. 더 나아가 이 실패는 그들로 하여금 야웨가 그들을 징계하기 위해 보내는 적들로부터뿐만 아니라 반역하는 봉신들에 대해서 종주의 책임을 수행하는 야웨 자신으로부터도 해를 입게 할 것이다.

하나님의 임재에 대한 토라의 이러한 의존성은 우리가 토라에 대해 어떻게 생각하는가에 관한 중요한 관점을 제공한다. 토라가 고대의 맥락을 벗어나 기계적으로 추정될 수 없고 그것의 언약적 맥락 밖에서 채택될 수 없듯이, 토라는 하나님의 지상 주거지(성막/성전)에서의 명백한 임재라는 맥락에서 제거될 수 없다. 토라는 정확히 고대의 사고방식에 따라, 언약적 관계 안에서, 야웨의 명백한 임재와 근접해서 사는 백성을 위하여 질서를 확립하는 것에 관한 것이다. 오늘날에 대한 토라의 적실성이 무엇이든지(그리고 그것이 계시로서 적실성이 **있더라도**) 그 적실성은 그것이 특정한 맥락 안에 자리 잡고 있다는 조심스러운 인식에서 도출되어야 한다. 우리는 명제 19에서 이 적실성을 좀 더 논의할 것이다.

---

5   신명기에서 야웨가 그의 이름이 거할 곳을 선택할 것이라는 점이 계속 반복되는 것을 주목하라(예컨대 신 12장).

〈참고 자료〉

성막의 중요성

이 해석에 따라서 우리는 야웨가 시내산 꼭대기에 강림한 궁극적인 이유가 토라를 주기 위해서가 아니라 그의 임재 장소로서 성막 건축을 시작하기 위해서라는 가능성을 제안할 수 있다. 만일 이것이 사실이라면 (그런데 그것은 증명될 수 없다), 일차적인 목표는 토라가 아니었다. 성막은 토라를 뒷받침하기 위하여 건축되지 않았다. 궁극적인 목표는 야웨가 지상에서 내려와 백성 가운데 거할 수 있도록 하나님이 성막을 건축하기 위한 지시를 내리는 것이었다. 언약은 성막/성전을 위한 준비이며, 토라는 하나님의 임재 안에서 살고 그 임재를 유지하기 위한 지혜를 준다. 출애굽기의 배열에서 이 견해가 뒷받침되는데, 출애굽기에서는 증거판들에 대한 언급이 성막 관련 지시의 배경을 이룬다. 이로부터 우리는 그 증거판들이 성막을 짓기 위한 지침과 심지어 성막의 설계도까지 포함했을 가능성을 고려할 수 있다. 고대 근동에서 신들은 자주 신전 건축에 대한 지시를 내리고 설계도 역시 제공했다(예컨대 기원전 2000년경의 잘 알려진 상(像)에서 구데아의 무릎 위에 그려진 설계도). 사실 성경 텍스트는 하나님이 그러한 설계도(타브니트[*tabnît*]; 출 25:9, 40; 26:30; 27:8; 민 8:4)를 제공한 것에 대해 언급한다.[a] 우리는 또한 구데아 신전 봉헌 실린더로부터 신전 건축 지시와 설계도가 협정에 대한 맹세의 역할을 할 수 있다는 것을 배운다. 이 실린더에서 구데아는 신들의 "확고한 약속"을 언급하는데 그 약속은 거처를 위해 신전을 짓겠다는 결정을 통해 표현된다.[b] 더욱이 에

사르하돈이 자기가 에샤라 성전을 건축한 것을 묘사한 기록에서 기록된 지시와 신성한 공간의 건축 사이의 관계가 발견된다. "나는 하늘의 기록대로 [그것을] 아름답게 만들었다."[c] 그렇다면 야웨와 이스라엘 간에 이루어질 협정에 대한 맹세는 야웨의 백성이 그를 위해 적절한 장소를 준비하면 자기가 와서 그들 가운데 거주하겠다는 야웨의 약속을 가리킬 수도 있다. 따라서 이 모든 증거는 출애굽기에서 증거판들은 무엇보다도 성막 건축을 위하여 제공된 반면 토라는 부수적으로 신성한 공간에 가까이 살기 위한 지침 역할을 한다는 것을 암시한다.[d] 이렇게 구별한다고 해서 토라의 지시 중 어떤 것도 증거판 위에 포함되지 않았음을 의미하는 것은 아니다.[e] 그러나 그것은 우리가 증거판의 내용 가운데서 성막에 관한 지시를 배제하는 것은 태만한 태도일 수도 있음을 암시한다.

---

a   Victor Hurowitz, *I Have Built You an Exalted House: Temple Building in the Bible in the Light of Mesopotamian and Northwest Semitic Writings* (Sheffield, UK: JSOT Press, 1992), 168-70.

b   Otto Edzard Dietz, *Gudea and His Dynasty*, RIME 3/1 (Toronto: University of Toronto Press, 1997), Cyl B: 24.11-14, p. 101.

c   Hurowitz, *I Have Built You an Exalted House*, 245.

d   William Schniedewind, "Scripturalization in Ancient Judah," in *Contextualizing Israel's Sacred Writings: Ancient Literacy, Orality, and Literary Production*, ed. Brian B. Schmidt (Atlanta: SBL Press, 2015), 313을 보라.

e   출 34:1, 4, 27-29을 함께 읽으면 때 적어도 "10개의 말씀들"이 증거판 위에 포함되었고 그것들이 언약(브리트[bərit])을 나타낸다고 암시하는 것으로 보인다.

제5부

토라의 지속적인 중요성

신약성경에서의 율법에 관한 논의들은
우리에게 고대 세계의 맥락에서
구약성경의 토라에 관하여
아무것도 말해주지 않는다

토라 해석의 역사는 중요하고 명백한 현실, 즉 우리가 토라 모두를 그리스도인의 삶을 위한 규정으로 채택할 수 없다는 점을 일관되게 인식해왔다. 성전, 희생제사 제도, 고대 이스라엘과 같은 상황에서 토라의 모든 규정을 직접 적용할 수는 없다. 하지만 모든 성경이 영감을 받았고 교육에 유익하다면 우리는 심지어 때때로 신약성경 저자들조차도 버리는 것으로 보였던 이 "문제아"를 어떻게 해야 하는가?

문제는 역사상 토라에 관하여 쓴 그리스도인 대다수가 실제로는 신약성경에 기록된 율법에 관하여 쓰고 있다는 것이다. 그들은 율법에 관하여 생각하는 방식에 있어서 구약성경과 신약성경 사이에 틀림없이 연속성이 있을 것이라는 가정하에 그렇게 한다. 그러나 우리는 사실은 그렇지 않다고 주장할 것이다. 이렇게 주장한다고 해서 우리가 구약성경과 신약성경이 서로 모순된다고 제안하는 것은 아니다. 우리는 단지 그것들이 다른 관점을 가지고 있으며 다른 문제들을 다루고 있다고 제안할 뿐이다. 구약성경과 신약성경은 둘 다 그것들 자체의 문화의 강으로부터 작동하고 있는데, (비록 신, 구약 각각의 문화의 강과 우리의 문화의 강 사이의 유사성보다는 신약과 구약의 문화의 강 사이의 유사성이 더 크겠지만) 그리스-로마 문화의 강은 고대 근동의 문화의 강과는 판이하다. 우리는 신약성경을 정보의 원천으로 사용해서는 구약성경의 문화의 강에 잠겨 있는 토라를 공부할 수 없다.

율법과 복음

본서는 신약성경의 율법(*nomos*) 사용이나 바울이 하나님의 도덕법에 관하여 어떻게 생각했는지 또는 예수가 자신과 율법/토라 간의 관계에 관하여 무엇을 가르쳤는지 조사하는 것을 목적으로 삼지 않는다.[1] 그러한 논의들은 모두 신약성경이 기록되기까지의 헬레니즘 시대 동안 변화를 겪은 율법을 배경으로 일어난다.

하지만 토라에 관한 신약성경의 이해에 관한 몇몇 논의는 고려할 필요가 있다. 그러한 논의는 종종 "율법과 복음"이라는 제목하에 일어나고 있지만, 그러한 구분은 아무튼 율법과 복음이 똑같다거나 비슷한 일을 하고 있다고 가정하기 때문에 오도할 수 있다. 바울은 가끔 복음에 대비해서 율법이 하는 일과 하지 않는 일이 무엇인지를 다루지만 그것은 엄밀히 말하자면 신약성경의 문제다. 복음과 구원에 관한 문제들과는 무관하게 먼저 법에 관한 구약성경의 개념들과 신약성경의 개념들 사이의 구분이 고려되어야 한다. 심지어 신약성경의 저자들도 이 점을 명확히 한다. 예컨대 히브리서 저자는 황소와 염소의 피가 죄를 제거하지 못한다고 말한다(히 10:4). 구약성경에서 피의 제사를 포함한 희생제사들은 성전 구내의 정결을 유지하고 위반자들이 언약 공동체의 떳떳한 일원으로 남아 있을 수 있게 해주었다(명제 8을 보라). 희생제사는 그들의 죄를 제거하지 않았다(이 점에 관해서는 명제 17에서 더 논의한다).

---

1   율법에 관한 바울의 긍정적인 견해와 부정적인 견해의 목록은 Greg L. Bahnsen, "The Theonomic Reformed Approach to Law and Gospel," in *Five Views on Law and Gospel*, ed. Wayne G. Strickland (Grand Rapids: Zondervan, 1996), 93-94를 보라.

신약성경 저자들은 그들 자신의 중요한 문제들을 다뤄야 했는데 그 문제들은 그들의 인지 환경과 그 시대의 신학적 논쟁에서 도출된다. 그들은 확실히 자신들의 담론을 위하여 그들이 자기들의 시대에 이해한 대로 구약성경으로부터 정보를 도출하기는 했지만, 구약성경 맥락의 신학적·문화적 문제들을 재구성하려고 시도하지는 않는다. 신약성경을 통해 여과된 오늘날의 토라에 관한 논의는 대체로 구원의 문제나 교회 또는 인간 일반을 위한 절대적인 도덕적 원리의 문제를 검토하려고 하는데 이는 신약성경의 질문이다. 이것이 놀라운 일은 아니지만 우리는 그렇게 해서는 토라를 맥락에 맞게 읽을 수 없다. 구약성경의 토라는 의나 칭의의 본질을 정의하려고 하지 않는다. 의(고대 근동의 기준에 의한 의)는 이스라엘이 토라를 고수하는 데서 비롯되는 결과 중 하나일 것이다. 그러나 그것은 그리스도에 의해서 제공된 절대적인 의(신적 기준에 의한 의를 암시함)가 아니며, 구원과 관련된 의도 아니다. 더욱이 그것은 확실히 가치들에 대한 현대의 문화의 강의 정의에 일치하는 의(현대 기준에 의한 의)가 아니다. 구약성경의 맥락에서 토라를 이해하려면 우리는 신약성경의 신학적 범주에서 생각하기를 멈춰야 한다.[2]

명제 5에서 논의한 바와 같이 우리는 잠언의 구절을 모두 이행할 수 없듯이 토라를 모두 이행할 수도 없다. 둘 다 지혜의 통찰을 제공한다. 신약성경 저자들과 학자들은 율법을 다 지켜서 의나 구원을 이룬다는, 가설적이지만 비현실적인 개념에 관하여 이야기하고 일반적으로 그것이 이

---

2   Walter C. Kaiser Jr., "The Law as God's Gracious Guidance for the Promotion of Holiness," in Strickland, *Five Views on Law and Gospel*, 192-93의 논의를 보라.

루어질 수 없다는 점을 지적한다. 그렇다고 해서 제2성전기 공동체가 율법을 온전히 지키려고 노력하지 않았다는 말은 아니지만—미쉬나의 해설은 그들이 율법을 온전히 지키려고 노력했음을 암시한다—그들은 그렇게 하는 과정에서 자료를 상당히 윤색할 수밖에 없었다. 그때에조차 그들이 성취하고자 했던 의와 구원은 도덕적 또는 사회적 완전성이나 하나님 앞에서 흠잡을 데 없는 상태가 아니라, 조상들의 불충실에 대한 용서와 이스라엘에 대한 하나님의 은총을 회복하는 것이었다. 그러나 그 문제에 대한 이러한 접근법은 이미 구약성경의 토라를 오해하는 것이다. 신약성경은 신학적인 근거에서 심지어 토라를 완벽하게 준수하더라도 하나님의 은총을 회복시키지 못할 것이라고 주장하지만, "율법 전체의 준수"가 성취될 수 없는 실질적인 이유도 있다. 이전 장들에서 우리는 비교 대상인 고대 근동 문서들처럼 토라가 일부 측면들을 기록한 것이라고 주장했다. 만일 그것이 사실이라면 토라는 전체를 나타내지 않는다(요구사항 전체를 수록한 문서는 없다). 토라는 결코 질서를 반영하라는 더 큰 요구를 위해 선택된 예시 이상의 것이 아니다. 그것들이 조항이라고 하더라도 그것들은 포괄적이게끔 의도되지 않았기 때문에 우리가 토라의 모든 조항을 성공적으로 지킨다 할지라도 우리는 그것의 기대를 충족시켰다고 주장할 수 없을 것이다. 토라는 이행 여부를 표시하는 점검표가 아니다. 율법은 삶의 모든 측면에 질서가 반영됨으로써 "지켜진다". 토라의 목표는 법률이나 구원이 아니라 질서다. 예수가 자주 안식일과 관련하여 보여준 바와 같이 때로는 심지어 조항들을 위반함으로써 질서가 유지된다. 마찬가지로 누가복음 18:18-23의 젊은 부자 관리는 심지어 토라의 계명들에 "순종"했어도 언약 질서를 구현하지 못했다. 토라는 그것을 준수함으

제5부 토라의 지속적인 중요성

로써 질서를 얻기 위한 이행 목록 점검표가 아니라 질서가 어떤 것인지에 대한 지침이다.

헬레니즘 시대의 변화

헬레니즘 시대에 토라가 법률로 채택된 뒤에야 공동체들에서 마치 율법이 포괄적인 법률이기라도 한 것처럼 모든 율법을 준수하는 개념이 논의되기 시작했다. 우리가 이전의 논의에서 보았듯이 메소포타미아와 이스라엘에서 유일한 신법 형태는 우주에서 질서를 유지하는 신들에 의해 공표된 칙령들에서 발견된다. 이와 대조적으로 그리스에서는 신의 영역이 합리성과 이성의 원천이며 그 합리성과 이성이 자연법을 이해하기 위한 기초로서 기능했다는 의미에서 법이 신들에게서 나왔다고 생각했다. 그들의 관점에서는 이 법은 보편적이며 변하지 않고 일반 계시에서 비롯된다.[3] 고대 근동에서 발견되는 모델이 토라 자료에 더 잘 어울린다. 그렇다면 토라는 신적인 법률로 여겨질 수도 없고, 세계의 고유한 기능 수행을 명시한 것으로 여겨질 수도 없다. 토라의 텍스트를 그것의 장르와 맥락에 따라 읽는 것에 관심이 있다면 우리는 이 점을 인식할 필요가 있다.

구약성경의 맥락에 위치하는 토라는 우주의 조직에 짜인 자연법 개념에 기초하지 않는다는 점에서 그리스의 세계 질서 개념들과는 다르다.

---

3 Christine Hayes, *What's Divine About Divine Law?: Early Perspectives* (Princeton, NJ: Princeton University Press, 2015), 2-3.

토라는 신의 특별한 계시에 근원을 두고 있는 법률이 아니라는 점에서 우리가 그리스화된 이스라엘에서 발견하는 것들과는 다르다. 고대 근동 문화의 맥락에서 생겨난 토라는 그 지역의 문서들과 마찬가지로 법이 아니라 신들이 바라는 세계 질서의 형태에 대한 인상주의적인 묘사를 나타낸다. 그와 동시에 토라는 상호 필요의 공생 관계가 아니라 종주 관계(언약)에서 유래한다는 점에서 고대 근동의 주요 문화와 다르다. 바울의 서신들에는 구약성경에 나타난 토라에 대한 견해들이 시간이 지남에 따라 극적으로 변했다는 점이 명백히 드러나고 있는데, 그동안 문화가 변했고 바울은 자신의 문화의 강 안에 존재하는 문제들을 다뤄야 했기 때문에 그럴 수밖에 없었을 것이라고 예상할 수 있다.

신약성경의 토라 이해

성경의 문화적 내장성 개념에 반대하는 사람들 다수는 문화마다 다르게 말하는 관행이 한 분이신 하나님이 성경에 영감을 주었다는 개념을 훼손한다고 주장한다. 이 이의는 성경이 어떻게 의사소통하는지에 대해 지나치게 단순하게 이해하기 때문에 잘못된 것이다. 만일 성경이 삶과 우주와 모든 것에 관하여 비교적 단순하고 보편적으로 참된 일련의 사실에 입각한 명제들을 제시하는 방식으로 의사소통한 것이 사실이라면, 말하는 이가 하나이니 모든 명제가 다소 동질적인 의미를 지녀야 한다고 주장해도 무방할 것이다. 비록 그 개념에는 큰 결함이 있지만 사실 많은 사람이 성경이 이런 방식으로 의사소통한다고 믿는다. 효과적인 의사소통은 앵무새처럼 하나의 메시지를 반복해서 알리는 것으로 구성되지 않는다. 오히려 그것은 의도된 청중과 역동적으로 상호작용함으로써 그들이 확실히 이해하게끔 만든다. 성공적인 상호작용의 가장 기본적인 요소 중 하나는 청중 자신의 언어로 말하는 것이다. 따라서 신약성경에서의 의사소통의 수단은 히브리어에서 그리스어로 변한다. 그러나 화자(話者)들이 효과적으로 의사소통하기를 기대한다면 그들은 단어들에 자기가 원하는 의미를 부여할 수 없다. 대신에 그들은 단어들을 청중이 이해하는 의미로 사용해야 한다. 새로운 개념을 전달하는 것은 단어에 새로운 의미를 부여하는 것과는 관련이 없다. 그것은 (기존 단어들을 사용하여) 기존 개념들을 새로운 방식들로 결합하는 것과 관련이 있다. 따라서 화자들이 **똑같은** 새로운 개념을 전달하고자 할지라도 소통을 위해서는 맥락이나 언어가 다른 곳에서는 다른 개념들을 사용해야 할 것이다.

한 예가 도움이 될 수 있을 것이다. 광학(光學)에서 빛 앞에 색이 있는 필터를 놓으면 빛의 색상이 변경될 수 있다. 당신이 노란색 빛을 가지고 있는데 그 색깔을 흰색으로 변화시키고 싶다면 당신은 그 앞에 푸른색 필터를 놓아야 한다. 다른 한편으로 당신이 보라색 빛을 가지고 있는데 그 색깔을 흰색으로 변화시키고 싶다면 당신은 그 앞에 녹색 필터를 놓아야 한다. 같은 색의 빛을 얻기 위해서는 항상 같은 색의 필터를 사용해야 한다고 주장하는 사람이 있을 수 있지만 그런 주장은 빛의 작동 방식을 잘못 이해한 것이다. 당신이 얻는 결과는 당신이 사용하기로 선택한 요소(필터)와 당신이 원래 그것으로 작업해야 했던 요소(색을 띤 빛) 사이의 상호작용에서 비롯된다. 마찬가지로 당신이 항상 같은 단어를 사용해야 같은 메시지를 전달한다고 말하는 것은 언어의 작동 방식을 잘못 이해한 것이다. 당신이 전달하는 메시지는 당신이 사용하기로 선택한 요소

(단어들과 어구들)와 당신이 원래 그것으로 작업해야 했던 요소(의도된 청중이 그들의 문화적 맥락에서 그 단어들에 부여하는 의미들)의 결합에서 비롯된다.

물론 그것은 성경에 수록된 모든 메시지가 어느 정도 같은 내용을 말하기 위해 의도되었다고 가정한다. 만일 성경이 삶과 우주와 모든 것에 대한 하나님의 계시―우리는 이것들이 변하지 않는다고 주장할 수 있다―라면 아마도 그것은 사실일 것이다. 그러나 우리는 성경이 하나님 **자신**에 대한 하나님의 계시라고 주장했다. 우리는 하나님도 변하지 않는다고 주장할 수 있을 것이다. 그러나 하나님은 복잡한 존재이기도 하다.[4] 같은 측면들을 반복하는 것이 아니라 하나님의 새로운 측면들을 드러내기 위해 새로운 계시가 의도될 수도 있다. 사실 신적 인격은 너무도 다양해서 훗날 신학자들은 그것을 세 개의 다른 위격(그리스어 *prosopon*; 영어 "person")으로 분리해야 했다. 만일 하나님이 자신에 관해 새로운 무언가를 계시한다면 우리는 그것이 단순히 이전에 전달된 정보를 복제할 것이라고 예상하지 않을 것이다. 더욱이 우리는 특히 성경이 하나님의 목적들, 즉 하나님이 무엇을 하고 있는지를 계시한다고 주장했다. 하나님은 한 가지 일만 되풀이하는 기계가 아니며, 반드시 두 사람이 있어야 두 가지 일을 하는 것이 아니라 한 사람이 두 가지 일을 할 수도 있다. 빛의 은유로 돌아가자면 만일 당신이 빨간색 빛을 가지고 있는데 그것을 노란색으로 만들기를 원한다면 당신은 그것 앞에 초록색 필터를 놓는다. 만일 당신이 파란색 빛을 가지고 있는데 그것을 보라색으로 만들기를 원한다

---

4   이 관찰은 신의 단순성(divine simplicity)에 관한 전문적인 신학적 논의와는 관련이 없다. 여기서 우리가 말하는 복잡성은 신의 본질(*ousion*)에 대한 형이상학적 구성 개념이란 관점에서의 복잡성이 아니라 인격의 깊이와 다양한 기능 면에서의 복잡성을 가리킨다.

면 당신은 그것 앞에 빨간색 필터를 놓는다. 그러므로 당신이 두 가지 색상의 빛을 원했다는(그리고 물론 그 색깔들을 얻기 위하여 다른 필터를 사용했다는) 사실이 그 필터들을 적용하는 사람이 복수라는 것을 의미하지는 않는다. 이 개념에서는 하나님이 세계의 질서를 확립하고 그것을 유지하는 일부터 시작할 것이다. 그런 다음 하나님은 여전히 그 일을 하면서 이스라엘과 언약을 맺고 그것을 유지함으로써 새로운 일을 할 것이다. 그러고 나서 하나님은 여전히 그 두 가지 일을 모두 하면서 새 언약을 확립하고 유지함으로써 다른 새로운 일을 할 것이다. 요점은 "성경의 통일성"은 성경이 모든 시대에 똑같은 방식으로 똑같은 내용을 말한다는 점을 의미하지 않는다는 것이다. 대신에 그것은 모든 성경이 동일한 하나님(다른 여러 신을 묘사하는 것이 아니라; 예컨대 마르키온 사상을 보라)을 묘사하고, 그 하나님을 정확하게 묘사한다는 것을 의미한다. 즉 그것은 참된 신학적 사실과 결함이 있는 인간의 추측이 혼합된 것이 아니다. 그것은 나아가 그 하나님이 어떤 존재이며 그가 무슨 일을 하고 있는지에 관한 완전한 이해를 얻으려면 우리는 성경의 각 부분이 그것의 메시지를 전달하는 특별한 방식에 따라 모든 성경에 주의를 기울여야 한다는 것을 의미한다. 우리가 성경에 기록된 일부 진술을 변경하고 왜곡함으로써 성경을 피상적으로 동질적으로 만들고, 그렇게 함으로써 하나님을 참으로 이해하게 될 것이라고 기대할 수는 없다.

그렇다면 구약성경과 신약성경을 바라볼 때 우리는 서로 다른 문제들이 각각 자체의 논의를 이끌 수 있음을 이해해야 한다. 그리스-로마 시대의 문화의 강은 고대 근동의 문화의 강과 상당히 다르다. 토라를 포함한 구약성경은 고대 문화의 강에 내장되어 있다. 페르시아의 문화의 강과 헬레니즘의 문화의 강이 신약성경이 기록된 시기인 그리스-로마 시대에 영향을 주었는데, 신약성경은 바로 이 그리스-로마 문화 안에 내장되어 있다. 우리가 구약성경이 우리의 문화의 강에 있는 문제들을 예기하리라고 기대하지 않는 것처럼 우리는 구약성경이 그리스-로마 시대의 관점들을 예기하리라고 기대하지도 않는다. 더욱이 신약성경의 저자들은 고대 문화의 강에 관여하려고 노력하지 않았다. 그들은 그들의 문화의 강을 다루고 있었다. 저자들이 각자의 인지 환경을 다루기 때문에 우리는 토라(와 신약성경의 율법[nomos])를 다룰 때 실제로 이 점을 발견한다. 우리는 구약성경과 신약성경 모두를 진지하게 받아들일 수 있지만 동시에 그것들이 각각 무엇을 위한 것인지 인식해야 한다. 비록 신약성경 저자들이 자신들이 다루는 문제들에 대해 구약성경이 중요하다고 생각했을지라도, 신약성경은 우리에게 구약성경이 어떻게 해석되어야 하는지를 가르쳐주지 않는다. 신약성경을 진지하게 받아들이기 위해 우리는 그것이 그 자체의 문화와 문학이란 맥락에서 무엇을 말하는지 이해할 필요가 있다.

앞의 장들에서 우리는 이미 토라와 구약성경에서의 토라의 역할에 대한 견해를 제시하고 도덕 형성이 그것의 문학적-신학적 목표가 아니었다고 주장했다. 다음 단계는 바울이 율법(nomos)을 그의 시대에 도덕을 형성하는 기능을 가진 것으로 이해되었던 대로 제시하는지를 탐구하는 것이다. 비록 바울이 때때로 교회에서의 도덕적 행동에 대해 일반적인 관심을 보이기는 하지만 우리는 그가 토라를 도덕적 행동을 위한 기초를 제공하는 것으로 보지 않는다고 주장할 것이다. 여러 구절이 인용될 수 있지만 누가 보아도 가장 중요한 참고 구절 중 하나는 갈라디아서 3:24이다. 거기서 바울은 율법을 파이다고고스(paidagōgos, NIV "guardian";

개역개정 "초등교사")라고 부른다.[5] 현대 학자들은 이 그리스어 용어가 전통적인 번역처럼 사람들을 그리스도께로 인도하는 "가정교사"(tutor)로 이해되어서는 안 된다는 데 동의한다. 대신에 그 단어는 "관리인"(custodian) 또는 "아이 봐주는 사람"(babysitter) 등과 더 유사한 것으로 이해되어야 한다.[6] 그리스 문화에서 그렇게 지정된 사람의 역할은 본래 교육적인 것으로 인식된 것이 아니라 보모나 입주 가정부처럼 일상생활을 관리하는 것으로 인식되었다. 비록 그리스 문화에서 "교사들"(pedagogues)이 때때로 다소 거칠고 가혹했을지라도, 그들의 직무는 일상생활에서 보호하고 인도하는 것이었다. 그들은 교육적인 목표를 갖지 않았는데, 이는 바울이 교사(pedagogue)를 도덕법 훈련을 제공하는 사람으로 보지 않았음을 암시한다. 대신에 교사는 토라와 마찬가지로 그의 서비스를 받는 사람이 안전을 유지하고 자신의 지위와 정체성에 적절한 일상생활에 참여하게끔 했다. 바울이 구약성경의 맥락에서 발견될 수 있는 것과는 다른 토라의 기능을 강조했더라도 무방하겠지만 이 기능은 (아마도 우연히) 이스라엘의 삶에서 토라의 역할과 매우 유사해 보인다. 따라서 비록 예수와 바울이 기꺼이 도덕적 가르침에 관여했을지라도 그들은 구약성경의 토라가 그 역할을 수행하는 것으로 보지 않았다.

---

5   관심 있는 독자는 Wayne G. Strickland, ed., *Five Views on Law and Gospel* (Grand Rapids: Zondervan, 1996) 도처에서 충분한 논의를 찾아볼 수 있다.

6   Strickland, *Five Views of Law and Gospel*에서 제시된 다양한 견해들은 모두 이 말이 옳다고 긍정한다. 그들은 다음 논문들을 소개한다. J. W. MacGorman, "The Law as a *Paidagogos*: A Study in Pauline Analogy," in *New Testament Studies: Essays in Honor of Ray Summers in His Sixty-Fifth Year*, ed. Huber L. Drumwright and Curtis Vaughan (Waco, TX: Baylor University Press, 1975), 102; 그리고 Richard N. Longenecker, "The Pedagogical Nature of the Law in Galatians 3:19-4:7," *JETS* 25, no. 1 (1982): 53-61.

더 나아가 바울이나 심지어 예수조차도 우리가 해석하고 있는 구약성경 텍스트의 권위 있는 메시지에 도달하기 위해 일관성 있게 적용될 수 있는 방법론을 추론해 낼 수 있는 해석학적 모델을 제공하지 않는다. 신약성경의 저자들은 자기 시대의 방법론들을 사용하지만, 그들이 그 방법론들을 사용한다고 해서 그 방법론들이 오늘날에도 유효한 것은 아니다.[7] 우리는 다른 많은 문제들에 대해서도 똑같은 자세를 취한다.

- 신약성경이 그리스식의 전통과 문학을 사용한다고 해서 그 문학들이 오늘날까지 유효하지는 않다(예컨대 행 17:28에서 스토아 철학자들을 인용하는 바울과 벧후 2:4에서 「에녹1서」를 언급하는 베드로).
- 신약성경의 저자가 어느 한 역본(예컨대 마소라 전통이 될 역본)에서 인용하지 않고 다른 역본(예컨대 70인역)에서 인용하기로 한 선택이 본문비평의 결정을 정당화하지 않는다.
- 구약성경에 수록된 어느 구절에 대한 신약성경 저자의 해석은 구약성경 저자의 의도나 구약성경 맥락의 해석학적 의미에 대한 분석을 제공하려고 시도하지 않는다(예컨대 시 82:6을 다루는 요 10:34; 마 26:31에서의 슥 13:7).
- 신약성경 저자의 [구약 예언] 성취 식별은 우리에게 그 예언자의 원래 메시지를 보여주지 않는다(예컨대 마 2:15에서의 호세아 11:1).
- 구약성경에 나타난 그리스도에 관한 신약성경 저자의 견해들이

---

7 Richard N. Longenecker, *Biblical Exegesis in the Apostolic Period*, rev. ed. (Grand Rapids: Eerdmans, 1999).

제5부 토라의 지속적인 중요성

우리가 원하는 어디에서나 그리스도를 찾기 위한 면허로 사용될 수 없다(예컨대 창 32장에서의 씨름하는 천사에게서; 아리우스는 잠 8장에서 그리스도를 발견하고 그것을 예수가 하나님의 아들로 입양되었을 뿐이라는 개념의 토대로 사용했다).

우리가 이 영역들에서 신약성경 저자들의 방법을 모방할 수 없는 이유는 결과들을 보장할 수 있는 통제가 충분하지 않기 때문이다. 그 이유는 신약성경 저자들의 해석이 해석학에서 도출된 것이 아니기 때문이다. 이는 우리가 해결해야 할 필요가 있는 과업이다.

바울의 진술의 권위는 그의 해석학에서 도출되는 것이 아니라 그의 사도적 영감에서 비롯된다. 오늘날 우리는 영감을 받지 않았기 때문에 해석학 원칙들을 사용해서 우리의 해석들을 입증할 의무가 있다. 바울의 권위는 그의 사도적 지위에서 비롯되었지만, 우리의 경우에는 우리가 지니는 권위는 우리의 방법론의 온전성(integrity)에서 비롯된다. 우리는 권위를 가지고 있지 않기 때문에 해석자들로서 우리에게 필요한 제약을 가하기 위해서는 건전한 해석학적 원칙들이 필수적이다. 우리 모두 영감을 받는다면 해석학이 필요하지 않을 것이다. 신약성경의 저자들이 우리와 다른 점은 그들은 **영감을 받았고** 우리는 영감을 받지 않았다는 것이다. 따라서 우리는 결코 우리가 그들의 방법론을 복제할 수 있으리라고 결론을 내려서는 안 된다. 그들의 방법론이 아무리 건전하든 건전하지 않든 간에 그들의 메시지의 권위는 그들이 받은 영감으로부터 주어진다. 즉 우리는 그들의 방법들을 자신 있게 옮겨와서 보증된 결과를 장담할 수 없다. 우리가 스스로 방법론적 원칙들을 끌어내고 그 원칙들을 텍스트들에 적용하려고 할 때, 우리에게는 우리가 그 방법을 정당하게 사용해서 그 원칙을 확장했는지를 입증할 수단이 없다. 통제가 없으면, 권위가 있을 수 없다.[8] 해석의 역사는 통제 범위를 벗어나서 비현실적이고 파괴적인 해석으로 귀결된 해석자들과 방법론들의 예로 가득하다. 그러므로 우리는 바울이나 예수가 가지고 있던 권위를 가지고 있지 않기 때문에, 단지 그들이 토라로부터 원칙을 끌어내 그 원칙을 관련된 상황으로 확장시켰다고 해서 우리 역시도 그렇게 하려고 시도하는 것은 정당화되지 않는다. 성경 저자들은 하나님의 계시를 전달하는 도구들이었기 때문에 우리는 그들에게 책임이 있다. 이 말은 우리가 맥락 안에서의 구약성경 저자의 의도에 대해 책임이 있다는 뜻이다. 또한 우리는 맥락 안에서의 신약성경 저자의 의도에 대해서도 책임이 있다. 신약성경 저자들이 구약성경을 해석할 때 우리는 그 해석의 권위를 받아들인다. 그러나 우리는 구약성경 저자들이 그들의 메시지를 얻은 방식을 반복할 수 없는 것처럼 신약성경의 저자들이 그 해석을 도출해낸 방식을 반복할 수 없다. 우리가 그 메시지들을 인정하는 것은 우리가 그들의 방법을 정당화할 수 있기 때문이 아니라 우리가 그들의 권위를 받아들였기 때문이다.

---

8   또는 다음과 같은 다른 방식으로 말할 수도 있다. 만일 우리가 우리 자신이 영감을 받았다고 확신한다면, 우리는 우리의 선언의 권위를 해석학을 통해 텍스트로부터 도출해낼 필요가 없다. 우리는 단지 "주께서 이렇게 말씀하신다"로써 우리의 결론을 뒷받침하기만 하면 된다. 이 경우 성경 자료의 인용은 예컨대 단테나 밀턴이 성경을 인용한 데서 볼 수 있는 것과 같이 창의적 또는 심미적 보충으로 축소될 것이다. 물론 바울이나 예수 등이 언제나 단순히 창의적이기만 한 것은 아니다(비록 그들이 때로는 창의적이지만 말이다). 그러나 그들은 창의적이지 않을 때에는 자신의 시대에 이해된 최고의 해석학적 원칙들을 사용한다. 그러므로 그들을 모방하려면 우리 역시 우리 시대에 이해된 최고의 해석학적 원칙들을 사용해야 한다.

성경 텍스트는 결코 해석 방법을 보여주면서 우리에게 똑같이 행하라고 가르치지 않는다. 그러므로 예컨대 엠마오로 가는 길에서 예수는 "모든 성경에 쓴 바 자신에 관한 것을 자세히 설명했다"(눅 24:27). 누가는 예수가 그들에게 어떻게 그와 동일한 일을 행할 수 있는지 가르쳤다거나 그들에게 그렇게 하라고 권고했다고 말하지 않는다. 이러한 의미에서 우리는 텍스트가 우리에게 우주론을 제공하지 않는 것처럼 우리에게 해석학적 원칙들을 제공하지 않는다고 말할 수 있을 것이다. 마찬가지로 윤리적 원칙들과 관련하여 우리는 그 원칙들이 사용되고 있는 것을 관찰할 수 있지만 그렇다고 해서 그 원칙들이 보편적인 원칙이라는 뜻은 아니다. 우리는 이 점을 명제 19에서 더 논의할 것이다.

지금도 적실성이 있는 부분을 가려내기 위해
토라의 범주를 구분해서는 안 된다

명제 15의 서두에서 언급한 바와 같이 그리스도인들은 성전이 존재하지 않게 된 뒤로는 토라는 완전히 순종할 수 있는 것이 아니라는 문제를 오랫동안 인식해왔다. 제의는 더 이상 수행될 수 없다. 더욱이 토라에서 발견되는 진술 중 다수는 점차 모호하게 되거나 이제는 존재하지 않는 고대 세계의 맥락에 적용되는 것으로 인식되었다.

이 딜레마에 대처하기 위해 기독교의 토라 해석에서는 흔히 토라를 제의법/의식법, 사회법/시민법, 도덕법이라는 범주로 나눈다. 이 해석에서 제의법은 그리스도 안에서 성취되었기 때문에 더 이상 적실성이 없는 것으로 여겨졌고, 사회법은 이스라엘 사회에만 적용될 수 있는 것으로 여겨졌다. 그래서 도덕법(율법의 더 중대한 문제들)만 오늘날에도 여전히 우리에게 구속력이 있는 것으로 여겨졌다.[1] 이런 식으로 토라에 반영된 것으로 여겨지는 하나님의 도덕법은 이스라엘과 구약성경의 한계를 넘어서 계속 이어질 수 있다고 믿어졌다. 몇몇은 도덕법의 핵심이 십계명 안에 놓여 있다고 생각했다.

이 접근법에서는 즉각적으로 두 가지 문제가 발생한다. 첫 번째 문제

---

[1] 토마스 아퀴나스가 제안한 범주들에 대한 요약은 Michael Dauphinais and Matthew Levering, "Law in the Theology of St. Thomas Aquinas," in *The Ten Commandments: The Reciprocity of Faithfulness*, ed. William P. Brown (Louisville, KY: Westminster John Knox, 2004), 45-50을 보라. 토라를 적어도 두 부분으로 구분한 증거는 순교자 유스티누스, 오리게네스, 아우구스티누스와 같은 초기 저자들에게로 거슬러 올라간다. Harold G. Cunningham, "God's Law, 'General Equity' and the Westminster Confession of Faith," *Tyndale Bulletin* 58, no. 2 (2007): 289-312, 특히 292를 보라. Wayne G. Strickland, ed., *Five Views on Law and Gospel* (Grand Rapids: Zondervan, 1996)에서 다양한 관점이 제시되었다.

는 이 접근법이 토라를 법률로 취급한다는 것이다. 심지어 신약성경 시대에 이르러서는 문화적 인식들이 바뀌었는데도 유대인 학자들 및 그들과 상호작용하는 신약성경 저자들은 모두 토라를 법률적 측면에서 생각하고 있다(명제 15를 보라). 그러나 우리가 이전 장들에서 보여준 바와 같이 그것은 고대 이스라엘의 맥락에서 토라가 지닌 목적이 아니다. 토라에서 도덕법을 보존하려고 시도할 때에는 이미 토라의 초점이 법(규범적인 법률)뿐만 아니라 도덕이기도 하다는 결정이 내려진 것이다. 이 전제들은 구약성경의 맥락과 아귀가 맞지 않는다.

두 번째 문제는 토라 전체의 일관성과 온전성에 관한 것이다. 이스라엘 사람들은 그렇게 구별하고 그럼으로써 무엇이 타당하고 무엇이 그렇지 않은지 선택하는 것이 옳다고 생각하지 않았을 것이다. 예수나 신약성경의 저자들도 그렇게 생각하지 않았을 것이다.[2] 이와 대조적으로 토라는 전체가 질서와 관련이 있고, 그 질서가 유지되도록 지혜를 제공한다. 그 질서는 토라에서 식별되는 세 가지 범주를 모두 통합한다. 토라의 온전성과 일관성은 해체에 반대한다. 우리는 토라를 따라야 할 규칙들로서의 규범적인 법률로 생각할 때에만 그 문제에 직면한다. 본서의 핵심적인 주장은 토라 전체가 그것이 놓여 있는 문화와 관련해서 작동한다는 것이다. 토라는 법률 체계도 아니고 도덕 체계도 아니다. 더글라스 무는 심지어 1세기의 유대인들도 토라를 단일체로 생각했으며 따라서 범주들을 구분하지 않았다고 지적한다.[3]

---

2   VanGemeren에 대한 답변으로 Douglas J. Moo가 긍정함, *Five Views*, 85.

3   Greg L. Bahnsen, "The Theonomic Reformed Approach to Law and Gospel," in Strickland, *Five Views*, 167에 대한 Moo의 답변. "The Law of Christ as the Fulfillment of the Law of

그와 대조적으로 월터 카이저는 구약성경 자체에 어떤 우선순위가 있는 것으로 보인다고 언급함으로써 이 관점에 이의를 제기했다. 자신의 주장을 뒷받침하기 위해 그는 미가 6:6-8과 같은 구절들을 가리킨다.

> 내가 무엇을 가지고 여호와 앞에 나아가며 높으신 하나님께 경배할까?
> 내가 번제물로 일 년 된 송아지를 가지고 그 앞에 나아갈까?
> 여호와께서 천천의 숫양이나 만만의 강물 같은 기름을 기뻐하실까?…
> 사람아, 주께서 선한 것이 무엇임을 네게 보이셨나니,
> 여호와께서 네게 구하시는 것은 오직 정의를 행하며 인자를 사랑하며
> 겸손하게 네 하나님과 함께 행하는 것이 아니냐?

비슷한 주장들이 시편 51:16-17과 같은 시편 텍스트뿐만 아니라 사무엘상 15:22-23, 이사야 1:11-17, 예레미야 7:21-23에서 제시된다. 이 구절들로부터 그는 다음과 같이 결론을 내린다. "하나님의 도덕법은 그것이 하나님의 성품에 기초했다는 점에서 시민법과 제의법에 우선했다. 시민법과 제의법은 오직 도덕법을 추가로 예시하는 기능만 수행했다."[4]

우리는 이후의 장들(명제 22를 보라)에서 토라가 하나님의 도덕적 성품에 얼마만큼이나 기초를 두고 있다고 생각하는지를 논의하겠지만, 지금으로서는 카이저가 인용하는 구절들이 반드시 그가 주장하는 내용을

　Moses: A Modified Lutheran View," in Strickland, *Five Views*, 336-37에서 Moo의 더 긴 진술을 보라.

4　Walter J. Kaiser Jr., "The Law as God's Gracious Guidance for the Promotion of Holiness," in Strickland, *Five Views*, 189-90.

전달하는 것은 아니라는 점이 언급되어야 한다. 이 구절들은 단순히 기계적으로 제의를 수행한다고 해서 언약에 충실한 것이 아니라고 단언한다. 우리는 고대 근동의 주요 패러다임이 위대한 공생이었음을 상기할 것이다. 그 체계에서 제의의 수행은 신들의 필요를 충족시켰고, 그것이 백성의 종교적 의무의 전부였다. 위대한 공생은 고대 근동의 문화의 강에서 강력한 흐름이었고 이스라엘 사람들은 그것이 자연스러운 사고방식이며 채택하기 쉬운 틀이라는 것을 발견했다. 예언자들이 비판하는 행동은 공생 사상에 기초해서 신들이 적절히 양식을 공급받는 한 인간세계의 질서에 관심을 가지지 않는다는 가정에서 나온다. 고대 근동에서는 제의 체계와 사회가 실제로 그렇게 작동했던 반면 이스라엘에서 야웨는 신일 뿐만 아니라 종주였다. 따라서 야웨는 자신의 영역에서의 질서(또는 질서의 결여)가 왕으로서 그의 능력을 반영했기 때문에 그곳에서의 사회적 질서에 관심을 가졌다. 이 구절들 모두 언약에 충실(종주에 대한 충성을 수반함)하기 위해서는 제의의 수행(신들에게 양식을 공급하는 것)만으로는 불충분하다고 주장한다. 그것은 제의의 수행이 우선순위가 낮다는 의미가 아니라 제의 수행 자체만으로는 효과가 없다는 뜻이다. 언약 질서는 제의보다 훨씬 더 많은 것이 작동할 것을 요구하지만, 질서가 유지되기 위해서는 확실히 제의도 요구되었다. 이스라엘에서 제의들은 충성과 충실의 표현으로 바쳐진 조공을 의미했기 때문이다. 왕의 영역에서 조공을 바치지 않은 봉신은 질서를 유지하지 못한 봉신과 마찬가지로 조약을 위반한 것이었다.

요약하자면 율법은 범주들로 나눔으로써 율법이 오늘날 우리에게 어떤 가치가 있는지를 평가할 수 있는 것이 아니다.

토라와 이상적인 사회

토라는 제의법, 도덕법, 사회법의 범주들로 나눠질 수 없다. 토라 중 어느 한 부분을 신적 법률로 읽는다면, 우리는 토라 전부를 신적 법률로 읽어야 하며, 사회적 이상은 도덕적 이상과 동등한 위상을 지녀야 한다. 물론 몇몇 해석자들은 토라의 사회적 조항들을 아무튼 신적 이상으로 읽는 경향이 있다. 이 점에서 그리스도인들에게 비판을 퍼붓는 회의론자들은 흔히 토라를 비웃는다. 만일 토라가 고대 세계의 이교 숭배를 변혁했고 모든 사람이 사랑과 조화 가운데 번영할 수 있는 체계를 제공하는 하나님의 위대한 법이라면 왜 그것이 노예제도와 같은 결함이 있는 원시적인 제도, 강간의 용인(성읍에서, 신 22:23-24[성읍 안에서 일어난 강간은 규정되지 않았지만 법률에 처벌 조항이 없다면 처벌할 수 없다는 원칙을 적용할 경우 성읍 안에서 자행된 강간은 용인하는 결과가 초래된다—편집자 주]), 그리고 여성 혐오적인 가부장제의 제도화로 특징지어지는가? 그런 것들은 모두 자유와 평등에 대한 기본적인 사회적 감성들을 무시하는데 말이다. 비판자들이 그들의 주장을 조목조목 들이대면 그리스도인들은 종종 더듬거리며 야웨의 법이 그 당시의 다른 지역의 특징이었던 것보다 사람들을 더 잘 대우했다고 말한다. 그것이 사실이든 아니든 그것은 거의 위안이 되지 않으며—신자든 회의주의자든—누구의 마음속에서도 하나님이나 성경의 명성을 구해내지 못한다.

멀리는 순교자 유스티누스와 같은 많은 해석자가 에스겔 20:25-26에 대한 이해를 바탕으로 그 문제를 완화시키려고 시도했다. 거기서 예언자는 이스라엘의 반역과 불충실에 대한 응답으로 야웨가 "그들에게 선하지 못한 율례와 능히 지키지 못할 규례를 주었고 그들이 장자를 다 화제로 드리는 그 예물로 내가 그들을 더럽혔음은 그들을 멸망하게 하여 나를 여호와인 줄 알게 하려 하였음이라"고 보도한다. 한 가지 일반적인 접근법은 이 구절들을 사용하여 야웨가 이스라엘 백성에게 토라를 벌(몇몇 견해에 따르면 그들의 일반적인 믿음의 결여에 대한 벌이다: 다른 견해에 따르면 특히 금송아지 사건에 대한 벌이다[5])로서 주었다고 주장한다. 이레나이우스는 토라가 이스라엘 백성을 노예로 만들기 위하여 주어졌다고 주장했다.[6] 다른 사람들은 율법을 둘—생명을 가져오는 것과 죽음을 가져오는 것—로 나눴다. 그렇다면 그리스도의 사역을 통해 우리는 전자를 계승하고 후자로부터 해방된다. 그리고 어떤 사람들은 선한 법이었던 것이 이스라엘 백성의 불순종으로 말미암아 악한 법이 되었다고 주장한다.[7] 이런 방식으로 토라는 심지어 그것이 어떤 면에서 도덕과 사회를 위한 토대로 남아 있을 때조차 없어도 되는 것이 되었다.

에스겔 20장에서 어떤 것을 "좋다"고 부르는 것은 창세기 1장에서처럼 그것이 질서가 잡혀 있음을 나타낸다.[8] 어떤 것이 "좋지 않다"는 것은 그것이 질서를 만들어내지 않는다는 뜻이다(사람이 혼자 사는 것이 좋지 않다고 말하는 창 2:18을 주목하라). 우리는 에스겔이 토라에 관해서는 전혀 이야기하고 있지 않을 가능성이 있다고 생각한다. 그 구절은 '토라'라는

---

5   참조. Justin Martyr, *Dialogue with Trypho the Jew*, 18-21장.

6   Irenaeus, *Against Heresies*, 4.15.1.

7   이 요약은 Daniel I. Block, *The Book of Ezekiel, Chapters 1-24* (Grand Rapids: Eerdmans, 1997), 636-41에서의 면밀한 논의에 빚지고 있다.

8   이에 관한 논의는 John H. Walton, *Lost World of Adam and Eve: Genesis 2-3 and the Human Origins Debate* (Downers Grove, IL: IVP Academic, 2015, 『아담과 하와의 잃어버린 세계』, 새물결플러스 역간), 53-57을 보라.

단어를 사용하지 않는다. 그 구절이 이스라엘에 관한 하나님의 사법적 결정들을 가리킨다고 보는 것이 더 그럴듯하다. 그 결정들은 불충실한 이스라엘 사람들에게 호의적이지 않았고 그들에게 유리하게 이루어지지도 않았다. 그 결정들은 이스라엘에게 질서를 만들어내지 않았다. 하나님은 축복이 아니라 전쟁과 가뭄과 추방을 선포했다.[9] 그러나 동시에 구약성경 전체에서 비록 이스라엘 백성이 토라에 따르기 위해 분투하기는 했지만, 그들은 확실히 토라를 짐으로 여기지 않고 기쁨—야웨의 언약 및 그의 임재라는 선물들과 관련된 야웨의 선물—이라고 생각했다.

우리는 이전의 장들이 우리가 이 복잡한 문제들을 헤쳐 나가기 위한 토대를 놓았다는 것을 발견할 것이다. 우리는 먼저 가장 중요한 점으로서 토라가 다양한 환경에 자리 잡은 문서라는 점을 상기한다. 즉 토라는 고대 문화 안에 고착된 언약 협정이며, 이스라엘이 야웨의 임재를 맞이하는 호스트 역할을 하는 지리적-신학적 배경의 산물이다. 토라는 대체로 고대 근동에서 잘 알려진 질서와는 다른 질서를 장려하지 않았고 따라서 이상적인 사회 구조를 제공하지 않았다. 사실 질서의 후원자로서 야웨의 명성을 확립하는 것이 요점이었는데 이는 준수자들이 인식할 수 있었던 질서 개념을 사용함으로써만 이루어질 수 있었다. 토라는 이상적인 사회를 묘사하는 대신 어떻게 이스라엘 백성이 신과의 봉신 관계, 즉 야웨와의 언약 관계라는 비교적 독특한 맥락에서 그들의 문화의 질서 개념을 유지해야 하는지를 다뤘다. 그러한 질서는 유능하고 현명하고 공정한 세계 질서 관리자로서 주권자의 명성을 높인다. 그것은 고대의 인지

---

9   Block, *Book of Ezekiel, Chapters 1-24*, 640 역시 이를 지지한다.

환경의 경계 안에서 작동한다. 우리는 다수의 예를 살펴봄으로써 토라의 사회적 조항들이 어떻게 이스라엘의 인지적 맥락 안에 자리 잡고 있는지 이해할 수 있다. 그러한 예들을 살필 때 우리는 그들 주변의 특징적인 관행 중 이스라엘 백성이 저항하거나 포기해야 했던 것들이 존재했다는 점에 주목할 것이다. 그러나 금지된 그 관행들은 일반적으로 사회 내에서의 질서와 관련된 것이 아니라 사람들과 신들 간의 관계에서의 질서와 관련되었다.

결혼

토라는 사실상 고대 근동에서 발견되는 결혼제도와 동일하고 오늘날의 결혼제도와는 매우 달랐던 이스라엘의 결혼제도를 가정한다. 고대 세계에서 결혼은 (개인 사이의 관계보다) 주로 가문 사이의 관계를 확립하고 자손을 생산하는 것(다음 세대에게 정체성의 연속성을 제공하는 것)에 초점을 맞췄다. 물론 사람들은 서로 "사랑에 빠졌다." 그리고 때때로 그것은 중매 결혼의 기초가 될 수도 있었지만 사랑과 개인의 감정이 그 체계에 기본적인 것은 아니었다. 그 당시 그곳의 사람들은 개인적인 선택의 자유를 우선시하지 않았다. 자손이 그 제도의 성공에 필수적이었기 때문에 이혼은 종종 자녀를 낳지 못하는 것과 관련이 있었고 일부다처제는 자녀를 낳는 것을 확보하는 전략이었다. 일부다처제는 아이를 낳지 못하는 본처와의 관계(그리고 결혼을 통해 생성된 가문의 동맹)를 유지하면서 생식 능력이 있는 후처를 취할 수 있는 길을 제공했다. 그것은 출산 중 영아와 여성의 높은 사망률로 인한 부담을 완화하는 데도 도움이 되었다.

토라는 이 특별한 형태의 결혼제도를 가정한다. 토라는 그것을 비판

제5부 토라의 지속적인 중요성

하지도 않고 그것을 이상적인 제도로 제시하지도 않는다. 이런 결혼체계에서는 재화의 교환(혼인지참금과 신부 가격)은 가문 사이의 새로운 관계를 위한 거래의 일부였다. 혼인지참금(신부의 아버지가 신부에게 준다)은 남편이 사망하거나 아내를 버리거나 그녀와 이혼할 경우 아내에게 안전을 제공했다. 신부 가격(신랑이 신부의 아버지에게 준다)은 신부의 가족에게 노동력 상실을 보상했다. 우리는 이러한 교환이 여자가 구매될 수 있는 상품이었다는 신념을 반영했다고 생각할 수도 있겠지만, 그것은 오해일 것이다. 재화의 교환과 마찬가지로 남녀 모두 공동체 연합의 일부였다.

토라는 일부일처제를 장려하거나, 개인의 감정 및 관계에 초점을 맞추거나, 심지어 남편과 아내와 자녀의 역할과 관련하여 이상적인 가족이 어떠해야 하는가에 관하여 이야기함으로써 결혼제도의 변혁을 요구하지 않는다. 이스라엘과 야웨 사이의 언약 관계에서는 결혼제도에서의 온전성이 기대되었다. 그러나 이는 고대 근동의 다른 지역과 다르지 않았고 이미 그 세계에서 존재했던 대로의 결혼제도와 관련이 있었다. 정절은 자손의 부계(父系)를 보장했고 따라서 상속자의 정당성을 보장했다. 토지와 재화를 개인이 아닌 가족이 소유했기 때문에 이 정당성은 중요했다. 이스라엘이 하나님의 임재를 맞이하는 호스트 역할을 하는 하나님의 언약 백성이 되려면 그들은 고대 세계에서 인식된 대로의 질서 개념에 따라 결혼 및 가족 관계의 행동에서의 질서를 유지해야 했다.

경제

고대 세계의 다른 지역들과 마찬가지로 이스라엘은 농축산 경제로 분류될 수 있는 특별한 경제 체계를 가지고 있었다. 한 가족이 자신의 식량을 재배하고 자신의 양 떼와 소 떼를 길렀다. 이 체계는 오늘날 전 세계적으로 존재하는 시장 경제, 서비스 경제 또는 수요와 공급 시스템 같은 것이 아니었다. 토라가 이 체계를 반영한다고 해서 그 체계가 더 좋은 경제 체계라는 뜻이 아니며, 오늘날 일반적으로 유지될 수 있는 체계라는 뜻도 아니다. 그러한 체계들에서는 날씨의 패턴으로부터 사람들을 절연시킬 수 있는 것이 거의 없었다. 심지어 한 계절만 비가 적게 와도 그해의 식량 부족과 이듬해의 씨앗 부족이 초래될 수 있었다. 생명을 위협할 수도 있는 이러한 패턴을 극복하는 전략 중 하나는 채무 노예라 불리는 것이었다. 그것은 궁핍한 사람들에게 흉년에 살아남는 수단을 제공했기 때문에 기아에 대한 대안이었다.

오늘날 40% 이상의 종합 과세율이 적용되는 미국인들은 사실상 한 해의 40% 동안 정부를 위하여 무상으로 일한다. 많은 사람이 빚을 내서 그들이 필요로 하거나 원하는 물품을 사는데, 그들은 한 해의 또 다른 기간을 은행 빚을 갚기 위하여 일한다. 학자금 대출을 받은 사람들은 여러 해 동안 일하면서 채권자들에게 그 돈을 갚는다. 돈을 벌어서 그 돈을 채권자에게 넘겨주든(우리의 경제 체계) 빚을 지고 있는 사람들을 위하여 무상으로 일하든(고대의 경제 체계) 별로 차이가 없다. 우리가 고대 세계의 노예제도의 해악에 관하여 거드름 피우면서 이야기하는 것은 별로 정당하지 않다. 더욱이 현대의 채무자와는 대조적으로 노예들이 도제 계약을 맺은 하인들(indentured servants)과 더 유사했던 고대 세계의 채무 노예제도는 미국의 초기 역사에서 인종적 지배에서 유래한 노예제도와 유사성이 거의 없다.

우리는 그 경제 체계를 판단할 처지에 있지도 않으면서 그것에 관해

제5부 토라의 지속적인 중요성

비판적이다. 동시에 우리는 토라가 그들의 경제 체계를 좀 더 하나님을 반영하는 무언가로 변혁시키려고 노력하지 않았다는 사실을 인정한다. 이상적인 경제 체계는 없다. 사람들은 항상 어떤 체계라도 그것을 부패시키고 그것을 통해 다른 사람들을 학대할 방법을 찾아낼 것이기 때문이다. 어떤 체계라도 고결하게 작동할 수도 있고 억압적이거나 포학스럽게 사용될 수도 있다. 토라는 하나님의 백성은 자신의 세계에서 작동 중인 체계를 통해 사람들을 학대해서는 안 된다고 주장했다. 성경은 우리에게 농축산 경제로 돌아가라고 요구하지 않으며 이스라엘 백성에게 채무 노예제도를 폐지하라고 요구하지도 않았다.

정치 체제

우리는 고대 세계에 관한 글을 많이 읽지 않아도 지배적인 정치 체제가 군주제였다는 것을 알 수 있다. 이스라엘은 초기에는 군주제가 아니라 부족 통치 체제(비록 제사장들도 어느 정도의 통치 역할도 수행했지만)를 갖고 있었지만 하나님은 궁극적으로 군주제를 만들었다. 토라는 군주제를 요구하지 않고 그것을 허용한다. 그러나 토라는 오늘날 그것의 명백한 결점들에도 불구하고 가장 좋은 정치 체제로 칭송되고 있는 민주주의의 가치(merit)를 고려하지 않는다.

오늘날 우리는 인간 자체가 본질적으로 선하다고 믿기 때문에 선과 악을 제도상의 세부적인 구조에 두려는 경향이 있다. 따라서 예컨대 우리는 민주주의가 아닌 체제를 본질상 불의하고 불공정한 체제로 간주하기 때문에, 우리에게는 민주주의가 아닌 체제에서 의와 정의를 실행하는 것은 모순적이다. 사람들이 야웨가 민주주의를 확립하지 않은 데 대해 우려하는(또는 그가 민주주의 체제를 수립하기라도 한 것처럼 대응할 필요를 느끼는) 이유는 그들이 (아마도 무의식적으로) 민주주의가 아닌 형태로는 공정한 사회가 조금도 존재할 수 없다고 믿기 때문이다.

우리는 토라가 민주주의를 제도화하지 않았다고 해서 토라를 무시해서도 안 되고, "성경적" 정치 체제를 선호한 나머지 민주주의를 버려서도 안 된다. 토라는 더 좋은 또는 이상적인 정치 체제 설립을 떠맡지 않는다. 하나님은 결국 왕을 통해 일할지라도 토라는 왕권에 대해 중립을 유지한다(신 17:14-20). 토라가 정치 체제에 관해 거의 말하지 않는다는 점으로 미루어 우리는 토라의 목적이 이상적으로 조직된 사회를 제시하는 것이 아님을 인식한다. 조직된 사회는 모종의 정치 체제를 요구하는데, 토라는 정치 체제를 포함하지 않는다. 이것은 법적인 지혜 장르의 적용 범위가 제한적이라는 점을 보여주는 또 다른 예다(명제 5를 보라).

사회적 지위와 계층

모든 사회는—그 구조가 부, 권력, 교육, 가족 관계 또는 직업 어느 것에 기초하든—구조를 지니고 있다. 모든 사람을 동등한 가치가 있는 것으로 여기겠다는 (이론적인) 약속과 관계없이 사회에는 계급이 있고, 계급에는 특권이 있다. 설사 차별이 생기지 않는 사회를 만들 수 있다 할지라도 토라는 그러한 사회를 만들려고 하지 않는다. 토라와 이스라엘 사회에서 명백히 볼 수 있는 지위와 계층은 그들의 주변 세계와 눈에 띄게 다르지 않으며, 이상적인 것으로 제시되지 않는다. 구조화된 사회는 각 사람이 가족, 부족, 공동체, 민족의 선(善)을 위하여 자신의 역할을 담당하는 질서정연한 사회였다.

고대 세계는 가부장적 세계였고 따라서 토라가 가부장적 패러다임을 반영한다는 것은 놀랄 일이 아니다. 그렇다고 해서 토라가 가부장적 패러다임을 모든 장소 및 모든 시대를 살아가는 모든 사람을 위한 하나님의 뜻으로 인정한다는 뜻은 아니다. 우리가 논의 중인 다른 측면들에서와 마찬가지로 이 점에서 토라는 기술적(記述的)이다. 따라서 우리는 상호보완적이지만 상반된 반응들을 피해야 한다. 우리는 토라가 가부장제를 용인한 것을 비판하지 않아야 하며, 오늘날 그것을 시행하거나 모방하려고 하지도 말아야 한다. 두 극단은 토라에 대해 잘못 이해하는 것이다.

국제 관계, 전쟁 및 외교

오늘날 우리는 "정당한 전쟁"에 대하여 말하며, 전쟁의 목적과 전쟁이 어떻게 수행되어야 하는지 그리고 전쟁의 위협과 전쟁의 목표가 국제 관계에서 어떤 역할을 하는지를 결정하는 기준을 발전시켜왔다. 이 문제들에 대한 지침을 얻기 위해 토라를 찾아보는 사람들은 종종 실망한다. 전쟁은 결코 정당화될 수 없다고 생각하는 사람들은 토라가 심지어 전쟁을 허용하는 것에 당황한다. 그러나 전쟁의 필요성에 대해 확신하는 사람들조차도 신명기 20장과 같은 구절들에서 거의 지침을 발견하지 못한다.

우리는 다시금 토라에 수록된 전쟁에 관한 논의가 고대 근동의 다른 지역에서 발견할 수 있는 것과 크게 다르지 않다는 것을 발견한다. 고대 세계에서 전쟁은 평화의 반대로 여겨지지 않았다. 그것은 침입해오는 무질서에 대한 반응으로 여겨졌다. 전쟁은 개인의 삶과 심지어 공동체 전체에 무질서를 가져왔지만, (그들이 생각하기에) 신들이 요구한 질서를 세상에 가져다준다는 점에 근거해서 정당화되었다. 이것은 전쟁이 규정된 한계와 규칙에 따라 특별한 방식으로 수행되는 한 그것은 더 큰 악을 막는 악이라고 보는 현대의 보편적인 개념과 다르지 않다. 고대인들은 더 큰 무질서를 막는 전쟁을 수행하는 질서 정연한 방식을 지니고 있었다. 전쟁을 질서 있게 수행하는 방법 중 일부는 신들의 지지와 승인을 확보하는 것이었다. 전쟁에 신적 정당화가 주어졌다.

우리는 그러한 관점이 다양한 방식으로 남용되어 온갖 종류의 압제에 대한 선전을 만들어낸 것을 볼 수 있다. 토라는 남용을 막을 전쟁 이론이나 항상 모든 당사자에게 최선이 될 전쟁 이론을 제공하지 않는다. 이상적인 전쟁 이론은 존재하지 않으며 토라가 그 기준으로 평가되어서는 안 된다.

외교와 국제 관계

마찬가지로 우리는 성경에서 국제 관계에 종사하는 방법에 대한 보편적인 지침을 얻을 수 없다. 사실 토라는 국제 관계에 관하여 거의 말하지 않는다(비록 내러티브 문학에 이스라엘의 관행이 명백하게 나타나지만 말이다). 토라가 그러한 주제에 관하여 거의 말하지 않는다는 사실도 토라가 사회 체제에 대한 포괄적인 지침을 제공하지 않음을 암시한다. 그러한 설명의 부재는 토라가 보편적으로 사회의 형태를 제공하기에는 부적절하다는 점을 보여준다.

그럼에도 불구하고 이 범주에는 고대 세계의 일반적인 관행과 야웨가 토라에서 요구하는 것 간에 차이가 존재한다. 위의 결혼에 관한 논의에서 결혼은 주로 가문 사이의 동맹이라는 점이 지적되었다. 그렇다

제5부 토라의 지속적인 중요성

면 국제적인 동맹들 역시 정치적인 동맹들도 당사자들 사이의 결혼을 통해 확립되었다 해도 놀라운 일이 아니다. 이러한 결혼은 순수하게 외교적이었고 현대 서구 세계에서 결혼이 수행하는 역할 중 어떤 역할도 수행하지 않았다. 흥미롭게도 우리는 왕권에 관한 토라의 기술에서 왕이 많은 아내를 취하면 안 된다는 조항이 있음을 발견한다(신 17:17). 왕실의 일부다처제는 국제 조약에 필수적이었으며 또한 왕의 힘을 과시했다. 이스라엘의 왕에게 이 관행을 금지했다고 해서 그것이 일부일처제의 이상을 나타내는 것은 아니다. 왕에게 많은 아내를 두지 못하게 하는 이유가 텍스트에서 주어진다("그의 마음이 미혹되게 하지 말 것이며"). 그런 관행은 그들의 종주인 야웨와의 언약에 대한 이스라엘 민족의 충성에 해로우므로 (솔로몬과 아합이 특히 이와 관련된 본보기다) 이스라엘은 이런 식으로 고대 세계의 표준적 행동이었던 관행에 저항하도록 요구받는다. 종주가 그의 봉신들이 맺어도 되는 정치적 동맹들의 종류를 제한하는 것은 드문 일이 아니다. 그 땅 밖의 민족들과 조약을 맺는 것은 허용되는 반면 다른 신들에게 돌아서는 것은 종주에게 바쳐야 할 배타적인 충성을 위반하는 것이며 (정치적) 반역이 된다. 그러므로 그것은 사회 질서나 도덕 질서가 아니라 언약 질서에 의해서 동기가 부여된다.

인간성 존중

우리는 이미 사회 계층에 대해 논의했고, 노예와 여성의 역할을 간접적으로 언급했다. 많은 사람이 토라를 읽고서 그것이 인간성을 존중하거나 시민의 권리나 개인적 자유를 보호하지 못한다—이 문제들은 미국적 가치에서 높은 위치를 차지한다—는 인상을 받는다. 그러나 미국의 가치체계는 고대의 가치체계와 다르다. 토라는 "성경적" 가치체계를 전달하려고 하지 않는다. 토라는 진실하게 행사된 고대의 가치체계를 반영한다. 고대 세계에서 인간 존중은 오늘날과 동일한 요구사항들을 수반하지 않는다. 고대 사회는 공동체 안에서의 질서 및 구조를 보존하는 것에 더 관심이 있었는데 그것은 모든 사람을 제자리에 두는 것을 의미했다. 우리는 우리의 방식들이 더 좋다고 생각할 수 있는데—고대 세계가 그렇게 생각했을 것 같지는 않지만—아마도 어떤 면에서는 그럴 것이다. 그러나 그것은 요점이 아니다. 토라는 이스라엘 사람들에게 그들이 자신들의 세계, 자신들의 체계, 야웨와의 언약 관계 안에서 그들의 문화적 가치들을 반영하고, 그 과정에서 "민족들이 보는 앞에서"(레 26:45) 야웨의 명성을 호의적으로 반영할 수 있는 몇몇 방법들을 말해준다. 이는 현대의 개인주의와는 일치하지 않으며, 인간 전체가 하나님의 형상으로 지어졌다는 그들의 개념 및 언약 공동체 안에서 사회 구조의 온전성을 유지하는 것의 중요성과 관련이 있다.

고대 사회에서 공동체 안에서의 질서와 안정은 개인의 자유보다 우선한다. 오늘날 혼잡한 극장에서 누군가가 "불이야!"하고 외칠 표현의 자유를 행사하지 못하게 할 때 우리는 동일한 원리를 인지한다. 우리는 그러한 금지를 극단적인 상황으로 제한하는 반면에 고대 세계에서는 공동체의 안정을 위해 개인의 자유가 더 많은 방식으로 제한되었다. 여기서도 사회마다 우선순위를 다르게 정할 것이고, 성경은 어느 쪽이 옳다거나 그르다고 말하지 않는다. 토라는 단순히 고대 근동의 문화의 강이 유지했던 우선순위 안에서 작동한다.

과세

고대 세계의 경제에서는 돈이 아니라 재화 및 서비스의 교환이 화폐 역할을 했다. 은이 교환수단으로 사용되었지만 주화는 페르시아 시대에 이르러서야 주조되었다. 과세는 재화 및 서비스 경제 체계 안에서 작동했다. 정부나 성전은 수확물에서 곡물을, 가축 떼에서 동물을 또는 무급 노동인 부역 형태의 서비스를 부과함으로써 세금을 받았다. 이것이 고대의 농축산 경제에서 가능했던 조세의 유일한 형태였다. 토라는 정부의 과세에 대한 제한에 관하여 이야기하지 않으며, 정부가 받은 것을 어떻게 사용해야 하는지를 논하지도 않는다. 토라가 왕이 말을 많이 두는 것을 금한 것은(신 17:16) 왕에게 군사력에 의존하지 말도록 권고한 것이다. 봉신들은 그들의 지속적인 충성을 보증하기 위하여 종주의 군사적 지원에 의존하게 되어 있었고, 경건한 왕들은 군사적 승리를 자기 군대의 힘이 아니라 그들의 신들의 지원에 의존해야 했다. 『쿠타의 나람수엔 전설』(*Cuthean Legend of Naram-Suen*)에서 바빌로니아 왕은 신들의 동의를 받지 않고 자신의 힘으로 적들을 물리치려고 시도한 후 그 신들로부터 징계를 받는다. 그러므로 이스라엘의 왕에게는 (이론상) 경건한 통치자이자 충성스러운 봉신으로서 자신의 군사력에 너무 많은 비중을 두지 말아야 할 두 가지 이유가 있다. 동시에 왕의 군사력은 그의 신들의 힘과 은총을 나타내는 역할을 한다. 솔로몬의 전차는 열왕기상 4:26에서 자랑스럽게 이야기되고 있다. 너무 강한 군사력에 대한 금지는 방위비용에 대한 원칙을 제공하지 않는다.

토지 소유 및 권리

고대 세계의 다른 지역에서와 마찬가지로 고대 이스라엘에서 사람들은 토지 소유에 대해 오늘날 우리가 가지고 있는 것과 똑같은 견해를 지니지 않았다. 땅은 신들에게 속했고 왕을 통해 관리되었지만 주요 권리들은 (개인에 의한 소유와는 대조적으로) 씨족과 가족에게 주어졌다. 토라의 많은 조항(경계를 표시하는 돌의 이동 금지 같은 조항)과 구약성경의 내러티브(예컨대 나봇과 아합 및 이세벨 간의 갈등, 왕상 21장)에 복합적인 균형이 반영되어 있다. 토라가 고대 세계에 존재했던 토지에 대한 재산권을 증진하는 것으로 보일 수도 있지만 토라는 앗아갈 수 없는 재산권을 이해하는 적절한 방법에 관해 의견을 제공하지 않는다.

범죄와 형벌

범죄와 형벌에 관한 토라의 견해(눈에는 눈, 반항적인 아들을 죽이는 것, 다양한 성범죄에 대한 사형)를 비판하는 사람들이 있는 반면에 토라가 범죄와 형벌이 어떻게 보여야 하는지에 관한 하나님의 견해(예컨대 사형과 관련하여)를 제시한다는 전제에 기초한 이데올로기를 보급하는 사람들도 있다. 이 영역에서 토라의 입장은 앞의 단락들에서 잘 확립된 양상을 따른다. 즉 토라는 고대 세계에서 무엇이 정의를 나타내는 것으로 여겨졌는지를 기술한다. 몇몇 경우에 우리는 토라가 고대 세계에서 널리 인정되던 관행을 개선했다고 생각할 수 있다(예컨대 부모의 범죄로 인해 자녀들이 처벌받지 않는 것).[10] 반면에 고대 근동의 형벌들이 더 관대하고 우리가 생각하기에

---

10 이것은 고대 근동 자료에서 명백한, 만일 어떤 사람이 누군가의 아들을 죽이면 그(녀)의 아

더 합리적인 경우도 있다. 예컨대 습관적으로 들이받는 소가 사람을 공격하여 죽인 경우 에쉬눈나 법조문과 함무라비 법조문은 피해자의 유족들에게 변상할 것을 요구한다. 우리는 그것이 합리적이라고 생각할 것이다. 그와 대조적으로 토라에서는 소 주인이 사형에 처해져야 했다(출 21:29).

다른 범주들에서와 마찬가지로 토라는 우리가 더 중요한 문제로 생각하는 사안에 관하여 거의 말하지 않는다. 예컨대 범죄자들에 대한 전략 또는 개선책으로서의 감금이나 범죄자의 재활을 확보하는 방법에 관하여 아무것도 말하지 않는다.[11] 이런 사안들은 고대 근동에서는 문제가 되지 않았다. 기원전 제2천년기 초기 고대 근동의 감옥에 관해 언급한 기록이 있기는 하지만 고대 세계의 감옥에 관해 알려진 바는 거의 없다.[12] 사람들은 재판이나 사형집행을 기다릴 때 투옥되었다. 일단 재판을 받으면 그들은 태형, 벌금, 추방 또는 처형 등 형벌에 관한 지시와 함께 풀려났다. 국가는 생명 유지를 위한 최소한의 양식 외에 투옥된 사람들을 돌보지 않았다. 이것이 특히 신약성경에서 투옥된 자들을 돌보라고 강조한 이유 중 하나다(렘 38장에서 구덩이에 갇혔던 예레미야를 보라). 재판 후 형벌의 한 형태로서 국가의 비용으로 수개월에서 수년 동안 사람을 가둬서 사회로부터 격리시키는 것(우리의 감옥 개념)은 고대 세계에서는 발견되지 않는다. 감옥은 범죄자를 투옥시키기보다 채무자나 정치적 경쟁자를 투

들의 생명이 취해질 것이라는 관행을 반영한다. 토라는 부모가 범한 죄로 인하여 자녀가 부모와 함께 고통을 당하지 않는다는 것을 암시하지 않는다. 대신에 토라는 자녀가 부모 **대신** 벌을 받아서는 안 된다고 말한다. 자녀가 부모 대신 벌을 받는 것은 고대 세계에서 입증된 관행이다.

11   Christopher D. Marshall, *Beyond Retribution: A New Testament Vision for Justice, Crime, and Punishment* (Grand Rapids: Eerdmans, 2001).
12   Raymond Westbrook, *A History of Ancient Near Eastern Law* (Leiden: Brill, 2003), 2:967.

옥시키는 경우가 더 흔했다. 이것은 고대 세계의 **죄수**라는 단어에 매우 다른 의미를 부여한다. 그러므로 현대 세계에서 마주치는 상황을 토라가 다루지 않기 때문에 우리는 토라로부터 이 문제들에 관한 원칙을 도출할 수 없다.

따라서 우리는 토라를 사용해서 사형에 대한 찬반론에 관해서나 무엇이 사형에 처할 범죄로 여겨져야 하는가에 관해서 이야기할 수 없다. 고대 세계에서 사형은 좋든 나쁘든 기정사실이었다. 실제로 정의를 집행하는 데 있어서 '국가'의 역할은 오늘날 국가의 역할보다 훨씬 작았다. 고대 사회에는 우리 사회에 존재하는 대안(예컨대 장기 수감을 위한 교도소)이 없었다. 예컨대 피해자의 가족이 정의를 수행하는 피의 복수자 관행에서 볼 수 있듯이 그들에게는 자경주의(自警主義, vigilantism) 원칙이 일리가 있었다. 더욱이 그들에게는 오늘날 그 모든 장단점을 이용할 수 있는 과학 수사 기법이 없었다. 그들의 사법 체계는 증인들이 증언할 때 맹세하는 것에 기초하고 있었다. 마지막으로 현대의 법률 체계에서 본질적인 권리들(예컨대 배심원에 의한 심리)은 고대 세계에서는 인정되지 않았다. 우리가 도출할 수 있는 원칙들은 고대인들의 사고방식과 관련해서만 타당하다.

몇몇은 토라가 사형을 허용하기 때문에 사형은 하나님께 혐오스럽거나 하나님의 도덕적 성품과 상반되는 것이 아니라는 태도로 그 문제에 접근한다. 확실히 하나님이 어느 시점에 명령한 것이 본질적으로 그의 성품이나 본성과 상반될 수는 없다. 그러나 이 주장은 토라가 하나님의 성품을 반영하고 있다거나 그것으로부터 유래했다고 가정하기 때문에 여전히 요점을 놓치고 있다. 명제 21에서 우리는 이 패러다임이 유지될 수 없다고 주장할 것이다.

우리는 토라에 근거하여 사형이 하나님께 용납될 수 있는지 그렇지 않은지를 결론지을 수 없다. 토라는 사형이 합법적으로 의지할 수 있는 조치로 여겨질 때 그것이 어떻게 사회 안으로 통합되는지(증인의 수, 도피성)를 반영한다. 고대 세계의 질서는 그리고 심지어 언약 질서는 사형을 사용했다. 그러나 그렇다고 해서 그 사실이 사회와 형사제도를 구조화하거나 하나님의 본성을 이해하기 위한 모종의 보편적 지침을 제공하는 것은 아니다. 언약 질서는 고대 세계의 인식에 따라서 야웨의 명성을 높이는 방법에 관한 것이다.

성 윤리

성 윤리가 현대 서구의 사고에서 매우 중요한 논의의 주제가 되었기 때문에 토라의 이 측면은 비판의 표적으로서나 "성경적" 입장의 정당화로서 논쟁의 온상이 되었다. 토라에서 다양한 조항들을 만날 때 우리는 토라가 절대적 도덕이나 이상적인 사고방식이 아니라 질서에 대한 특정한 이해를 증진하게끔 고안되었음을 상기해야 한다. 토라의 성 윤리 대다수는 고대 세계 전역에서 무엇이 질서를 가져오는 것으로 인식되었는가와 관련이 있었다.[13] 이 질서는 그러한 행위를 통해 출생한 아이들의 친자관계가 위험에 빠질 수 있으므로 결혼 관계 밖에서든 안에서든 통제되지 않는 성관계뿐만 아니라 근친상간도 금지했다. 결혼과 자녀는 씨족 관계와 관련이 있으므로 친자관계는 중요한 관심사였다. 일부다처제

---

13 흥미롭게도 창세기에서 족장들이 그중 일부를 위반하는 사건이 등장하지만 우리는 족장들이 완벽한 질서의 모델로 제시되지 않는다는 점도 기억해야 한다.

는 선택사항이었는데 그것은 또한 남성의 난잡한 성행위에 억제책을 제공했다. 만일 유부남이 결혼하지 않은 여성과 성관계를 맺으면 그는 그녀를 또 다른 아내로 취해야 했는데 그 조치는 그의 자원에 무거운 부담을 지울 것이다. 이 조항들은 모두 (고대) 이스라엘의—씨족 동맹으로 인식된—중매결혼 제도에서 이해되었던 질서를 유지했다. 우리가 유사한 이념들(난잡한 성행위를 금하는 것과 결혼 관계에서 충실을 요구하는 것)을 채택할 수 있지만, 현대 서구 문화에서 결혼 제도의 양태가 근본적으로 다르므로 고대 이스라엘에게 적용되었던 것과 똑같은 원칙들이 적용되지는 않는다. 성 윤리에서도 앞에서와 동일한 결론이 도출된다. 우리의 관행들이 때때로 똑같아 보일 수도 있지만 그 관행들이 존재하는 이유는 다르다.

동성애와 같은 문제들 및 이와 관련된 성 정체성이나 성 역할의 문제들에 관해 우리는 어떤 입장을 취해야 하는가? 우리는 마치 오늘날의 특정 입장이 도덕적 절대 원칙이나 보편적 명령 위에 세워지기라도 한 것처럼 토라에서 순진하게 문장들을 추출하여 그 입장을 입증할 "성경적 원칙"으로 삼는 것을 경계해야 한다. 우리는 명제 21에서 이 문제를 좀 더 집중적으로 살필 것이다. 고대 세계의 성 윤리는 고대의 세계관에서 질서를 구성한 것, 즉 모든 사람은 그들의 행위를 자신의 역할과 관련된 기대에 순응시킨다는 전제 위에 세워졌다. 우리는 질서가 문화에 따라 다르게 생각될 수 있고 역할이 종종 재구성될 수 있음을 인정한다. 실제로 질서가 어떻게 정의되든지 사회마다 질서 일반에 부여하는 가치가 다를 수 있다.

비즈니스

고대 세계에서 발견된 문서 중 상당수가 비즈니스(계약, 물품 명세서, 영수증 등)와 관련이 있다. 최초의 기록은 사업상의 필요를 염두에 두고 발달했고 기록은 이 목적을 위하여 가장 자주 사용되었다. 다른 범주의 문헌 대다수는 구전 전통에서 보존되었고 주로 필경사가 기록했다.[14] 고대 근동 전역에서와 마찬가지로 토라에서 정의는 공정한 비즈니스 관행(정확한 무게, 이자 부과 등)을 통해 유지되었다. 우리는 토라와 고대 근동 문서에 나타난 이 관행들을 묘사하며 그것들을 비교하고 평가할 수 있지만 그것들은 우리의 현대 서구 사회—점점 더 서비스 지향적으로 되는 시장 경제—와는 매우 다른 사회를 반영한다. 토라는 비즈니스 관행에 있어서 우리의 현대 세계보다는 고대 세계의 다른 지역들과 훨씬 더 가깝다.[15]

외부인들과의 관계

고대 세계에서는 사회의 모든 측면에서 외부인의 지위 대(對) 내부인의 지위에 대한 강한 의식이 뚜렷이 드러난다. 외부인들과의 전쟁, 외부인들과의 사회적 관계, 그들 가운데서 거주하는 외부인들(히브리어 *gērîm*)과의 상호작용 그리고 외부인들과의 결혼(족외혼)은 모두 논의의 주제들이며, 씨족 또는 민족 정체성 보존에 높은 가치가 부여된 문화에서 매우 중요

---

14 듣기가 지배적인 문화에서 기록의 사용에 관한 더 많은 정보는 John H. Walton and D. Brent Sandy, *The Lost World of Scripture: Ancient Literary Culture and Biblical Authority*(Downers Grove, IL: IVP Academic, 2013)를 보라.

15 우리가 논의한 많은 다른 범주들에서와 마찬가지로 이 점에서 특정 관행을 설명하고 비교하고 평가하는 추가 정보는 다음 문헌들에서 찾아볼 수 있다. Westbrook, *History of Ancient Near Eastern Law*; 그리고 in *Raymond Westbrook and Bruce Wells, Everyday Law in Biblical Israel: An Introduction* (Louisville, KY: Westminster John Knox, 2009).

하게 여겨진다. 이스라엘 사람들이 고대 근동의 다른 지역보다 외부인들에게 더 개방적이거나 더 관대했는지(또는 덜 그랬는지)를 우리가 알아낼 수 있는지는 별로 중요하지 않다. 그런 차이들은 사회에서 질서가 어떻게 유지되어야 하는지에 대한 독특한 의식을 반영할 수 있지만, 더 중요한 점은 토라가 언약 질서를 강조한다는 것이다. 그러므로 토라는 외부인들이 어느 정도로 사회에서 내부인의 지위를 성취할 수 있느냐보다는 그들이 어느 정도로 야웨와의 언약 관계 안으로 편입될 수 있느냐를 다룬다. 우리는 이스라엘 사람들을 지배했고, 토라를 통해 증진하려고 했던 것과 똑같은 종류의 언약 관계 속에 있지 않기 때문에 토라에서 예시된 원칙에 의존할 수 없다. 고대 이스라엘은 우리가 그 용어에 대해 생각하는 민족국가—합법적인 시민들이 확립된 권위에 신세를 지고 있는 지정학적 단위—가 아니었다. 그 대신에 이스라엘은 민족학상의 이스라엘 사람들뿐만 아니라 그 영토에서 거주하고 있는 모든 사람으로부터 특정한 질서의 기준이 기대되었던 지리적 영토("단에서부터 브엘세바까지", 예컨대 삿 20:1)였다. 예컨대 레위기 24:22을 보라. "거류민에게든지 본토인에게든지 그 법을 동일하게 할 것은 나는 너희의 하나님 여호와임이니라." 초막절은 하나님이 야곱의 자손들을 위해 공급한 것을 기념하기 때문에 이스라엘 태생이 아닌 사람들은 초막절을 준수할 필요가 없다(레 23:42). 그리고 그 땅은 아브라함의 자손에게 주어졌기 때문에 갈렙과 그의 가족을 제외하고 이스라엘 태생이 아닌 사람들은 그 땅에서 토지를 소유할 수 없었다. 그러므로 외국인들은 그 땅 안에서 언약 질서를 지킬 것으로 기대되었지만, 이스라엘과 맺은 언약에 완전히 참여하지는 못했다. 그런 조항들은 고대 세계의 관심사뿐만 아니라 언약의 본질을 반영한다. 그 조항들은 모든 시대의 모든 사람을 위한 보편적인 도덕적 원칙들로서 주어진 것이 아니며 우리에게 오늘날의 복잡한 이민 문제를 해결할 수 있는 도움을 주지 않을 것이다.

공동체 내에서의 관계

토라의 많은 조항은 가난한 사람, 과부, 고아를 돌보라는 단언들을 포함한다. 고대 근동에서 그런 관심사는 널리 퍼져 있었고, 사회에서 질서를 확립하고 유지한다는 것이 무엇을 의미했는지에 관한 본질적인 측면이었다. 각 사람은 공동체 내에서 역할과 지위를 가지고 있었고 이러한 취약 계층이 공급과 보호를 받을 때 공동체 내에서의 질서가 강화되고 유지되었다. 그런 단언들의 목표를 각 개인의 존엄성 및 "행복을 추구할" 권리에 관한 현대의 관심사와 관련지어 평가하기는 어려울 것이다. 개인의 번영이 아니라 공동체의 질서가 그런 관심사의 주된 목적이었다. 이스라엘은 이 점에서 그들의 이웃과 달랐다고 주장하려면, 우리는 토라가 공동체 내에서의 언약 질서의 중요성에 관심을 기울이는 외에 개인의 번영도 중요하게 여긴다는 점을 입증해야 할 것이다. 집단 정체성에 관한 진술로서 인간이 하나님의 형상으로 창조되었다는 단언(창 1:27) 자체는 토라가 인간성, 존엄성 또는 인간의 번영에 특별한 관심을 기울인다고 주장할 근거가 아니다. 어쨌거나 이 진술은 결코 그 텍스트에서 가난한 자들을 돌봐야 할 이유로서 제시된 것이 아니다.

결론

이 모든 논의로 미루어볼 때 토라를 오해한 사람—성경이 우리 자신의 개화된 견해와는 대조적으로 원시적이고 야만적인 사회 체계를 증진시킨다고 비판하는 사람, 토라가 모든 사람이 "하나님의 방식"으로서 따라야 하는 이상적인 사회 체계를 제시한다고 믿는 사람, 토라에 의해서 창조된 사회는 이상적이지는 않더라도 적어도 고대 근동의 현상에 비해 개선된 것이었다고 주장하는 사람, 심지어 토라의 몇몇 독립된 구절들이 하나님의 도덕적 또는 사회적 이상을 표현한다고 주장하는 사람—이 많다는 것이 확실하다. 이스라엘 사회 자체가 토라를 통해 변한 것이 거의 없었다는 것과 그 사회가 고대 세계의 다른 사회들과 크게 다르지 않았다는 것 또한 분명하다. 토라는 새로운 사회에 대한 계시가 아니다. 그것은 하나님의 선민이 어떻게 자기들이 동일시되었던 야웨의 이름을 잘 반영함으로써 하나님의 계획과 목적에 참여할 것으로 기대되었는지에 관한 계시였다. 토라는 그들이 그들 주변 나라들의 부러움의 대상이 되고 그들의 언약의 하나님이신 야웨께 영예를 갖다 줄 질서를 증진시키기 위해 그들이 살았던 사회의 백성으로서의 온전성을 요구했다.

토라는 결코 구원을 제공하도록
의도되지 않았다

그리스도인 성경 독자 대다수는 수 세기에 걸쳐 "율법"(law)을 신약성경의 논의 주제로 만났기 때문에 그들이 율법을 구원과 관련지어 생각한다는 것이 놀랄 일은 아니다(이 점이 소개된 명제 9를 보라). 히브리서 저자는 황소와 염소의 피가 결코 죄를 없앨 수 없다고 주장했으며(히 10:4), 바울은 우리가 행위에 의해서가 아니라 믿음을 통해 은혜로 구원받는다고 역설하면서(엡 2:8-9) 행위에 의존하여 의를 만들어 내는 것에 격렬하게 반대했다(롬 4:6; 11:6; 갈 3:1-14). 이 진술들 모두가 율법이 구원을 제공한다는 것을 부인하지만 그 진술들은 모두 율법(바울의 시대에 이해되었던 율법)을 구원과 관련시킨다.

오늘날 신약학자들은 기원후 1세기의 유대인들이 구원에 관하여, 그리고 구원에 있어 토라의 역할에 관하여 무엇을 믿었는지에 관하여 치열하게 논쟁 중이다. 그들은 바울이 그의 동료 유대인들을 부정확하게 풍자적으로 묘사하고 있거나 유대인들에 관해 잘못 말하고 있는지를 논의한다. 우리가 종교개혁 이후의 시각으로 바울을 읽고 있는지, 혹시 그 문제들을 오해하고 있는 것인지에 관한 의문들은 더 자주 제기된다. 이것은 '바울에 관한 새 관점'이라고 불리는 것을 둘러싼 복잡한 논의다.[1]

---

1 이 분야에 관련된 기념비적인 다음 문헌들을 보라. E. P. Sanders, *Paul and Palestinian Judaism* (Minneapolis: Fortress, 1977, 『바울과 팔레스타인 유대교』, 알맹e 역간); James D. G. Dunn, *Jesus, Paul and the Law* (Louisville, KY: Westminster John Knox, 1990); N. T. Wright, *What Saint Paul Really Said: Was Paul of Tarsus the Real Founder of Christianity?* (Grand Rapids: Eerdmans, 1997, 『톰 라이트 바울의 복음을 말하다』, 에클레시아북스 역간); idem, *Paul: In Fresh Perspective* (Minneapolis: Fortress, 2009, 『톰 라이트의 바울: 내러티브 관점에서 본 바울 신학』, 죠이선교회 역간); 그리고 idem, *Paul and the Faithfulness of God* (Minneapolis: Fortress, 2013, 『바울과 하나님의 신실하심(상,하)』, 크리스천다이제스

우리에게는 여기서 그 대화에 끼거나 그 논쟁을 해결하려고 시도할 의도가 없다. 1세기의 유대인들이 율법을 이해하는 다른 방식을 점진적으로 발전시켰는지는(명제 15를 보라) 또 다른 논쟁거리다. 바울 서신에서 우리가 토라에 대한 부정적인 평가를 발견하는 대목들은 1세기의 사람들이 토라를 어떻게 인식했는가에 근거한 것이지, 구약성경에서 토라가 무엇이었는가에 관한 비평에 근거한 것이 아니다.

우리의 연구에 중요한 점은 토라가 구약성경의 맥락에서 결코 천국에 가는 길이나 죄에 대한 형벌을 완전하고도 최종적으로 지불하는 방법을 제공하도록 의도되지 않았음을 이해하는 것이다. 토라는 결코 예수가 그의 죽음과 부활을 통해 성취한 일을 하도록 의도되지 않았다. 그러므로 토라는 실패한 접근방법이 아니라 야웨가 그것을 통해 의도한 바로 그 일을 했다. 우리가 그리스도인이 율법 아래 있지 않고 은혜 아래 있다고 말하는 것은 토라가 구원의 수단임을 성경이 부정한다는 뜻이 아니라(토라는 결코 구원의 수단으로서 의도된 적이 없다), 그리스도가 우리를 위하여 행한 일에 대한 성찰을 제공하는 것이다. 비유대인들은 토라가 그들에게 제공된 것이 아니기에 그것을 받아들일 수도 없고 거부할 수도 없다.

더욱이 오늘날 그리스도인들은 구약성경의 메타내러티브―그것의 큰 그림―가 구원 역사라고 배웠기 때문에 토라를 구원의 측면에서 생각하는 경향이 있다. 그들은 그 메타내러티브는 모두 자신의 타락한 백성에게 구속을 가져다주는 하나님에 관한 것이라고 생각한다. 구약성경이 그

트 역간). 이 세 명의 저자들이 일반적으로 한 그룹으로 분류되지만, 그들 서로 간에 상당한 의견 차이가 있다는 점 역시 언급되어야 한다. 따라서 새 관점을 획일적인 견해로 보아서는 안 된다.

런 메타내러티브를 가지고 있다고 생각한다면 우리는 토라가 결함이 있는 구원의 수단을 제시한다고 여길 수도 있다. 그러나 이 사고방식은 여러 면에서 문제가 있다.

첫 번째 고려사항은 방법론이어야 한다. 어떤 메타내러티브가 제안되기 위해서는 누가 그것을 통제하는지가 정해져야 한다. 성경의 모든 저자가 그것을 염두에 두고 의식적으로 그것을 향하여 글을 쓰는가? 그것은 마지막에 정경 형성 과정에서 부과되는가? 그것은 저자들 모르게 실행되는 하나님의 의도된 메타내러티브인가? 우리는 맥락 안에서의 텍스트를 가장 중요시하는 방법론을 추구해왔다. 그런 방법론에서는 정경 형성 과정의 끝에 부과되었거나, 초기 기독교 저자들의 사후의 깨달음(hindsight)에서 비롯되었거나, 또는 인간 저자들의 의도를 벗어나 하나님의 손에 의해 감독된 매타내러티브는 모두 성경의 권위가 저자의 의도―맥락 안에서의 텍스트―에 속박된다는 기준에 미치지 못할 것이다. 맥락 안에서의 텍스트 접근방식으로부터 유지될 수 있는 유일한 메타내러티브는 구약성경의 저자들이 알고 있었거나 알면서 장려했던 메타내러티브다(예컨대 여호수아, 사사기, 사무엘서, 열왕기를 통해 제시된 이스라엘 역사에 대한 메타내러티브 또는 창세기 12-50장에서 발견되는 이스라엘의 조상들에 대한 메타내러티브에서 발견되는 것과 같은 내러티브들). 본서의 앞부분에서 우리는 하나님의 임재라는 되풀이되는 주제를 제안했지만 그것은 메타내러티브가 아니다. 비록 구약성경의 저자 모두가 그것을 다룬 것은 아니고 그것을 다룬 저자 모두가 그것을 똑같은 방식으로 다룬 것은 아닐지라도, 그것은 다양한 저자들이 검토하는 주제다.[2] 맥락 안에서의 텍스트 접근방식에서는 모든 것을 아우르는 메타내러티브가 있을 수 없다. 마찬가지로 명제 16에서 논의된 바와 같이 "성경의 통일성" 또는 성경의 단일한 신적 저자 개념에서의 어떤 것도 텍스트가 단일한 이야기로 축소될 것을 요구하지 않는다.

둘째, 우리가 이 장의 나머지 부분에서 보여주려는 바와 같이 죄로부터의 구원은 구약성경에서 기대되는 것이 아니며, 따라서 구약성경의 결정적이고 중심적인 주제는 고사하고 주요 주제조차도 아니라는 점에서 구원 역사는 문제들에 부딪힌다. 우리가 신약성경의 죄로부터의 구원과 구약성경의 노예 또는 포로 상태로부터의 구원 사이의 관련성을 끌어내려고 시도한다면, 구약성경에 나타난 이런 위기들은 죄 문제와는 매우 다르므로 우리는 어려운 장애물들을 극복해야만 할 것이다.[3]

이러한 구속사적 해석이 정경 전체에 걸쳐 성경 텍스트의 일관성을 단언한다는 점에서 장점이 분명하지만 그렇게 함으로써 해석학적으로 어떤 희생이 초래되는가? 권위가 우리 자신의 창의성 밖에 있는 어떤 것으로 여겨지기 위해서는 그 해석이 적절한 해석학적 통제하에서 도출되

---

2   메타내러티브는 각각의 줄거리가 앞서 확립된 줄거리들을 기반으로 하는 선형 구조—때때로 기승전결이라고 불린다—를 가지고 있다. 보통 유발 사건(inciting incident, 구원 역사에서는 타락)은 절정(climax, 구원 역사에서는 십자가 처형)에 이르기까지 일련의 긴장(갈등)을 유발하며, 절정 뒤에는 결말로 이어지는 느슨한 끝맺음들이 따른다. 이와 대조적으로 반복되는 주제와 동기(motif)는 좀 더 중앙 집중적인 양상을 갖고 있다. 즉 동기나 주제의 모든 예는 동일한 대상을 가리키지만(때때로 강조점이나 목적이 달라진다) 서로를 가리키지는 않는다. 서로의 저술을 모르는 복수의 저자들이 같은 동기나 주제를 언급할 수는 있지만, 그들이 의도적으로 동일한 메타내러티브에 기여할 수는 없다.

3   좀 더 광범위한 논의는 John H. Walton, *Old Testament Theology for Christians: From Ancient Context to Enduring Belief* (Downers Grove, IL: InterVarsity Press, 2017), 225-37을 보라.

어야 한다. 이러한 구속사적 입장을 채택하는 사람들은 종종 신약성경에 의존하여 통일된 주제나 목적을 제공하면서 구약성경 저자들의 의도에 는 거의 관심을 보이지 않는다. 그 해석에 어느 정도의 권위를 부여하기 위해 신약성경 저자들이 때때로 구속사적 메타내러티브를 제안한다(이 는 아마도 입증 가능할 것이다)는 점이 언급된다. 그러나 명제 15에서 논의된 바와 같이 우리는 신약성경이 우리에게 해석학적 지침을 제공한다고 가 정할 수 없다. 구약성경에 대한 신약성경 저자들의 해석은 그들의 시대 의 산물이다. 제2성전기의 해석자들이 구약성경을 메타내러티브로 해석 하려는 경향이 있었다고 해서 구약성경이 오직 그 필터를 통해서 읽혀야 한다거나 토라가 구원을 다루는 것으로 이해될 수 있다는 점이 입증된 것은 아니다.

중요한 점을 이해하기 위해서 우리는 먼저 구약성경의 이스라엘 사 람들이 구원 개념에 관하여 어떻게 생각했는지 살펴보아야 한다. 솔직히 말하자면 구약성경의 증거로 미루어볼 때 그들에게는 우리가 구원이라 고 부르는 것에 대한 소망이 없었다.[4]

- 그들은 "천국에 가는 것"이 가능한 일이라는 것을 알지 못했다.[5]
- 그들은 사람이 하나님 앞에서 영원히 지낼 수 있다는 것을 상상 하지 못했다.

---

4   좀 더 광범위한 논의는 Walton, *Old Testament Theology for Christians*, 225-37을 보라.
5   다양한 구절들이 이스라엘 사람들이 천국에 대한 소망을 지니고 있었다고 암시하는 것 으로 해석되어왔다. 우리가 여기서 그 구절들을 다룰 수는 없지만, 독자들은 Walton, *Old Testament Theology for Christians*, 225-65에서 철저한 연구를 찾아볼 수 있다.

- 그들은 영원한 형벌을 두려워하지 않았다.

- 그들은 자신들의 죄가 희생제사 체계에서 공동체가 얻을 수 있었던 수준 이상으로 해결될 필요가 있다고 믿지 않았다.

- 그들은 자기들이 죄로부터 구원을 받을 수 있다거나(우리가 그리스도의 죽음으로 성취되었다고 이해하는 방식으로) 구원을 받아야 한다고 믿지 않았다.

- 그들은 메시아를 구원의 기제를 제공하기 위해 희생제사 체계에서 기능하는 존재로 생각하지 않았다.[6] 그들은 메시아를 단지 회복된 질서에서 역할을 수행하는 존재로 보았다.

이스라엘 사람들이 이런 개념들이나 기대들을 전혀 가지고 있지 않았다면 그들은 분명히 토라가 그것들을 성취할 것이라고 기대하지 않았다. 더욱이 야웨는 토라를 통해 이것들을 성취하려 하지 않았다. 토라는 이런 문제들과 아무 관련이 없다.[7] 이스라엘 사람들은 토라를 그런 관점에서 평가하지 않았고 우리도 그렇게 하지 않아야 한다.

토라는 그들에게 언약을 통해 야웨와 관계를 맺을 수 있는 수단을 제공했다. 토라는 그들의 죄를 영원히 지움으로써 그들과 하나님을 화해시키지 않았다(하나님과의 화해는 언약적 불충실 뒤에 은총을 회복하는 것과 관련

---

6   사 53장은—메시아적인 인물로 추정되는—종이 백성의 죄를 대신 짊어지는 것으로 묘사한다. 그러나 그 이미지는 아마도 희생제사 체계와는 관련이 없을 것이다. Walton, *Old Testament Theology for Christians*, 229-37을 보라.

7   Walter Kaiser의 매우 솔직한 주장에 주목하라. "율법은 결코—심지어 가설적으로도—구원이나 의를 얻는 대안적 방법으로 의도되지 않았다." Walter J. Kaiser Jr., "The Law as God's Gracious Guidance for the Promotion of Holiness," in Wayne G. Strickland, ed., *Five Views on Law and Gospel* (Grand Rapids: Zondervan, 1996), 178

된 것을 제외하고는 구약성경 신학에 없는 개념이다). 개인은 언약에 충실할 수 있었고 그렇게 함으로써 개인은 살다가 죽을지라도 대대로 야웨와의 언약 관계 속에서 계속 존재한 언약 공동체 구성원의 지위를 유지할 수 있었다. 토라를 준수하지 못한 개인은 하나님의 백성으로서의 공동체의 존속에 부정적인 영향을 미치지 않게끔 공동체에서 끊어질 수 있었다. 만일 공동체 전체가 언약을 지키지 못하면 언약의 저주가 그들에게 임하여 그들은 언약적 혜택(땅과 야웨가 그들 가운데 거하는 특권)을 잃고 유배당할 수 있었다.

하나님의 계획과 목적은 이스라엘 사람들에게 하나님의 백성이라는 지위를 부여한 것 외에는 그들**에게** 무언가를 해주지 않았다. 그의 계획과 목적은 그들을 **통해** 이뤄졌다. 하나님의 계획은 그들의 죄를 깨끗하게 하거나 그들에게 영생을 제공하거나 그들을 하나님과 화해시키거나 그들에게 의를 귀속시키거나 그들의 죄를 자신이 짊어지는 것이 아니었다. 대신에 그가 한 일은 지상에 자신의 왕국을 세우고 왕으로서 자기 백성 가운데 거한 것이었다. 우리가 훗날 알게 된 바와 같이 하나님은 그 과정에서 자신이 어떤 종류의 하나님인지를 알려주었다. 그래서 그리스도가 등장해서 자신이 하나님이라고 주장했을 때 사람들은 그리스도가 의미한 바가 그리스인들과 로마인들이 **하나님**라는 단어에 의하여 표현된다고 믿었던 것과 같은 개념이 아니었음을 이해할 수 있게 되었다. 이스라엘 사람들은 성육신을 기대하지 않았다. 그러나 그들은 자기들의 하나님에 대해 그들이 가지고 있는 개념이 그들과 그들의 이웃이 모두 공유하는 다른 신들에 대한 이해와 다소 달라야 한다는 것을 이해해야 했다.

이스라엘은 야웨의 왕국에 들어가기 위해서 "구원받을" 필요가 없었다. 야웨는 이스라엘 백성을 통해 그의 왕국을 건설하고 있었다. 그는 그 목적을 위해서 그들을 선택했다. 그것이 하나님이 이스라엘 백성을 거룩하다고 선언한 것이 의미하는 바다. 심지어 그들이 비협조적이었을 때에도 그들은 그 왕국의 일부로 남아 있었다. 야웨는 여전히 그들의 주권자였고 그들은 비록 반역적인 봉신이었을지라도 여전히 하나님의 봉신이었다. 토라는 그들에게 협조적인 참여자가 되기 위한 지혜를 주었다. 토라는 그들 개개인에게 영원한 운명을 주지 않았다.

신적 가르침은 법의 은유가 아니라
건강의 은유로 이해될 수 있다

오늘날 성경을 읽는 사람들은 종종 먼저 토라가 신의 도덕적 가르침을 제공한다고 가정하고서 토라가 그 일을 어떻게 하는지 알아내려고 노력한다. 우리는 이미 이런 접근방법 중 일부, 예컨대 도덕법을 시민법과 제의법에서 분리하는 접근방법을 고찰했다(명제 16을 보라). 도덕법을 훨씬 더 엄격하게 십계명에서만 찾아내는 사람들도 있다. 도덕은 법에 의해 성취되고 법은 도덕을 낳도록 의도되었다는 등식이 그 기본적인 가정을 부채질한다. 이 양방향 등식에 비추어 사람들이 법이라고 인식하는 토라는 도덕의 근원으로 여겨지고 토라의 근원은 하나님이기 때문에 토라는 도덕적 권위를 가진다. 우리가 논의해오고 있는 바와 같이 이 접근방법은 거의 모든 차원에서 허물어진다. 만일 토라가 법률이 아니고 도덕으로 축소될 수 없다면 법률이나 도덕이 토라의 의도가 아니므로 토라가 신적 권위를 가지고 있다는 사실이 그것들을 위한 신적 근원을 확립하지 않는다.

고대 이스라엘에서 토라와 도덕 사이의 관계에 관한 질문은 토라가 이스라엘 백성에게 그들이 해야 할 일을 말해주고 있는지 그렇지 않은지에 관한 질문이다. 도덕은 의무에 관한 철학적 연구다. 토라가 도덕적 지시를 제공한다고 주장하는 것은 토라의 명령이 사람이 무엇을 해야 하는지(하지 말아야 하는지)에 관한 규칙—네 부모를 공경하라, 살인하지 말라, 네 옷에 술을 달라, 염소 새끼를 어미의 젖에 삶지 말라 등—을 포함한다고 말하는 것이다. 반면에 만일 누군가가 토라가 하나님의 도덕적인 성품을 드러낸다고 주장한다면 그들은 하나님의 성품이 의무의 근원이기 때문에 그들이 무엇을 해야 하는지 결정할 수 있는 원칙을 토라가 보여준다고 말하고 있는 셈이다. 그런 원칙의 예로는(비록 반드시 하나님의 성품에서 비롯된 것은 아니지만) "무엇이든지 남에게 대접을 받고자 하는 대로 너희도 남을 대접하라", "아무에게도 피해를 주지 않는다면 네가 원하는 대로 하라", "최대 다수를 위한 최고의 선을 낳는 것을 하라" 등이 있다. 이전 장들에서 우리가 발전시킨 사고의 선상에서 볼 때 토라는 도덕적 가르침이나 예를 제공하지 않는다. 우리는 명제 19에서 도출된 원칙 문제에 관해 좀 더 논의할 것이다. 그러나 우리는 지혜의 특정 측면들을 반영하는 문서인 토라가 구속력 있는 원칙이나 규칙을 제공하지 않는다고 제안했다. 따라서 어떤 종류의 의무도 없다.

토라의 의도는 복종이 아니라 지식을 낳는 것이다. 야웨가 이스라엘이 특별히 무언가를 행하기를 원했기 때문에 토라가 주어진 것이 아니다. 토라가 제공하는 것은 명령이 아니라 선택이다. "보라! 내가 오늘 생명과 복과 사망과 화를 네 앞에 두었나니…너와 네 자손이 살기 위하여 생명을 택하고"(신 30:15, 19). 토라는 이스라엘 백성에게 그들이 생명을 선택해야 한다거나 죽음과 멸망이 생명을 선택하지 않은 것에 대한 형벌이 될 것이라고 말하지 않는다. 야웨는 이스라엘과의 상호작용을 통해 자신의 명성을 확립하는 중이다. 야웨는 이스라엘 백성에게 그들이 어떤 방식으로 자기를 반영해야 한다고 말하지 않는다. 그의 명성은 이스라엘이 어떻게 처신하는가와 상관없이 확립될 것이다(명제 6을 보라). 야웨가 그들에게 하는 말은 만일 그들이 은총과 축복을 바라기로 작정할 경우 그들로 하여금 자기들이 은혜와 축복을 받기 위하여 무엇을 할 수 있는지 미리 알게 한다. 이것은 예언자들이 이스라엘 백성을 언약적 불충실로 기소할 때 그들을 납득시켰던 요점이다. 야웨는 그들이 충실한 봉신이 되기를 원하며, 그들이 언약 관계의 축복을 누리기를 기대한다면 그들은 그렇게 해야 한다.

　도덕 체계를 법, 복종, 범죄와 유사한 것으로 생각하는 대신 도덕을 건강의 범주와 유사한 것으로 생각하는 것이 더 도움이 될 것이다. 오늘날 서구의 문화의 강에서 건강만큼 중요하게 여겨지는 것은 거의 없다. 건강은 비타민, 식사, 운동, 영양과 자잘한 여러 요인을 요구한다. 의사들과 연구자들은 무엇이 건강을 가져다줄지를 알아내서 건강의 가치를 최우선시하는 대중에게 그 결과를 전달할 수 있도록 끊임없이 노력하고 있다. 여러 연구의 결과들이 다르면 혼란이 초래될 수 있다. 포도주가 건강에 좋은가 그렇지 않은가? 생선 기름은 유익한가? 비타민 C가 감기를 퇴치하는가? 붉은 육류의 유익이 단점을 능가하는가? 그런 목록은 계속 이어진다. 심지어 오늘날의 선진 연구 및 이해의 환경 속에서도 사람들이 그 목표(건강)를 인식하고 그것을 적극적으로 추구하지만, 그 목표가 어떻게 달성될 수 있는지에 관한 구체적인 지침 목록을 제공하는 것은 여전히 어렵다. 더구나 어떤 물질은 보편적으로 위험한 것으로 인식되어 (예컨대 독버섯) 항상 피해야 하지만, 다른 식품들은 몇몇 사람에게는 위험하지만(당뇨병 환자에게 있어서 설탕), 다른 사람에게는 필요하다(저혈당증이 있는 사람들에게 있어서 설탕). 건강이라는 목표를 달성하기 위해 어느 곳의 누구에게나 적용될 수 있는 보편적인 지침은 존재하지 않는다. 그리고 우리가 병원에 갈 때 의사가 우리가 어떻게 먹어야 할지를 법으로 정하지는 않는다. 의사는 운동하지 않은 것에 대한 형벌로 우리로 하여금 심장병에 걸리게 하지 않을 것이다. 의사가 하는 일은 만일 우리가 건강해지길 원한다면 어떻게 해야 하는지에 관한 지식을 우리에게 제공하는 것이다. 더 나아가 의사가 어떤 사람에게 제공하는 조언은 또 다른 사람을 위한 조언과 다를 수 있다. 이 두 사람은 다른 상황에 놓여 있기 때문이다. 비록 우리가 동일한 의사의 말을 듣고 건강이라는 동일한 목표를 달성하려고 노력할지라도 상황이 다르다면 다른 방법으로 건강을 유지해야 한다.

건강을 위해 보편적으로 적용 가능한 원칙을 도출하기 위해 성경에 기대려고 하면 문제가 상당히 복잡해지고 전혀 신뢰할 수 없는 결과가 초래될 것이다. 성경 저자들은 우리가 필수적이라고 생각하는 건강의 기둥들(식사, 운동, 영양, 비타민)에 대한 지식도 없었고 그것들에 대해 거의 관심이 없었을 것이다.[1] 우리는 그것 때문에 양호한 건강에 대한 개념이 부적절하다거나 상상적이라고 결론 내리지는 않을 테지만 하나님은 양호한 건강을 달성하는 방법에 관한 계시를 주지 않았다. 고대 이스라엘을 위한 음식물 목록이나 하나님께 복종함으로써 건강을 달성한다는 개념은 모두 전승할 수 있는 원칙으로 기능하지 않을 것이다.

이 예는 우리가 비록 세부사항은 계속 조정될지라도 어떤 수단이든지 현재 생산적인 것으로 여겨지는 수단을 통해서 바람직한 목표를 추구할 수 있다는 점을 알 수 있도록 도와준다. 예컨대 우리는 더 이상 중세 시대에 행했던 것과 같은 사혈(瀉血)을 사용하지 않는다. 핵심은 목표를 명확하게 보고, 그 목표를 달성하기 위한 현재의 지혜가 무엇이든지 그것을 행하는 데 전념하는 것이다. 만일 우리가 목표를 관행 및 행동 점검

---

1   그렇게 하려는 시도(겔 4:9의 식사 등)는 거의 어리석은 시도에 가깝다. 특히 에스겔이 그 식사를 장려되어야 할 식사로서 언급하는 것이 아니라 포로 생활의 고난으로서 언급하기 때문이다.

표로 축소하려고 한다면 우리는 더 큰 목표를 보지 못할 가능성이 크다.[2] 원칙 목록을 추출하면 좀 더 추상적인 몇몇 개념의 중요성이 훼손될 가능성이 있다.

우리는 비록 하나님이 우리에게 건강하게 지내라는, 보편적으로 구속력 있는 계명을 내린다는 성경적 증거를 제시할 수는 없을지라도 하나님이 우리의 건강에 관심이 있다고 주장할 타당한 이유가 있을 것이다. 그러나 우리가 양호한 건강이라는 목표를 추구하기 원한다면 우리는 성경 일반 특히 토라를 찾아봄으로써 그렇게 할 수 없을 것이고, 사람들은 대체로 그렇게 하려고 시도하지 않을 것이다. 현대의 맥락에서 이용 가능한 모든 지혜와 통찰력과 연구를 사용해서 우리가 할 수 있는 최선의 판단을 내리는 것이 나을 것이다. 오늘날 양호한 건강에 대한 우리의 이해에 영향을 주는 문제들은 복잡하며 성경 시대와는 매우 다르다. 우리는 그 문제들을 다르게 이해하고 있고, 이론의 여지없이 더 많은 정보를 갖고 있다. 양호한 건강은 과거에서와 마찬가지로 여전히 우리에게 중요하며, 아마도 지금은 과거보다 훨씬 더 중요할 것이다. 그러나 성경은 우리가 오늘날 양호한 건강에 어떻게 접근해야 하는지를 다루지 않을 것이다. 우리는 목표를 공유하지만 그 목표의 정확한 개념은 변화할 가능성이 있으며, 비록 몇몇 원칙은 물려줄 수 있을지라도 그 목표를 달성하는 수단은 매우 다르다.

마찬가지로 우리가 하나님이 윤리적 행동에 관심이 있을 것이라고 주장할 타당한 이유가 있을 것이다. 그리고 우리는 도덕적이 되라는 특

---

2   우리는 이것이 정확히 마 5:21-48에서 예수가 말하고 있는 요점이라고 주장한다.

정한 성경의 명령을 적시하지 않고도 이 이유를 옹호할 수 있을 것이다.[3]
그러나 우리가 윤리적인 사람이 되는 목표를 추구하기 원한다고 할지라
도 우리는 토라가 그 목표에 이르는 확실한 지침을 제공하지 않을 것
이라고 주장한다. 우리가 건강이라는 공동의 목표를 공유하지만 그것을
달성하는 방법이나 우리가 직면하는 상황이 다르듯이 인간으로서 우리
는 (부분적으로 윤리적 행동에 의하여 성취되는 여러 종류의) 개인적 및 집단적
인 인간의 선이라는 공통의 목표를 고대 세계와 공유한다. 동시에 우리는
그들이 사용했던 용어와는 다른 용어(즉 질서, 구조, 오랜 전통과의 일치라는
용어 대신 행복, 인간의 번영, 또는 공공선)로 우리의 개인적 및 사회적 이상을
기술할 수 있다. 마찬가지로 우리가 이 이상들을 이루는 방법과 우리가
직면하는 상황은 다를 것이다. 우리가 건강을 어떻게 이해해야 할지 그
리고 어떤 특정한 행동이 건강을 증진시킬지를 지속적으로 조정해야 하
는 것처럼, 우리는 지속적으로 우리가 (부분적으로는 윤리적 행동을 통해 성취
되는) 선을 어떻게 이해할지 그리고 우리가 직면하고 있는 문제들 속에서
그것을 어떻게 성취할 수 있는지 조정해야 한다.

　　법과 건강의 원칙들 사이의 대조가 고린도전서 6:12과 10:23에서
강조된다. "모든 것이 내게 가하나 다 유익한 것이 아니요." 바울은 모든
것들이 합법적이라고, 즉 그것들을 금지할 법률이 없다고 주장한다. 이
진술은 토라가 법률이 아니라는(또는 토라가 폐지된 법률이라는) 권위 있는
성경적 선언을 제공하지는 않지만 그럼에도 불구하고 그것은 토라가 어

3　또는 한 가지 명령이 있을 수 있다. 마 5:16은 이에 대해 우리가 가리킬 수 있는 표현이다.
　　"이같이 너희 빛이 사람 앞에 비치게 하여 그들로 너희 착한 행실을 보고 하늘에 계신 너희
　　아버지께 영광을 돌리게 하라."

떤 것도 불법으로 지정하지 않는다는 우리 자신의 해석과 일치한다. 그러나 동시에 바울은 그의 독자들이 행동에 관한 아무런 지침 없이 허둥대도록 내버려두지 않는다. 법이 없을 때에는 특정한 행동이 건강에 좋은 정도에 근거해서 허용되는 어떤 행동이 다른 행동보다 선호될 수 있다. 이 해석은 건강해지라는 명령을 포함하거나 건강에 해로운 행동은 처벌받아야 할 범죄라는 것을 나타내지 않는다. 건강에 해로운 행동은 본질적으로 자업자득인 결과를 낳는다. 물론 신약성경에서 이 은유를 사용한다고 해서 그것이 도덕적 교훈을 이런 식으로 이해하라는 신적 명령인 것은 아니다. 신학자들에게 해석적 은유들을 제공하는 것은 맥락 안에서 텍스트의 목적이 아니다. 그러나 그 은유는 우리가 보여준 바와 같이 토라가 그 자체의 맥락에서 기능한 것과 일치한다. 그리고 신약성경이 그 동일한 은유를 사용할 수 있다는 것은 또한 그 은유가 신약성경의 개념들과도 불일치하지 않음을 나타낸다.

토라를 맥락에서 읽고서 도출한
원칙을 바탕으로 도덕적 지식을 얻거나
윤리 체계를 구축할 수 없다

성경으로서 토라의 적실성과 특히 윤리에 대한 토라의 적실성에 관한 주제를 계속하기 전에 우리는 마지막으로 오늘날 매우 보편적인 접근방법—행동 원리들을 하나하나 도출함으로써 토라를 적용하는 접근방법—을 다룰 필요가 있다. 우리는 이것을 "도출된 원칙" 접근방법이라고 부를 것이다.[1] 수년 동안 나는 각각의 법조문에 대해 적실성 있고 적용 가능한 원칙을 찾음으로써 오늘날 우리를 위한 토라의 메시지를 이끌어내는 이 방법을 가르쳤다. 좀 더 최근에 나는 그런 방법론이 지속적으로 신뢰할 수 있는 결과를 낳을 수 없다고 확신하게 되어서 나의 접근방법을 변경했다. 개별적인 예들을 논의하기 전에 우리는 토라 조항들로부터 원칙들을 도출하는 관행에 대한 통상적인 근거를 다룰 필요가 있다. 바울이 그런 방법을 사용하는 것처럼 보이고, 사람들은 바울의 사례를 그 방법을 사용하는 것을 정당화하는 이유로 간주했다.

　　토라에서 행동 원칙을 도출하는 관행은 구약성경의 내러티브들에서 행동 원칙을 도출하는 일반적인 접근방법과 유사하다. 우리는 내러티브

1　　이 접근방법에 관한 가장 광범위한 논의는 Roy E. Gane, *Old Testament Law for Christians: Original Context and Enduring Application* (Grand Rapids: Baker Academic, 2017)에서 찾을 수 있다. 비록 나는 이 원칙 접근방법에 동의하지 않지만 Gane은 그런 접근방법을 감탄할 만하게 철저하게 다룬다. 또한 그는 원칙 접근방법을 Christopher Wright(Gane, 185)가 선호하는, 비슷하지만 동일하지는 않은 패러다임 접근방법과 구별한다. Wright는 자신의 접근방법을 다음과 같이 정의한다. "이런 식으로 구약성경을 적용함에 있어서 우리는 문화적 및 역사적 차이를 모두 적절히 참작하면서 구약성경을 우리 현대 세계의 문제들에 적용해도 좋은 모델 또는 패러다임으로 여긴다." Christopher J. H. Wright, *Walking in the Ways of the Lord: The Ethical Authority of the Old Testament* (Downers Grove, IL: InterVarsity Press, 1995), 33. 유사한 접근방법들이 Walter C. Kaiser Jr., *Toward Old Testament Ethics*(Grand Rapids: Zondervan, 1983)에서도 장려되고 있다.

문학에 적용된 방법론을 살펴봄으로써 토라와 관련하여 그 방법론의 결점들을 입증할 수 있다. 토라의 경우와 마찬가지로 우리는 때때로 도출된 원칙 방법을 입증하기 위해 신약성경의 저자들이 구약성경의 인물들을 행동을 위한 역할 모델로 사용하는 경향을 보인다는 점을 지적한다(참조. 특히 히 11장). 그런 방법론은 주일학교 공과에서 전형적이며, 많은 설교와 성경 공부 시리즈의 기본이다. 이 방법론에는 많은 문제가 있다. 한 가지 문제는 어떤 경우에 있어 어떤 등장인물의 행동이 용납될 수 있는지 그렇지 않은지 전혀 명확하지 않을 때 발생한다. 그런 경우에는 우리가 어떤 원칙을 도출하여 그것이 성경적이라고 주장할 수 없다.

예컨대 라합이 이스라엘 정탐꾼들이 그녀의 지붕 위에 숨어 있는데도 왕의 부하들에게 거짓말을 해서 그들로 하여금 헛되이 추격하게 함으로써 정탐꾼들을 보호한 것과 관련하여 끝없는 논쟁이 일어난다. 그녀의 거짓말은 칭찬할 만한가? 아니면 개탄스러운 것인가? 거짓말하는 것은 항상 잘못인가? 그 텍스트는 내러티브 전개 과정에서 이 문제를 해결하지 않으며 그런 질문에 관여하거나 대답하려고 의도된 것도 아니다. 거짓말하는 것에 대한 어떤 원칙도 성경적 가르침으로서 도출될 수 없다.

내러티브의 의도와 무관한 우발적인 행동이 수반될 때―이는 서술자가 그것에 관하여 아무런 논평도 제공하지 않는다는 사실로 미루어볼 때 명백하다―또 다른 문제가 발생한다. 아브람과 롯에 관한 내러티브(창 13장)는 우리에게 다른 사람이 먼저 선택하도록 양보하는 것의 중요성에 관하여 가르치려고 하고 있는가? 또는 그 문제에 있어서 오천 명을 먹인 이야기(마 14:13-21)는 자신의 도시락을 나눈 소년 때문에 나눔에 관한 교훈을 제공하는가? 나는 이런 식으로 텍스트의 권위 있는 메시지를 식별하는 것은 비논리적인 접근방법이라고 주장하고자 한다.[2] 그런 해석들은 저자의 의도에 의존하는 것이 아니라 독자의 상상에 의존한다. 통제가 없으면 오용이 불가피한데, 이는 해석의 역사에서 충분히 입증되었다.

오히려 우리는 등장인물들이 (우발적으로) 무엇을 하고 있는가에 초점을 맞추기보다는 서술자가 그 등장인물을 통해서 무엇을 말하고 있는가를 평가해야 한다. 라합이 왕의 부하들에게 거짓말하는 대목에서 그녀는 야웨 및 야웨가 그 땅에서 이제 곧 수행하시려고 하는 일에 대한 그녀의 새로운 헌신을 보여준다. 그것은 야웨가 이스라엘 백성을 어떻게 보호하고 있으며 그 땅에 대한 정복을 어떻게 수행하고 있는지를 보여준다. 창세기 13장에서 아브람이 롯에게 먼저 선택하도록 한 대목에서 그 텍스트는 우리가 다른 사람을 향하여 어떻게 행동해야 하는지에 대한 지침을 제공하지 않는다. 그 대신 누가 먼저 선택했는지가 중요한 이유는 그것이 롯이 자발적으로 그 땅을 떠나기로 선택했다는 것을 보여주기 때문이다. 그 텍스트는 13장이 야웨가 아브람에게 이제 모든 땅이 그의 것이라고 말하는 것으로 끝남으로써 이 메시지를 이끌어 낸다. 내러티브는 윤리적인 설명을 하는 것이 아니라 문학적/신학적인 설명을 한다. 오천 명을 먹이는 이야기에서 그 소년은 복음서의 여러 기사들 중 한 절에서만 등장한다. 그 내러티브의 요점은 명백히 예수가 하나님이며 그가 이스라엘 역사의 측면들(참조. 예컨대 왕하 4:42-44)을 되풀이하면서 자신의

---

2 이 개념은 John H. Walton and Kim E. Walton, *The Bible Story Handbook: A Resource for Teaching 175 Stories from the Bible*(Wheaton, IL: Crossway, 2010)에서 방법론을 다루는 서론적인 논문들과 성경 이야기들의 예 모두에서 전개된다.

메시아적 역할을 수행하고 있다는 것이다. 우리는 하나님이 라합의 거짓말을 승인했는지 여부를 알지 못한다. 우리는 아브람이 이타적이었는지 알지 못한다. 우리는 그 소년이 무리들로부터 자기의 도시락을 나누어야 한다는 압력을 느꼈는지 알지 못한다.

내러티브 문학에 대한 윤리적 접근방법은 심지어 존경받는 학자들에게도 승인되지만,[3] 그것은 일관성 있게 적용될 수 없으며 그것을 성경 텍스트에 수록된 내러티브 장르의 의도라고 옹호하기는 어렵다. 이 접근방법은 오랫동안 인기가 있었는데 그것은 부분적으로는 해석자들이 이미 그들 자신이 처해 있는 상황의 가치 및 우선순위에 기초하여 채택하는 경향이 있는 표준을 따를 때 등장인물들의 윤리적 행동이 모든 면에서 주목할 만하고 칭찬할 만한 경우가 가끔 있기 때문이다. 우리는 예컨대 사드락과 메삭과 아벳느고의 믿음(단 3:16-18)이나 유혹을 견뎌내는 요셉의 도덕적인 불굴의 정신(창 39:8-12)과 같이 우리가 훌륭하다고 생각하는 방식으로 행동하고 하나님(또는 그 문서의 서술자)으로부터도 승인된 등장인물의 예를 쉽게 지적할 수 있을 것이다. 그러나 특정한 행동이 텍스트의 맥락에서 하나님이나 서술자에게 승인된다고 해서 그것이 일관성 있게 그 행동을 모범적인 행동으로 확립하지는 않는다. 때때로 하나님은 우리가 비난받을 만하다고 생각하는 행동들을 승인하고(여호수아에 의한 여성과 아동 학살, 수 6:2-21), 때때로 우리가 훌륭하다고 생각하는 행동은 하나님께 비난받는다(아합의 자비와 무명의 예언자의 친구의 자비, 왕

---

3 예컨대 Gordon J. Wenham, *Story as Torah: Reading Old Testament Narrative Ethically*(Grand Rapids: Baker Academic, 2004)를 보라.

상 20:34-42). 마찬가지로 우리가 모범적이라고 생각하는 행동이 등장할 때, 우리는 독자에게 유사한 도덕적 탁월성을 촉구할 목적으로 그런 훌륭한 행동이 그 텍스트에 등장한다고 가정할 수 없다. 이러한 예들은 (주로 우연히 우리의 문화의 강에서 우리가 소중하게 여기는 요인들 때문에) 우리에게 본질적으로 훌륭한 것이라는 인상을 준다. 그러나 그런 행동이 훌륭하다고 해서 성경이 우리에게 반드시 그런 식으로 행동하라고 말하는 것은 아니다. 이 행동은 이미 우리가 믿는 것과 일치한다. 우리가 그 행동을 모방해야 하는지 확신할 수 없을 때 등장인물들을 진정한 도덕적 모범으로 적시하기는 훨씬 더 어려워진다.

예컨대 보디발의 아내의 유혹을 견뎌낸 바로 그 요셉이 오늘날 도덕성이 결여된 것으로 여겨지는 경제정책을 제정했다.

- 풍년의 시기에 백성에게 세금을 과도하게 부과하여 비축하라(창 41:47-49).
- 그다음에 궁핍한 시기에 그 비축물을 백성에게 다시 팔아라(창 41:56-57).
- 백성이 더 이상 비축물을 구매할 여유가 없으면 그들의 땅을 취하라(창 47:13-23).

그러나 그 텍스트는 하나님이 요셉을 통해 아브라함의 가족뿐 아니라 온 세상을 기근에서 구해냈음을 우리에게 알려준다(창 41:57; 45:7). 이 사례는 암시적으로나 우발적으로도 칭찬되지 않는다. 이 사건은 지상의 모든 사람이 어떻게 아브라함의 가족을 통해 복을 받는지를 보여주는 전형적인 예로 기능한다(창 12:3). 그러나 오늘날 어느 누구도—아브라함에게 한 약속에 따라 온 땅을 축복하는 하나의 방법으로서—하나님이 성경을 통해 명령하는 기독교의 도덕 기준에 (미덕의 위대한 전형인 요셉을 통해 예시된) 압제적인 경제 정책이 포함되어야 한다고 주장하지 않는다.

우리가 반드시 이해해야 할 주요 요점은 만일 우리가 도덕적 지침을 위하여 어떤 구절을 사용하고 어떤 구절을 거부할지 선별한다면, 그때 우리를 안내한다는 것은 성경이 아니라 옳고 그름에 관한 우리 자신의 선입견이라는 것이다. 그 결과 우리의 옳고 그름에 관한 의식—우리는 그것을 사용해서 성경을 걸러내고 평가한다—을 만들어내는 것이 무엇이든, 그것이 성경은 아니다.[4] 만일 사실상 성경이 우리의 옳고 그름에 관한 의식을 만들어내는 것이 아니라면 성경이 이론적으로 그렇게 할 수 있는가라는 질문은 대부분 탁상공론이며 성경이 그렇게 하지 않는다는 주장은(우리가 토라의 경우에 주장했던 것처럼) 학자들 사이의 전문적인 논의로 축소된다. 다른 한편으로 만일 우리가 어떤 구절이 도덕적이고 어떤 구절이 그렇지 않은지 걸러내지 않는다면, 우리는 모든 구절이 도덕적이거나 어느 구절도 도덕적이지 않다고 말하거나 또는 텍스트 자체 내에서 (즉 텍스트의 내용과 맥락 안에서) 그 차이를 알 수 있다고 말할 필요가 있다. 이 마지막 경우에 내용과 맥락에 호소하기 위해서는 그 문서가 성경이며 따라서 우리가 등장인물의 행동을 모범적이라고 생각한다는 단순한 해

---

4   비록 문제의 여과기가 성경의 또 다른 구절이라고 주장될지라도 이것은 사실이다. 성경의 다른 구절이 아니라 어느 한 구절을 수용할 수 있는 여과기로 지정할 수 있다는 것은 단순히 "성경이라는 사실"이 여과기로서의 적합성을 결정하는 데 사용되고 있는 기준이 아님을 나타낸다.

석보다 훨씬 더 큰 입증을 요구한다.

성경은 그 독자에게 규범적이어야 하는 도덕극(morality plays)의 등장인물들을 통해 계시를 제공하지 않는다. 우리는 반례(反例)들이 풍부하기 때문에 이것을 안다. 만일 그것이 성경의 저자가 내러티브 장르를 통해 지속적으로 의도한 것이 아니라면, 내러티브를 이런 식으로 읽어서는 텍스트의 권위를 끌어들이지 못한다. 구약성경의 내러티브들이 특정한 종류의 행동을 예시한다는 점은 부인할 수 없다. 모든 내러티브가 그렇게 한다. 그러나 그렇다고 해서 우리가 그 내러티브들이 그 행동을 가르치거나 윤리적 가르침의 근원이 될 의도였다고 결론을 내려야 하는 것은 아니다. 신약성경의 저자들이 때때로 구약성경의 인물들을 윤리적인 원칙들을 보여주는 예로 사용하지만 우리는 신약성경 문서의 목적이 미래의 신학자들에게 해석 방법을 지시하는 것이 아님을 상기한다(명제 15를 보라).

따라서 만일 우리가 도출된 원칙 접근방법을 내러티브 문학에 사용할 수 있다고 생각한다면 우리가 잘못 이해한 것이다. 그리고 만일 우리가 그 동일한 접근방법을 토라에 옮겨온다면 동일한 이유로 우리가 동일하게 잘못 이해한 것이다. 우리는 우선 내러티브 문학에서 그 방법을 사용해서는 안 되며, 그 방법에는 두 장르 모두에서 명백한 결점이 있다. 때때로 신약성경의 저자들이 행동 지침을 위해 내러티브를 조사하는 것처럼, 신약성경에서는 몇몇 토라 조항들로부터도 원칙들이 도출되었다. 그렇다고 해서 우리에게 그렇게 할 면허가 부여되지는 않는다.

우리가 단지 신약성경 저자들이 구약성경에서 원칙들을 도출했다는 이유로 우리가 그 방법을 사용할 수 없다는 것을 입증하였으므로, 이

제 우리는 토라 자체에 관심을 돌려 (그것이 신약성경 저자들이 사용한 방법이라며 그것을 정당화하는 것이 아니라) 그 방법론 자체를 고찰할 수 있다. 신약성경의 방법을 모델로 사용할 때에는 그것이 지속적으로 신뢰할 수 있는 결과를 낳으면서 적용될 수 없다는 문제가 있었다. 우리가 행동이 모든 면에서 칭찬할 만하고 따라서 우리 자신의 삶의 특징이기를 바라는 속성들을 보여주는 인물들이 성경에 있다는 것을 발견한 것처럼, 우리는 우리가 모방하면 좋을 상식적인 원칙들을 제공하는 것으로 보이기 쉬운 조항들을 토라에서 발견할 것이다. 하지만 우리가 그런 예들을 찾을 수 있다고 해서 모든 조항이 그런 식으로 성공적으로 다뤄질 수 있는 것은 아니다. 그것은 또한 토라가 그런 식으로 해석되어야 한다는 것을 증명하지도 않는다.

토라에서 원칙을 도출할 때의 문제

토라에서 원칙을 도출하려고 시도할 때 우리가 만나는 첫 번째 문제는 어떤 구절이 도덕적 원칙들을 포함하고 있는지를 결정하는 것의 어려움이다. 질서를 확립함에 있어서 토라 조항은 모두 질적으로 동일하기 때문에 도출된 원칙 접근방법이 일관되게 사용되려면 우리는 그 원칙을 토라의 모든 조항에 똑같이 적용해야 한다. 우리가 토라 조항들을 범주들로 분류하려고 시도하면 원래의 맥락에 어긋난다(명제 16을 보라). 만일 우리가 도출된 원칙 접근방법을 선택적으로만 적용한다면 우리가 무엇이 하나님의 말씀으로서 가치를 지니고 있고 무엇이 그렇지 않은지를 결정하게 된다. 불가피하게 우리는 우리가 이미 옳다고 믿는 원칙들에 쉽게 첨부할 수 있는 구절만 선택할 것이다. 이 시나리오에서는 우리가 토라를 도덕 체계를 **확립하는 데** 사용하는 것이 아니라 우리가 이미 가치 있고 일관성 있다고 결정해 놓은 도덕 체계를 **뒷받침하는 데** 사용하는 셈이다. 이 경우 토라는 예증으로 사용될 뿐 그 이상은 아니다.

이 접근방법의 두 번째 문제는 너무 자신만만하게 도출된 원칙들을 확립하려고 하는 데 있다. 맥락 안에서의 텍스트를 갖고서 작업할 때 우리는 토라가 놓여 있는 맥락 때문에 존재하는 많은 장애물을 만난다. 우리는 이 장애들을 길게 논의했다. 토라가 고대 세계에 자리 잡고 있다는 사실은 이 접근방법의 벅찬 도전거리다. 예를 하나 들자면, 우리가 (성경 텍스트 전체에서 분명히 나타나는) 고대 이스라엘의 우주론을 사용해서 오늘날의 우주론을 이해할 수 있는 원칙을 도출하기는 어려울 것이다. 그들의 우주론은 고대 세계에서 통용되는 관점에 너무 깊게 뿌리 박혀 있으므로 우리에게 유용한 원칙들을 제공할 수 없다.

마찬가지로 우리는 토라 조항들의 고대 맥락에서 그런 예들을 만난다. 고대인들은 우리의 세계와 사고방식으로부터 너무 멀리 떨어져 있기 때문에 토라 조항들로부터 원칙을 도출하려는 우리의 시도는 텍스트가 맥락에서 하는 일에 관한 것보다는 도덕적 원칙에 관한 우리의 선입견을 더 많이 반영할 것이다. 텍스트는 우리에게 그것으로부터 원칙을 도출하는 방법에 관한 지침을 제공하지 않는다. 그러므로 그렇게 하려는 우리의 시도는 설사 그것이 텍스트에 뿌리를 내리고 있다 하더라도 그 근거가 허약하다.

만일 어떤 텍스트가 도덕적 원칙을 포함하고 있는지를 결정할 일관성 있는 방법이 없고 자신 만만하게 원칙을 도출함에 있어서 극복할 수 없는 장애물에 직면한다면, 우리는 이 두 결정이 모두 텍스트에 의해서 독립적으로 확립된 것이 아니라 궁극적으로 우리 문화와 우리의 내재적인 감수성에 바탕을 둔 것이라는 불편한 진실을 직면해야 한다. 몇몇 예들이 우리가 이 접근법의 단점을 깨닫도록 도움을 줄 것이다.

토라 조항으로부터 보편적인 원칙을 도출하는 예가 신명기 22:8에서 발견된다. "네가 새 집을 지을 때에 지붕에 난간을 만들어 사람이 떨어지지 않게 하라. 그 피가 네 집에 돌아갈까 하노라." 토라 조항으로부터 원칙을 도출하는 경향이 있는 사람들은 이 조항에 매우 만족해한다. 해석자들은 이 조항이 원래 맥락에서는 일종의 직업 안전 건강 관리청(OSHA) 규정이 아니며 그 강조점이 난간의 세부사항에 있지 않고 피 흘린 죄를 피하는 것에 있다고 인식한다. 서구 사회의 일반적인 건축 관행에서 거주자가 통상적으로 지붕 위에 올라가지는 않지만, 해석자들은 가족과 친구들의 생명과 건강을 보호하기 위하여 안전조치를 취해야 할 책임이 집의 소유자에게 있다는 근본적인 원칙을 식별한다. 따라서 이 조항으로부터 도출된 원칙은 일반적으로 많은 책임(liability) 문제("피 흘린 죄"에 가장 가까운 우리 시대의 유사 개념)와 관련이 있다. 그러나 이 구절은 예시일 뿐이기 때문에 어디서 책임이 시작되고 멈추는지에 대한 명확한 경계를 제공하지는 않는다. 그러므로 우리가 손쉽게 어떤 원칙을 식별할 수 있다 하더라도 텍스트는 행동에 대한 실제 지침은 거의 제공하지 않고 논란의 여지가 있는 세부사항은 정의되지 않은 채 남겨둔다. 따라서 그 "원칙"은 어려운 사례들에 대한 해결책을 제공하지 않는다. 그것은 성경의 지시 없이도 우리가 사용할 수 있었을 상식에서 비롯된다. 그것은 심지어 우리에게 일반적으로 손님의 복리를 살피는 것이 항상 하나님의 뜻

제5부 토라의 지속적인 중요성

을 섬기는 것이라고 말해주지도 않는다. 나무 말뚝으로 손님을 살해하는 것도 하나님의 뜻에 이바지할 수 있다(삿 4:19-21).

또 다른 예를 들자면 신명기 25:4은 "곡식 떠는 소에게 망을 씌우지 말지니라"라고 말한다. 이것은 사도 바울이 토라로부터 원칙—특히 하나님의 일꾼들에게 그들의 사역에 대해 삯을 지급하는 것에 관한 원칙—을 추출하는 두드러진 예 중 하나다(고전 9:9-12; 딤전 5:18). 그러나 위에서 이미 다뤄진 것처럼 바울이 그 구절을 사용한 것이 우리가 똑같은 일을 하는 데 대한 정당성을 제공해주지 않는다. 바울은 자기 시대에 합법적인 방법, 즉 많은 신약학자가 랍비들의 논증과 유사하다고 기술한 논증들을 사용하고 있지만 그렇다고 해서 그 방법이 모든 사람이 사용해야 할 방법이 되는 것은 아니다. 바울은 영감을 받았기 때문에 그의 방법들에 문제가 많다는 인식(사실상 오늘날 어떤 그리스도인도 랍비를 해석학적 권위의 합법적인 원천으로 생각하지 않는다는 점에 주목하라)은 그의 논증의 무결성과 관련이 없다. 그러나 그것은 우리 자신의 (영감을 받지 않은) 논증들의 무결성을 위하여 우리가 그것들을 사용해서는 안 된다는 의미가 아니다. 여기서도 난간에 관한 구절에서와 마찬가지로 사람들은 그 구절 뒤에 있는 원칙을 추론하고 그것을 관련이 있다고 여겨지는 다양한 상황에 쉽게 적용할 수 있다고 생각한다. 우리가 그 원칙을 확장하기가 쉬울 때도 있겠지만, 메시지가 그것의 정당한 범위를 넘어서 추론되지 않도록 제한이 가해져야 할 필요가 있다. 예컨대 이 경우에 종업원은 그 원칙을 사용해서 사무실에서 보급품을 가져가는 것을 정당화할 수 있는가? 아마도 대학의 종업원들은 그 원칙에 호소해서 학교 식당에서 식기류를 가져와 자신의 사무실에서 사용하는 것에 대해 변명할 수 있을 것이다. 앞에서 언급한 바와 같이 성경이 아니라 오직 우리의 상식이 우리의 애매한 문제를 해결해 준다.

이 각각의 예에서 우리는 어떻게 토라로부터 정당하게 도출될 수 있었던 상식으로서의 원칙이 더 복잡한 윤리적 결정에 대해서는 생산적이지 못한지를 보여주었다. 이제 우리는 다음 단계로 나아간다. 즉 그곳에서 원칙이 도출된 조항들이 상식과 상반될 수 있다. 이 범주에서 가장 명백한 조항 중 하나는 잘 알려진 눈에는 눈으로, 이에는 이로, 생명에는 생명으로 갚는 동해 복수법(*lex talionis*, 출 21:24; 레 24:20; 신 19:21)이다. 흔히 이 조항으로부터 형벌은 범죄와 상응해야만 한다는 개념을 끌어낸다. 그러나 그것은 이 조항이 말하는 바가 아니다. 우리는 어떻게 이 조항이 그 맥락에서 형벌이 과도해지지 않도록(예컨대 눈에 대해 머리 전체, 한 생명에 대해 온 가족의 생명 등) 제한할 의도였는지 이야기할 수 있지만, 오늘날 사람들 대다수는 누군가의 눈을 빼는 것이 과도하다고 생각할 것이다.

많은 사람은 동해 복수법에서 원칙을 도출하기는 어려우며, 반항적인 아들을 죽이는 것(신 21:18-21)이나 포로인 여성과의 결혼(신 21:10-14)과 같은 더 극단적인 예들은 훨씬 더 불가해하다고 생각할 것이다. 만일 한두 개의 조항만이라도 명백한 원칙을 제시하는 것으로 해석될 수 없다면 그 접근법은 위험에 빠진다. 그런데 우리는 우리가 신약성경의 저자들을 모방할 수 없다는 것과, 설령 원칙들이 도출될 수 있다 하더라도 그 원칙들은 상식이며 복잡한 문제들을 해결하지 못한다는 것과 원칙을 도출할 수 없는 많은(대다수?) 조항이 있다는 것을 발견했다. 이 모든 장애물 외에도 토라의 대다수 독자는 법조문들의 불투명성에 애를 먹는다.

몇몇 내러티브가 등장인물들의 동기와 행동에 대해 불투명한 것처럼(따라서 윤리적 원칙 추정을 거부하는 것처럼) 토라에 수록된 많은 법조문은 그 조항 근저의 이유를 명확하게 제공하지 않는다. 따라서 우리는 도출된 원칙 접근법을 일관성 있게 적용할 수 없다. 예컨대 우리는 나귀와 소가 같은 멍에를 메도록 해서는 안 된다는(신 22:10) 이유[5]를 추론할 수 있다고 생각할 수 있지만, 우리가 그럴 수 있다 하더라도 그 원칙들의 추정은 논란의 여지가 있다. 즉 텍스트는 우리가 지침을 구하는 문제(예컨대 여러 면에서 서로 다른 남녀의 결혼)[6]를 해결해주지 않는다. 마찬가지로 우리는 모직과 리넨이 혼합된 옷을 입는 것을 금지하는 것 배후에 있는 논리적 근거를 해명할 수 있다고 생각할 수 있지만 우리는 단지 추측만 할 뿐이다. 설사 거기에 우리가 인식하는 것보다 더 많은 이유가 있더라도 그것은 놀라운 일이 아닐 것이다. 예컨대 염소 새끼를 어미의 젖으로 삶는 것을 금하는 대목에서는 불투명성의 정도가 훨씬 더 높다. 토라의 법조문 중 다수가 현대의 논증과 직관을 초월하기 때문에 우리에게 낯선 고대 세계의 사고방식에 기초하고 있다는 점이 우리를 불안하게 한다. 이 사실이 토라의 법조문에서 원칙을 도출함으로써 그것의 권위가 실현될 수 있다는 개념에 반대한다.

---

5   예컨대 힘이 동등하지 않으면 고랑이 비뚤어지고 동물들이 피곤해진다.
6   동등하지 않게 멍에를 메는 개념은 훗날 성경에서 결혼과 관련하여 언급된다. 그러나 우리가 논의한 바와 같이, 그것은 권위의 범위 내에서 그 방법론을 안전하게 확립하기 위해서 우리가 필요로 하는 것을 주지 않는다.

토라는 도덕 체계를 제공하려고 의도되지 않았다

토라의 장르는 도덕 체계가 아니기 때문에 우리는 토라가 그것을 제공할 수 있을 것으로 기대해서는 안 된다. 이 점은 우리가 이미 다른 곳(명제 4에서 명제 6까지)에서 상세하게 다룬 내용을 상기시켜주는 것에 불과하다. 어떤 텍스트에 대한 우리의 기대와 그 텍스트의 사용은 그것의 의도와 일치해야 하는데 그 의도는 대개 그것의 장르에 의해서 결정된다. 하나의 예로 초콜릿 칩 과자 만드는 방법에서 시대를 초월하는 도덕적 진리를 끌어내려 한다고 상상해보라. 이것이 이론적으로는 가능할 수 있겠지만—"젖은 재료와 마른 재료의 혼합은 우리가 혼자서는 성취할 수 없는 목표를 성취하기 위해서 우리와 다른 사람들과 협력해야 한다는 것을 가르쳐 준다"—만일 우리가 과자 만드는 방법을 그것의 의도된 목적을 위해서 사용하지 않는다면 우리는 결코 갓 구워낸 따뜻한 과자를 즐길 수 없을 것이다.[7] 구약성경의 법 텍스트들은 목적을 위해 존재하지만, 도덕 원칙을 형성하는 것이 그 목적은 아니다. 그 목적이 잠재적으로 도덕 원칙의 형성과 어느 정도 관계가 있을 수는 있지만, 우리가 그 텍스트를 직접 인용하는 형태로 원칙을 도출할 수는 없다. 대신에 우리는 하나님이 옛 언약을 통해 그것의 맥락에서 무엇을 하고 있는지 이해하려고 노력할 필요가 있다. 이것은 하나님이 새 언약을 통해 무엇을 하고 있는지 우리가 이해하는 데 도움이 되고, 궁극적으로 하나님이 오늘날 새 언

---

7   John H. Walton and J. Harvey Walton, *The Lost World of the Israelite Conquest: Covenant, Retribution, and the Fate of the Canaanites* (Downers Grove, IL: IVP Academic, 2017), 94 로부터 재사용된 예.

약을 통해 계속 일할 때 우리가 그 언약에 참여하기 위해 해야 할 일이 무엇인지 이해하는 데 도움이 될 것이다. 우리는 토라에서 일부 진술을 선택하고 그 진술로부터 원칙을 도출함으로써 적절한 도덕성에 대한 우리 자신의 의식을 나타내는 도덕 체계를 뒷받침하는 것으로는 하나님의 새 언약에 참여하기 위해 무엇을 해야 하는지 이해하지 못할 것이다.

한계 정하기

이 모든 경우에서 본 바와 같이 원칙을 도출하는 것은 주관적인 일인데 여기에는 한계가 없다. 충실한 해석자로서 우리는 텍스트에 매일 책임이 있다. 만일 텍스트의 독자인 우리가 우리 자신의 원칙을 도출하고 우리가 적절하다고 여기는 모든 상황에 그 원칙을 적용할 수 있다면 우리는 더 이상 텍스트의 권위로부터 유익을 얻지 못하게 된다. 텍스트를 언급함으로써 그 권위에 호소하는 것은 불성실한(또는 적어도 부적절한) 처사다. 텍스트의 권위를 유지하려면 우리는 특히 텍스트가 저자의 의사소통 의도−문화와 언어와 장르의 맥락 안에서 제시된 의도−에 나타난 대로 텍스트에 대한 우리의 책무를 반영하는 방법들을 사용해야 한다.

이론적으로 만일 우리가 토라 조항이 원칙을 제공하는 것으로 보고 그것에 접근한다면, 우리는 우리가 2단계 과정에 참여하고 있음을 인식해야 할 것이다. 우리는 먼저 근저의 원칙이 무엇인지를 결정해야 하며, 그런 다음 분별력을 발휘해서 그 원칙이 정당하게 적용될 수 있는 상황을 분간해야 할 것이다. 우리는 이미 우리가 근저의 원칙을 식별하려고 할 때 직면하는 장애물을 지적했지만, 그것이 극복해야 할 유일한 장애물은 아니다. 어떤 개념을 특정한 문화의 강에서 또 다른 문화의 강으로 옮기려고 할 때, 많은 위험이 도사리고 있다.

몇 가지 예들이 그 도전을 식별하는 데 도움이 될 수 있다. 먼저 이자 징수 금지(출 22:25)를 예로 들어보자. 역사의 몇몇 시기에 그리스도인들은 이 조항을 그들이 다른 그리스도인들에게 이자를 징수하는 것을 삼가야 한다는 의미로 이해했다. 이로 인해 결국 은행업은 수익성이 없어지고 기독교 공동체 안에 사는 그리스도인에게 허용되는 직업이 아니게 되었다. 그런 배경에서 그들 가운데 사는 유대인들이 은행업에 종사하게 되었다. 오늘날 우리 중 대다수가 더는 은행업을 고리대금의 범주에 속한다고 생각하지 않는다는 사실은 토라에 수록된 그런 진술들로부터 실행 가능한 원칙을 도출하는 것이 얼마나 어려운가를 쉽게 알 수 있도록 해준다. 그것이 여러 상황에 어떻게 적용되는가에 관해 항상 의견의 차이가 있기 쉽다.

다음 예에서는 정확한 번역에 도달하기가 어렵다는 사실로 인해 해석자가 원칙을 도출할 수 있는 능력이 처음부터 방해받는다. 출애굽기 21:22은 임신한 여성이 우연히 사람들 사이의 싸움에 얽힌다는, 있을법하지 않은 상황을 묘사한다. 불행하게도 그 여성의 임신이 갑작스럽게 끝나게 된다. 텍스트는 그녀가 유산한 것인지 조산한 것인지를 명확하게 밝히지 않는다. 더 나아가 언급된 상해가 그 여성이 입은 상해인지 아니면 조산된 아기가 입은 상해인지 불명확하다. 이러한 불확실성으로 인해 무슨 일이 일어났는지 확실하게 재구성하기가 어려워지는데, 이는 그 시나

리오에서 원칙을 도출하려는 시도를 위험에 빠뜨린다.[8]

세 번째 예는 많은 사람이 적실성이 없는 것으로 보고 무시하기로 (임의로?) 선택하는 금지, 즉 월경 중인 여인과의 성관계 금지(레 18:19)와 관련 있다. 이 조항은 해석자들 대다수가 가장 심각한 종류로 간주하는 (예컨대 강간, 수간) 광범위한 성범죄 목록 안에 포함되어 있다. 다른 항목들은 모두 일반적으로 중요한 절대적인 도덕 기준으로 인식되기 때문에 이 항목을 무시하는 것은 확실히 자신에게 유리한 것만 진술하는 사례가 된다. 여기서 한계의 문제는 몇몇 다른 사례와 정반대다. 부당한 확대 적용을 제한하는 한계를 부과하지 않는 대신에 여기서 부과된 한계(현대 논리의)는 주변의 모든 조항이 중대하게 취급된다는 사실에도 불구하고 그 조항을 깡그리 무시한다.[9]

마지막 예에서 우리는 두 범주의 규정들을 대조하고자 한다. 토라를 읽는 사람이라면 누구나 이스라엘 백성이 그들 가운데 사는 외인들(gērîm)을 어떻게 대해야 하는지를 다루는 많은 구절이 있다는 것을 알고 있다. 토라에서 원칙을 도출하는 해석자들은 일반적으로 외인들에 대한 야웨의 분명한 관심에 대해 숙고한다. 비록 이것이 우리가 이민 정책을

---

8   그러나 현재 이 구절의 사용은 원칙의 추출 및 적용을 넘어서 한 단계 더 나아간다. 해석자들은 어떻게 이 시나리오가 유사해 보이는 다른 시나리오로 전환될 수 있는지를 두고 논쟁하지 않는 경향이 있다. 대신에 그들은 그 아이의 지위에 관하여 원칙들을 도출하려고 노력한다. 태아는 율법하에서 하나의 인격체로 취급되는가 그렇지 않은가? 그러므로 낙태와 심지어 확대 적용을 통해 태아 줄기세포 연구에 관한 현대의 논의에서 그 텍스트는 두드러진 역할을 부여받았다. 이 구절이 태아의 지위에 관하여 무엇을 말하는지 또는 말하지 않는지를 식별하는 문제에 번역의 어려움이 추가된다.

9   동일한 추론 방식을 따르며, Gane은 이 금지가 오늘날 그대로 유지되어야 한다고 결론 내린다. Gane, *Old Testament Law for Christians*, 358-61

형성하는 데 도움을 주기에는 미흡하지만, 그것은 또한 우리가 외인들을 어떻게 도와야 하는지 결정하는 데도 사용된다. 그러나 문제는 하나님이 외인들을 돌보는지 또는 우리가 그들을 돌봐야 하는지가 아니다. 사실 다른 구절들을 사용해서 외인 배제 원칙을 지지할 수도 있었다(신 23:3). 문제는 그 사안에 하나님의 권위 있는 말씀을 제공함에 있어 토라의 역할은 무엇인가다.

우리는 다른 예를 살펴봄으로써 그 문제를 보여줄 수 있다. 독자들이 외인들에 관한 조항들을 알고 있는 것처럼, 독자들 대다수는 음식물에 관한 조항을 알고 있다. 그 조항들을 문자적으로 읽는 사람은 야웨가 음식물에 관심을 기울인다는 결론을 피할 수 없을 것이다. 만일 우리의 방법론이 일관성이 있으려면(하나님이 관심을 기울이는 것으로부터 원칙을 도출함), 하나님이 음식물에 관심을 기울인다면 우리도 그렇게 해야 한다고 결론을 내려야 하지 않는가?[10] 우리가 몇몇 외부 기준에 따라 취사선택할 때 주관성을 피할 수 없다. 필연적으로 성경 텍스트보다 그 외부 기준이 권위를 가진다.

이 예들 및 식별될 수 있는 다른 많은 예는 도출된 원칙을 통해 토라를 적용하는 것의 방법론적 결점을 보여준다. 그 방법론은 일관성 있게 적용되지 않으며 그럴 수도 없다. 역사는 일찍이 바리새인들이 그들 자신의 해석에서 유사한 방법을 채택했을 때부터 그랬음을 증언한다. 그리스

---

10 신약성경이 관여하면 외인들에 대한 돌봄은 여전히 중요하지만 음식물은 그렇지 않다고 말하는 사람이 있다. 그러나 신약성경은 각각의 토라 조항을 평가하는 역할을 갖고 있지 않기 때문에 이것은 일관성 있게 적용될 수 있는 구별 기준이 될 수 없다(명제 15를 보라). 예수의 가르침과 서신서들로부터 도덕 체계를 공식화할 수 있는지―이 문제 자체도 결코 분명하지 않다―는 우리가 토라로부터 그렇게 할 수 있는지와 관련이 없다.

도인들은 자기들의 해석에서 유사한 방법을 채택하면서도 바리새인들의 해석을 율법주의라며 비난한다! 근본적인 문제는 이 접근법에서는 어떤 원칙을 안전하게 도출할 수 있는지, 그리고 어디까지 그것을 취할 수 있는지에 관한 한계를 정하는 명확한 방법 없이 우리 자신을 권위의 자리에 둔다는 것이다.

앞의 논의와 예들은 그 방법론이 지니는 문제들을 보여줬다. 그러나 이 점이 가장 중요한데, 도출된 원칙 접근법이 가지고 있는 본질적인 문제는 그 접근법이 토라의 실제 목적을 고려하지 않는다는 것이다. 설사 이 방법들이 그것들 자체의 내적 논리에 따라 잘 작동했다고 하더라도 그것들은 여전히 잘못되었다. 본서 전체에 걸쳐 우리는 토라가 현대의 법률 체계나 도덕 체계를 구성하기 위해서 제공된 것이 아님을 입증하려고 노력했다. 토라는 이스라엘에서 그 역할을 맡지 않았고 우리 역시 토라에 그 역할을 부여해서는 안 된다. 토라는 법률이 아니며 토라가 놓여 있는 세 가지 상황의 맥락으로 인해 우리는 그것을 행동 원칙들의 권위 있는 저장소로 취급할 수 없다. 그런 취급은 토라라는 장르의 의도된 취지에 어긋난다.

우리는 또한 성경(신구약 성경 모두)이 개인적인 윤리/도덕의 확립보다는 하나님의 백성 공동체의 질서에 더 관심을 기울인다는 것을 인식해야 한다. 그렇다고 해서 우리의 개인 윤리가 하나님께 중요하지 않다는 것을 의미하는 것은 아니지만 말이다. 이번 장에서 이론적인 토대를 놓았으므로 우리는 이제 오류의 가능성을 인식하려고 노력하면서 성경의 계시를 이용하여 오늘날의 당면 문제를 어떻게 다룰 수 있는지에 관심을 돌릴 필요가 있다. 이것이 다음 명제의 주제다.

토라는 오늘날의 문제들을
해결하기 위한 근거 텍스트를
제공할 수 없다

많은 그리스도인이 율법은 시대에 뒤졌고, 우리는 더 이상 율법 아래 있지 않으며, 율법은 불가해하고, 어리석을 때가 있다고 믿으면서도 사회 윤리적 문제가 발생할 때마다 "성경적" 입장을 찾기 위해 재빨리 모세오경을 찾아본다. 그들이 성경의 지지를 받는다고 생각하는 입장은 공교롭게도 그들이 옳다고 생각하는 경향이 있었던 입장에 불과하다는 것은 놀라운 일이 아니다. 우리는 성경 텍스트가 너무도 자주 개인 혹은 집단의 의제를 지지하기 위해 사용되거나 심지어 이용당한다고 생각한다. 수년 전에 도널드 맥컬러는 하나님을 시시한 존재로 만드는 것에 관하여 이야기하고 이 경향을 하나님을 "나의 대의명분의 하나님"으로 취급하는 것으로 불렀다.[1] 우리는 우리가 믿고 싶어 하는 것을 결정한 다음 우리가 "성경적 권위를 바탕으로 입장을 취할" 수 있게끔 성경을 파헤쳐 그것을 뒷받침할 증거를 들춰낸다. 근거 텍스트를 추출하는 것으로는 성경의 권위가 잘 나타내지지 않는 경우가 너무도 흔한데도 그리스도인들은 종종 이 방법을 사용해서 토라를 적실성이 있는 것으로 만들고 논쟁의 여지가 있는 문제를 해결하려고 시도한다.

이 장에서 우리는 토라를 문제 해결을 위한 근거 텍스트로 사용하려고 할 때의 일반적인 세 가지 오류를 간략하게 살펴볼 것이다. 우리는 오류들과 예들을 제시하고 나서 왜 이 오류들과 근거 텍스트를 제공하는 것이 토라를 오늘날에 적용하거나 현대의 문제들을 해결하는 데 충분하

---

1   Donald W. McCullough, *The Trivialization of God: The Dangerous Illusion of a Manageable Deity* (Colorado Springs, CO: NavPress, 1995)

지 않은지를 밝힐 것이다.

부정확한 문화 이전

문신은 최근 몇 년간 인기가 더 높아지고 점점 주류가 되었지만 얼마 전까지만 해도 교인들은 문신이 비성경적이라고 비난했다. 당시에는 일 반적으로 사람들이 평판이 나쁜 특정 부류의 사람만 문신을 과시하는 경향이 있다고 믿었다. 그래서 교회는 그리스도인들은 그런 일을 해서는 안 된다고 결정했다. 그들은 대부분의 문신을 반역자나 이단자와 관련시 켰다. (본질적으로 사회학적 요인들에 바탕을 둔) 그들의 의견을 뒷받침하기 위해 그들은 레위기 19:28을 근거로 제시하곤 했다. "죽은 자 때문에 너희의 살에 문신을 하지 말며 무늬를 놓지 말라. 나는 여호와이니라."[2] 토라를 이런 방식으로 불합리하게 사용하는 사람들은 고대 세계(성경 포함)에서의 문신이 현대 사회에서 문신이 가지고 있는 것과 똑같은 의미를 지녔다고 가정한다. 이것은 무식한 견해이며, 고대의 문화의 강에 속하는 무언가를 마치 그것이 우리의 문화의 강에서와 같은 관행 및 이해를 다루고 있는 것처럼 읽는 오류에 해당한다.

고대 근동에서 텍스트 및 도상학적 증거는 몸에 자국을 내는 것(문신이든 구멍을 뚫는 것이든)은 예속을 나타내는 표로 사용되었다.[3] 강요된 예

---

2   이 단어(*qaʿaqaʿ*)가 성경 텍스트에서 여기서만 등장하기 때문에 "문신"이라는 번역조차도 불확실하다는 점에 주의해야 한다. 더 광범위한 용례가 없으므로 우리가 그 단어의 정확한 뉘앙스를 파악했는지 확신하기 어렵다.

3   Nili S. Fox, "Marked for Servitude: Mesopotamia and the Bible," in *A Common Cultural Heritage: Studies on Mesopotamia and the Biblical World in Honor of Barry L. Eichler*, ed.

속의 경우 이것은 부정적인 의미를 함축할 것이다. 아마도 이것은 나치 강제수용소에서 수감자들의 팔뚝에 문신으로 새겨진 숫자와 비교될 수 있을 것이다. 그러나 이 표식들이 자발적으로 새겨졌고 채택된 정체성을 나타낸 경우가 더 일반적이었다(예컨대 사 44:5). 그러면 레위기에서 그것들이 왜 금지되는가? 이 맥락에서 그것이 애도의 관습으로 자해(自害)하는 것에 대한 금지와 쌍을 이루기 때문에, 한 가지 가능성은 이렇게 피부에 표를 하는 것이 죽은 사람의 영혼으로부터 자신을 보호하도록 의도되었다는 것이다.[4] 그 설명이 정확하든 제안된 다른 가능성 가운데 어떤 것이 정확하든 간에 우리가 고대 세계의 사고를 확실하게 간파할 수는 없지만, 그 금지가 신체표식(body marking)에 관한 고대 세계의 규범과 관련이 있는 것은 분명하다. 따라서 우리가 고대의 관습이 오늘날과 똑같은 목적을 지니고 있었다고 생각할 이유는 없다.

두 번째 예는 신명기 22:5의 금지, 즉 "여자는 남자의 의복을 입지 말 것이요, 남자는 여자의 의복을 입지 말 것이라. 이같이 하는 자는 네 하나님 여호와께 가증한 자이니라"에서 발견될 수 있다. 20세기 중반에 근본주의 교회들은 이 구절을 사용하여 여성 회중들이 어떤 종류의 바지도 입지 못하게 했다. 나는 1970년대에 그런 교회를 방문했다가 겨울 청소년 수련회(거기서는 썰매 타기가 주요 활동이었다)를 위해 소녀들이 치마 아래 바지를 입는 것이 허용된다는 안내방송을 들었던 것을 잘 기억한다. 비록 여성이 바지를 입는 것에 관한 이 견해가 오늘날에는 훨씬 더 희귀

Grant Frame et al. (University Park, MD: CDL Press, 2011), 267-78.

4   John E. Hartley, *Leviticus, Word Biblical Commentary* 4 (Dallas: Word, 1992), 321.

할지라도 그 구절은 여전히 자주 다른 성의 옷을 입는 것이나 의상 도착적(transvestite)인 관행들에 대한 성경적 견해를 설명하기 위한 근거 텍스트로 사용되고 있고, 성 정체성(gender identity)에 관한 좀 더 광범위한 대화에서 고려 요인이 된다.

그러나 여기서도 우리는 이 금지가 고대 세계에서 무엇을 가리켰는지 물어야 한다. 우리는 단순히 그것이 오늘날의 논쟁에서 발견되는 것과 똑같은 사회적·도덕적 가치를 반영한다고 가정할 수 없다. 우리는 먼저 고대의 문화의 강과 이 금지가 거기서 의미하는 바를 이해해야 한다. 이것은 고대 문화의 강에서의 의상의 의미와 어떤 환경에서 사람들이 이성(異性)의 옷을 착용했을지를 질문하는 것으로 시작된다.[5] 우리는 질서가 고대 세계에서 가장 높은 가치라는 점을 기억할 것이다. 따라서 각 사람의 행동은 그(녀)의 사회에서의 정체성, 지위 및 역할의 규범을 따르도록 기대되었다. 순응이 중시되었고 독특함이나 개인주의는 회피되었으며 관습의 경계에 대한 위반이 거부되었다. 이러한 문화적 맥락에서 성적인 모호성은 최고의 위반이었다.

성별을 반영한 의상은 사회가 성 이데올로기를 정의하고 시행하는 하나의 수단이다. 의상은 그것 자체로는 고유한 의미를 지니지 않으며 그것의 의미는 문화적으로 주어진다. 옷을 입는 사람과 보는 사람 모두 몸의 가시적인 확장으로서 의상의 사회적 메시지를 이해한다. 그렇게 함으

---

5   Nili S. Fox, "Gender Transformation and Transgression: Contextualizing the Prohibition of Cross-Dressing in Deut 22:5," in *Mishneh Todah: Studies in Deuteronomy and Its Cultural Environment in Honor of Jeffrey H. Tigay*, ed. Nili S. Fox, David A. Gilad-Glatt, and Michael J. Williams (Winona Lake, IN: Eisenbrauns, 2009), 49-71.

로써 옷, 장식품, 기구 및 신체의 꾸밈(머리 카락, 피부 등)으로 특징지어지는 의상은 성 역할 및 경계뿐만 아니라 사회적·윤리적 정체성을 기록하는 텍스트로서 기능한다.[6]

우리는 바빌로니아의 여신 이슈타르(수메르의 이난나와 동일시된다)라는 인물에게서 이 요소들이 작동하는 것을 엿볼 수 있다. 사랑과 전쟁, 삶 및 죽음과 관련된 여신으로서 그녀는 양극성과 역설을 구현했다. 그녀는 청소년기의 여성이지만 세상의 매혹적인 여성일 뿐만 아니라, 영원한 처녀이자 문란한 매춘부였다. 그녀는 종종 남녀 양성을 갖추고 있는 것으로 묘사되었고, 질서 파괴의 화신이 되었다. 이쉬타르 숭배 및 그 축제의 맥락에서 고대 세계에서 이성의 옷을 입는 것의 주요 맥락 중 하나가 발견된다.[7]

그렇다고 해서 이스라엘 사람들이 이슈타르 숭배를 알고 있었다거나(비록 그들이 알고 있었을 수도 있지만) 그 관습에 참여하는 경향이 있었다는 뜻은 아니다. 그것은 단지 고대 세계에서 이성의 옷을 입는 것이 실천된 맥락의 예를 제공하는 것에 불과하다. 이 예 및 논의될 수 있는 다른 예들에 기초하여,[8] 우리는 고대 세계에서의 이성의 옷을 입는 관행이 현

---

6   Fox, "Gender Transformation and Transgression," 50. 우리는 젊은 여성이 남성 행세를 했던 디즈니 영화 "뮬란"(*Mulan*)과 그 행동이 도전한 모든 사회적 관점을 상기하기만 하면 된다.

7   Rivkah Harris, "Inanna-Ishtar as Paradox and a Coincidence of Opposites," in *Gender and Aging in Mesopotamia: The Gilgamesh Epic and Other Ancient Literature*, ed. Rivkah Harris (Norman: University of Oklahoma Press, 2000), 158–71; L. M. Pryke, *Ishtar* (New York: Routledge, 2017).

8   또 다른 제안은 마술적 의식에서의 성적 연상(gender association)의 사용에 근거한다. Harry A. Hoffner, Jr. "Symbols for Masculinity and Femininity: Their Use in Ancient Near Eastern Sympathetic Magic Rituals," *JBL* 85, no. 3 (1966): 326–34를 보라.

대 사회에서와는 다른 전제하에 작동했음을 안다. 이 점이 가장 중요한데, 그것은 확실히 동성애와 관련이 있는 것은 아니다. 경계가 흐려지는 것은 질서를 어지럽히지만, 그 질서에 관한 의식은 사회의 이데올로기 안에 내재되어 있다.

같은 표현

성경에서 근거 텍스트를 캐낼 때 문화에 대한 오해가 관련될 수 있지만, 그 오류는 번역에 사용된 단어들 및 그것들의 의미가 변한 것과 관련이 있을 수도 있다. 그리스도인들이 [십계명 중] 세 번째 계명을 일반적으로 해석하는 방식에서 좋은 예를 볼 수 있다. 한 아이가 신성 모독적인 말을 하면 아마도 그 부모는 그 자녀에게 "너는 네 하나님 여호와의 이름을 망령되게 부르지 말라"(출 20:7)고 권고할 것이다.[9] 우리가 야웨의 이름을 헛되이 부르는 것을 신성모독과 연관시켰기 때문에 이 근거 텍스트 접근법은 직관적으로 보인다.

현대 세계에서 신성을 모독하는 언행이 하나님의 이름의 가치를 떨어뜨린다는 것은 사실이다. 신성모독이 세 번째 계명의 표현을 통해서 다뤄지는 것 같지만 그 해석은 그 계명의 초점을 포착하지 못한다. 그러나 고대 세계의 사람들은 신의 이름을 무력한 것으로 취급하는 경향이 적었다. 그들은 신의 이름의 고유한 능력을 인정하고 그것을 자신들의 이익

---

9 물론 이것이 세 번째 계명을 적용하는 유일한 방식은 아니다. 거짓 맹세의 금지는 또 다른 적용 방식이 될 것이다.

을 위해 사용하려고 시도하려는 경향이 더 많았다. 이러한 관심은 그 계명이 오늘날 근거 텍스트로 사용되는 방식과 정반대다.[10]

부적절한 번역

교회가 그 시대의 중요한 사회 문제에 대한 정책을 수립하기를 원할 때 사람들은 일반적으로 토라에 의지해서 자기가 그 문제에 대한 하나님의 견해라고 믿는 바를 이해하기 위한 지침을 얻는다. 교회가 점점 증가하는 이혼 및 재혼 추세에 어떻게 반응해야 할지를 결정하려고 할 때 우리는 이런 경향을 볼 수 있다. 토라가 그 문제에 관해서 말해주는 내용이 거의 없지만 그것을 다루는 한 구절인 신명기 24:1-4이 종종 논의의 중심에 놓인다.

> 사람이 아내를 맞이하여 데려온 후에 그에게 수치되는 일이 있음을 발견하고 그를 기뻐하지 아니하면 이혼 증서를 써서 그의 손에 주고 그를 자기 집에서 내보낼 것이요, 그 여자는 그의 집에서 나가서 다른 사람의 아내가 되려니와, 그의 둘째 남편도 그를 미워하여 이혼 증서를 써서 그의 손에 주고 그를 자기 집에서 내보냈거나 또는 그를 아내로 맞이한 둘째 남편이 죽었다 하자. 그 여자는 이미 몸을 더럽혔은즉 그를 내보낸 전남편이 그를 다시 아내로 맞이하지 말지니 이 일은 여호와 앞에 가증한 것이라. 너는 네 하나님

---

10 우리가 부록에서 십계명을 더 자세히 다룰 때 세 번째 계명을 좀 더 광범위하게 다룰 것이다.

이 복잡한 사례의 열쇠는 신명기 24:4에서 인용된 결정의 배후에 있는 추론, 즉 "그 여자는 이미 몸을 더럽혔은즉"에 있다. 그 번역이 상황을 잘못 표현하는 것으로 입증되었음에도 모든 역본이 이 번역에 대해 사실상 동의하고 있다. 동사 "더럽혔다"의 문법 형태가 문제다. 모든 역본이 그 단어를 수동형인 "더럽혀졌다"로 번역하지만 그 동사 형태는 수동-재귀형(passive reflexive)이며—복잡하기는 하지만—"그녀가 자신이 더럽혀졌다고 생각하게 되었기 때문에"라고 번역되어야 한다.[11] 우리는 그녀로 하여금 자신이 더럽혀졌다고 생각하도록 만든 것이 최초의 이혼(도덕적으로 타락한 행위로 인한 이혼이 아니라 신체적 조건으로 인한 이혼)과 무신경한 남편의 행동(그녀의 상황이 공개되었음에도 불구하고 두 번째 남편이 기꺼이 그녀와 결혼하려 했다는 사실에 의해서 입증되었다)이었다는 것을 발견한다. 마지막으로 우리는 그 금지가 재혼하는 여성에 대한 것이 아니라 특히 그녀와 다시 결혼하려는 첫 번째 남편에 대한 것이라는 점에 주목한다. 그녀가 어떤 위반행위를 한 것이 아니다. 첫 번째 남편은 그녀의 취약점을 악용하지 못하도록 금지된다. 따라서 그 조항이 우리 사회와는 매우 다른 고대 세계

---

11 John H. Walton, "The Place of the *Hutqaṭṭēl* Within the D-stem Group and Its Implications in Deuteronomy 24:4," *Hebrew Studies* 32 (1991): 7-17. 좀 더 접근하기 쉽고 비전문적인 제시는 E. Carpenter, "Deuteronomy," in *The Zondervan Illustrated Bible Backgrounds Commentary*, ed. John H. Walton (Grand Rapids: Zondervan, 2009), 1:500, Craig S. Keener and John H. Walton, *NIV Cultural Backgrounds Study Bible* (Grand Rapids: Zondervan, 2016), 335에 요약된 내용을 보라. 주석의 지원은 Daniel I. Block, *Deuteronomy*, NIV Application Commentary (Grand Rapids: Zondervan, 2012), 556-59를 보라.

의 사회적 현실 위에 세워졌기 때문에 이 사례는 이혼 및 재혼에 관한 현대의 논의에서 아무것도 제공하지 못한다.

신명기 24:4과 앞에서 예로 든 신명기 22:5은 모두 금지된 행동을 야웨가 혐오한다(또는 "야웨께 혐오의 대상"이라고 번역될 수 있다)는 언급을 포함하고 있다. 몇몇 학자들은 종종 이런 종류의 진술만 사용해서 금지 규정을 보편적으로 확대했다. 그런 지시들은 종종 레위기와 신명기에서 나타나며, 히브리어 단어 **토에바**(*tôʿēbâ*)를 반영한다.[12] 그 용어는 어떤 사물이나 행동을 질서에 반하는 것으로 분류한다. 몇몇 맥락에서는 그 단어가 본능적인 반감이나 혐오를 의미할 수도 있지만 반드시 그런 것은 아니다. 무언가가 질서에 반한다 해도, 심지어 그것이 야웨의 관점에서 질서에 반할 때조차도 그렇게 인지된 사물이나 행동이 반드시 보편적으로 부도덕하거나 사악하거나 불순하거나 불충분하거나 결함이 있는 것으로 여겨져야 하는 것은 아니다. 고대 세계의 관점에서 질서에 반했던 것이 우리의 관점에서 볼 때는 질서에 반하지 않을 수 있으며, 그것을 반드시 본질적으로 사악한 행동이라고 볼 수 있는 것도 아니다. 질서를 야웨의 것이라고 명시하는 것은 문제의 질서가 이스라엘의 언약 질서이지, 하나님의 모든 창조물을 위하여 의도된 것이 아니라는 것을 의미한다. 토라가 이스라엘과의 언약적 맥락에 놓여 있고, (토라의 장르로부터 추론된) 토라의 목적이 언약 질서의 본질을 정의하는 것이기 때문에 우리는 이것

---

12 이 단어에 대한 광범위한 논의는 다음 문헌들을 보라. John H. Walton and J. Harvey Walton, *The Lost World of the Israelite Conquest: Covenant, Retribution, and the Fate of the Canaanites* (Downers Grove, IL: IVP Academic, 2017), 151-56; 또는 John H. Walton, *Old Testament Theology for Christians: From Ancient Context to Enduring Belief* (Downers Grove, IL: Inter-Varsity Press, 2017), 175-79.

을 알고 있다.

이 예들은 우리에게 이 특정한 종류의 사례들에서는 근거 텍스트를 사용하는 것이 수용될 수 없지만 다른 모든 사례에서는 괜찮다는 것을 시사하지 않는다. 이 모든 예와 다른 많은 예에서 이 방법론의 적용이 일관적이지 않거나 고르지 않다는 것이 흠이다. 예컨대 같은 맥락에 놓여 있으며 같은 무게와 표현을 지니는 다른 구절은 무시된다(예컨대 모직과 리넨으로 섞어 짜는 것에 대한 금지 또는 겉옷의 네 귀에 술을 만들라는 요구, 신 22:11-12).

근거 텍스트의 사용에 내재된 결함은 특정한 오류를 넘어 토라를 오인한다는 더 큰 개념으로 옮겨간다. 토라의 적실성을 찾기 위해 우리가 채택하는 절차들은 우리가 본서 전체에서 토라에 관하여 관찰한 내용을 인식해야만 한다. 토라의 적실성 및 적용에 관한 결정들은(어떤 성경 텍스트라도 그렇듯이) 장르(이 경우 입법화된 명령이 아닌 지혜 통찰이다), 맥락(언약과 성전의 맥락에서 이스라엘을 향해 기록되었다), 수사학적 전략(문학의 한 부분이 작품 전체에서 어떻게 기능하는가), 저자의 의도(저자가 그 의사소통을 통해 무엇을 성취하려고 하는가—기대되는 반응), 그리고 문화적 맥락의 배경(우리의 문화의 강이 아니라 고대의 문화의 강과 관련하여 이해된 배경)을 바탕으로 이루어져야 한다. 오직 이러한 해석 및 방법론의 기준들이 일관성 있게 유지될 때에만 하나님의 말씀의 권위가 우리의 현대 맥락에 사용될 수 있다. 근거 텍스트를 추출하는 것은 결코 그 목적을 달성하지 못한다.

고대 이스라엘 사람들은 토라를
신성한 도덕적 가르침을 제공하는 것으로
이해하지 않았을 것이다

만일 토라를 분리해서 도덕적인 부분을 가려낼 수 없다면(명제 16을 보라), 우리는 토라의 전체 초점이 본질적으로 도덕적이라고 결론을 내리거나 (이 견해를 진지하게 고려하는 해석자들은 거의 없다), 토라 전체의 문학적 기능에 있어서 도덕이 토라의 초점이 아니라고 결론을 내려야 한다. 우리는 후자를 주장할 텐데 우리의 일반적인 절차대로 먼저 고대 근동의 문화의 강에 대해 살펴볼 것이다. 우리는 우선 고대인들이 행동규범에 대하여 어떻게 생각했는지 검토하고, 고대 근동에서 그 개념들에 신적인 토대가 있는지를 살펴볼 것이다. 그러고 나서 우리는 그것을 우리가 구약성경에서 발견한 것과 비교할 수 있을 것이다. 그렇게 하면 우리가 신약성경, 기독교 신학 또는 현대의 철학적 개념들이 그 논의를 견인하도록 놔두는 것이 아니라, 구약성경의 맥락에서 도덕에 관하여 생각하는 데 도움이 될 것이다.

고대 근동의 문화의 강

다양한 문화들이 얼마나 일치하지 않는지 그리고 그들이 어떻게 자기들의 이해에 이르렀는지에 관계없이, 모든 문화는 사람들이 무엇을 해야 하는지 또는 하지 말아야 하는지에 대한 일반적인 개념뿐만 아니라 수용할 수 있는 행동에 대한 특정한 기준들을 가지고 있다. 고대 근동에서 사람들이 생각한 방식들을 파악하기 위하여 우리는 먼저 왕권에 비추어 우리가 "도덕"이라고 부르는 것에 대한 고대의 인식을 살펴본다. 왕권과 도덕이 현대인들에게 직관적으로 관련이 있는 것은 아니지만 그것은 공동체의 정체성에 기초한 고대 근동의 문화의 강을 잘 나타낸다. 고대 근동의 도덕은—그 개념이 존재했다면 그 한도 내에서—본질상 개인적인 것이 아니라 공동체적이다. 왕은 하늘과 땅의 연결고리였고 사회 질서를 확립했다. 그 질서는 신들과 사람들을 만족시킨다. 비트 폰그라츠-라이스텐은 "개인 사이에 발생하는 규범적 가치체계의 위반은 집단적이고 신적인 세계 전체에 영향을 주는 것으로 간주되었다"고 말한다.[1] 이 집단적 정신구조는 고도로 개인적인 사고방식에 익숙한 우리의 정신구조에는 매우 이질적이다. 고대 근동에서 문명화된 삶의 특징은 행동에 관한 도덕 체계라기보다는 질서가 잘 확립된 사회였다. 백만 개가 넘는 설형문자 텍스트 중 우리가 생각하는 바와 같이 도덕이 종교적 또는 심지어 문화적 미덕이었다고 암시하는 내용은 거의 없다.[2] 이 점은 우리가 고대인들이 도덕에 관하여 오늘날 우리와 같은 방식으로 생각했다고 가정할 수 없음

---

[1]   Beate Pongratz-Leisten, "Bad Kings in the Literary History of Mesopotamia and the Interface Between Law, Divination, and Religion," in *From Source to History: Studies on Ancient Near Eastern Worlds and Beyond*, ed. Salvatore Gaspa et al. (Münster: Ugarit-Verlag, 2014), 527-48(위의 인용문은 527에 수록되었음). 이 표현은 Pongratz-Leisten 특유의 표현이 아니라 고대 근동을 전공하는 학자들 사이의 일반적인 의식을 대표한다. 다른 자료로는 W. G. Lambert, "Morals in Ancient Mesopotamia," *JEOL* 15 (1957–1958): 184-96과 같은 기념비적인 논문들과 다음과 같은 좀 더 최근의 저술이 있다. Karel van der Toorn, *Family Religion in Babylonia, Syria and Israel: Continuity and Change in the Forms of Religious Life* (Leiden: Brill, 1996); Giorgio Buccellati, "Ethics and Piety in the Ancient Near East," *CANE*, 3:1685-96; 그리고 Daniel C. Snell, "The Invention of the Individual," in *A Companion to the Ancient Near East*, ed. Daniel C. Snell (Oxford: Blackwell, 2005), 357-69. 나는 John H. Walton, *Ancient Near Eastern Thought and the Old Testament: Introducing the Conceptual World of the Hebrew Bible*, 2nd ed. (Grand Rapids: Baker Academic, 2018), 115-27에서 여전히 요약적이지만 더 광범위한 논의를 제공했다.

[2]   Jean Bottéro, *Religion in Ancient Mesopotamia*, Teresa Lavender Fagan 역 (Chicago: University of Chicago Press, 2001), 169-70.

을 경고하기에 충분하다.

동시에 우리는 그들이 적절한 행동에 대한 필요를 진지하게 받아들였음을 알 수 있다. 이 점은 다양한 텍스트에서 분명히 알 수 있는데, **슈르푸**(*Shurpu*) 주문(呪文)들은 가장 중요한 텍스트 중 하나다.

그는 거짓된 저울을 사용[했고] [진실된 저울을 사용하지 않았으며]

그는 자기에게 지급할 것이 아닌 돈을 취했고 [자기에게 지급해야 할 돈]을 [취하지 않았으며]

적법한 아들의 상속권을 박탈했고 (그의 권리들에서) 적[출자]를 세우[지 않았으며]

거짓된 경계를 세웠고 [진]실된 경[계]를 세우지 않았으며 표시와 국경선과 경계선을 옮겼다.

그는 이웃의 집에 들어가

이웃의 아내와 성관계를 갖고

이웃의 피를 흘리고

이웃의 옷을 입었다[이형: 가져갔다].

그는 젊은이가 벌거벗었을 때 그에게 옷을 주지 않았다.

그는 부유한 젊은이를 그의 가족으로부터 내쫓고

모여 사는 씨족을 흩어 놓았다.

그의 입은 솔직하지만, 그의 마음은 진실하지 않으며

그의 입이 "그렇다"(라고 말할 때), 그의 마음은 "아니오"(라고 말하며)

대체로 그는 진실하지 않은 말을 했다.

…한 그는 (분노로) 흔들리고 떨며

파괴하고, 쫓아내고, 몰아내고

비난하고, 유죄를 선고하며, 험담을 퍼뜨리고

나쁜 짓을 하고, 강탈하고, 강탈하도록 부추기고

악에 손을 댄다.

그의 입은…거짓말하며, 그의 입술은 혼란스럽고 폭력적이며

그는 부적절한 것들을 알고, 보기 흉한 일들을 배웠으며

그는 사악함을 지지했고

옳음의 경계선을 넘어섰으며

적절하지 않은 일들을 저질렀고

마법과 마술에 손을 댔다.

그가 먹은 사악한 금기 음식과

그가 저지른 많은 범죄와

그가 분열시킨 회중과

그가 흩어버린 단단하게 결속되었던 모임과

신과 여신에 대한 모든 경멸과

그가 마음과 입으로는 약속했지만 주지 않은 것 때문에

분향할 때 그는 자기 신의 이름을 말하지 않고 빠뜨렸고

정화의식을 하고, (그런 다음) 불평하고 (그것을) 보류하였으며,

…(신들을 위하여) 무언가를 떼어놓았으나 그것을 먹었다.

그는 거만하게 행동한 후에 기도하기 시작했고

준비된 제단을 어지럽혔고

그의 신과 여신이 자기에게 화나게 했고

회중 가운데 일어서서 부적절한 말을 했다.

제5부 토라의 지속적인 중요성

그는 유혈로 짓밟고

피가 흐르는 곳마다 따라가곤 했으며

그의 도시에서 금기였던 것을 먹[고]

그의 도시의 형세를 누설하고

그의 도시의 평판을 나쁘게 만들었다.[3]

슈르푸 주문 시리즈는 악한 세력(인간 또는 악마)이 작용한 결과라고 여겨졌던 불행에 대한 구제책으로 사용되었다. 그것은 발생 가능한 광범위한 목록을 제공함으로써, 신들이 보기에 어려움을 당하는 자가 사실은 유죄라고 여겼던 범죄들을(추측만 할 수 있을 뿐이다) 거론하고자 하는 의도로 작성된 것이다. 어떤 사람에게 화가 난 신은 그 사람을 악한 세력에게 쉽게 공격받도록 내버려 두는 경향이 있었다. 이 주문들과 관련된 제의는 제사장과 주문 전문가라는 두 전문인에 의해 수행되었다. 각 행의 항목들은 잠재적으로 신들에게 무례한 것으로 여겨졌던 활동들을 다룬다. 이 주문에 포함된 목록이 도덕적 범주와 관련해서는 불완전하고, 본질상 도덕과 관련이 없는 많은 행동을 포함한다는 사실은 도덕이 이 주문의 초점이 아님을 암시한다. 신들은 우리가 도덕적 행동이라고 부를 수 있는 것을 질서 또는 무질서 체계의 일부로서 단지 이차적으로만 기대했다(명제 7을 보라). 무심코 이 목록을 읽는 독자조차도 그것이 토라와 마찬가지로 개인과 공동체와 신들에 대한 범죄를 포함한다는 것을 알아차릴 것이다. 확실히 그 범죄들은 우리가 윤리적 또는 도덕적 영역으로 분류하는 영역

---

3   Tablet II의 42-97행, Pongratz-Leisten 역, "Bad Kings," 532-33.

에만 속한 것이 아니다.[4]

그렇다면 중요한 질문은 목록에 열거된 행동 중 어떤 것이라도 도덕적/윤리적 영역에 속한 것으로 해석될 수 있는가가 아니라, 그 문학이 우리가 도덕법이라고 부르는 것과 유사한 것을 의도적으로 다루고 있는 것으로 해석될 수 있는가다. 도덕법은 대개 사람들이 따라야 하는(일반적으로[5] 또는 특정 목록을 통하여) 규칙들에 관하여 이야기하는 방식으로 여겨진다. 그것이 하나님에게서 또는 하나님의 성품에서 유래한다고 믿는 사람이 있는 반면에(신법), 그것이 사람들 또는 훨씬 더 광범위하게는 세상의 작동에 내재하는 올바른 행동에 대한 상식을 반영한다고 믿는 사람도 있다(자연법).[6] 몇몇은 그 둘을 혼합한다.[7] 이는 토라에 대한 시대착오적인 사고방식에서 비롯된 범주들이다. 우리는 이 후대의 분류체계가 고대 세계에 빛을 비춰주리라고 믿을 수 없다.

우리가 묘사해온 고대 근동의 사고방식은 법을 신성한 것으로 간주하지 않는다.[8] 고대 근동 사람들은 법을 구성하는 그들 사회의 여러 측면

---

4   비슷한 목록들이 이집트의 『사자(死者)의 서(書)』, 주문 125나 바빌로니아의 아키투 축제(Akitu Festival)의 부정적인 고백에서 발견된다.

5   모든 해를 피해라, 황금률 등

6   J. Budziszewski는 "자연법"을 "모두에게 옳고 어느 정도는 모두에게 알려진, 옳고 그름에 대한 기본 원칙들"이라고 정의한다. J. Budziszewski, *Natural Law for Lawyers* (Nashville: ACW Press, 2006), 21.

7   참조. C. Stephen Evans, *God and Moral Obligation* (Oxford: Oxford University Press, 2013). Christine Hayes, *What's Divine About Divine Law?: Early Perspectives* (Princeton: Princeton University Press, 2015), 88-89는 스토아 학파가 신법과 자연법을 동일시한 최초의 사람들이었다는 견해를 지지한다.

8   여기서 우리는 법 모음집들에서 발견된 문학을 언급하고 있는 것이 아니다. 우리는 이미 그것들이 법률로 제정된 것이 아니며 법도 아니라는 것을 증명했다. 우리는 그것이 사회에서 어떤 식으로 보존되든지 좀 더 추상적인 범주의 법을 언급하고 있다.

들(예컨대 정의, 지혜)이 우주의 조직 속에 짜여 있지만 신들에 의해서 그렇게 된 것은 아니라고 믿었다. 그것들은 수메르 용어 '메'(ME)로 표현되는데 이는 대략 "제어 속성들"(control attributes)로 번역된다. 이 법들의 기원이 신들에게 있지는 않지만, 그것들은 칙령을 통해 신들에 의해서 시행되는 것으로 생각되었다.[9] 고대 근동에는 (짐승의 내장을 이용한 점술 행위에서 신탁을 구하는 질문에 대한 매우 한정된 답변들 외에는) 특별 계시가 없었고 신들은 사회에 대한 그들의 뜻을 법률로 제정하지 않았다. "제어 속성들"은 (우리가 자연법이라고 부르는 것과 마찬가지로) 우주와 사회의 경계 전역에 퍼져 있으며, 신과 왕과 백성에 의하여 인식될 수 있었다(그러므로 대략 우리가 자연 계시 또는 일반 계시라고 부르는 것에 상응한다). 물론 칙령으로 표현되는 왕의 강제적인 의지가 존재하지만 공식적인 법률 체계로 존재하지는 않는다.

이스라엘에서는 야웨가 왕으로 자리 잡고 있으면서 메소포타미아의 왕들처럼 질서를 확립한다. 그러나 고대 세계의 모든 사람은 질서가 일련의 엄격한 규칙들을 따름으로써 유지되는 것이 아니라고 이해했다. 야웨가 하나님과 왕이 결합된 역할을 수행한다고 해서 그의 칙령(인간 세계의 질서나 봉신의 충성을 위한 칙령)이―모든 곳에서 모든 사람에게 적용할 수 있고 자연법으로서의 일반 계시를 통해 이해할 수 있는―우주의 제어 속성들과 동일시되는 것은 아니다. 단순히 신적 기능과 왕의 기능이 동일

---

9   이것들에 관하여 우리에게 정보를 제공하는 고대 근동 문학에 대한 광범위한 논의는 John H. Walton, *Genesis 1 as Ancient Cosmology* (Winona Lake, IN: Eisenbrauns, 2011, 『창세기 1장과 고대 근동 우주론』, 새물결플러스 역간), 46-65 및 더 기술적인 논의로 이끄는 각주들을 보라.

한 인물에 의해서 수행된다는 이유만으로 그 기능들을 하나로 합쳐서는 안 된다.

결론적으로 우리는 이제 이 장의 명제에서 제기된 주장으로 돌아갈 수 있다. 토라가 도덕과 관련될 수 없는 내용을 너무 많이 포함하고 있기에 "도덕적"이라는 단어는 토라에 대한 적절한 묘사가 아닐 것이다.[10] 따라서 문학적으로 토라의 초점은 본질상 도덕이 아니라고 생각되어야 한다(물론 우리가 사람들의 도덕적 감수성과 겹치는 자료를 발견할 수 있지만 말이다). 토라는 (이전에 확립된 지혜와 관련된) 신적 가르침을 포함하고 있으므로 도덕적 가르침도 적절하게 관련되어 있을 테지만, 거기서 체계적이거나 보편적인 도덕 체계는 발견되지 않는다.

이스라엘 사람들이 토라에 충실하다는 것은 그들이 사회의 모든 측면에서 특정한 질서 상태를 유지하고 있다는 의미일 것이다. 그것은 우리가 그들의 고대 세계와 그들의 하나님과의 언약 관계, 그리고 하나님의 임재를 맞이하는 호스트로서의 그들의 책임에 적합한 "도덕적 행동"이라고 부르는 것으로 특징지어질 것이다. 그러나 토라는 그 도덕성을 우발적으로 그리고 부분적으로만 전달한다. 그러므로 토라는 신적인 기원을 갖는다는 점에서 "신성하다." 토라는 그 단어의 본질에 있어서 또한 그 자료가 지혜를 지향한다는 의미에서 가르침이다. 그러나 도덕이라는 단어는 토라가 어떻게 기능하는지 설명하기에는 너무 제한적인 용어

---

10 우리와 많은 점에서 견해를 달리하는 Paul Copan조차도 "모세의 법은 도덕법과 동일시되어서는 안 된다. 법은 종종 이상적인 것과 시행할 수 있는 것 사이의 타협이다"라는 전제를 받아들인다. Paul Copan, "Are Old Testament Laws Evil?," in *God Is Great, God Is Good: Why Believing in God Is Reasonable and Responsible*, ed. William Lane Craig and Chad Meister (Downers Grove, IL: InterVarsity Press, 2009), 134-54, 149에 인용된 문장.

이기 때문에 토라는 도덕적인 것으로 여겨질 수 없다. 그 대신 토라는 가르침이며 그것에 대해 기대되는 반응은 토라가 명령한다("너는 ~해야만 한다")고 여겨지는 특정 규칙들에 순종하는 것이 아니라, 그것이 묘사하는("너는 ~임을 알게 될 것이다") 질서의 본질을 이해하는 것이다.

토라를 신적 가르침으로 보는 신약성경의 관점

구약성경의 관점과 관련하여 우리가 제시해온 증거에 근거할 때 다음과 같은 이유로 인해 토라나 토라의 어떤 부분도 도덕법으로 여겨져서는 안 된다. (1) 토라는 구약성경이나 신약성경의 어느 맥락에서 읽히더라도 분할될 수 없다. (2) 도덕은 토라의 초점이 아니다. (3) 토라는 법률이 아니다. 토라는 이스라엘 사람들을 위한 도덕법이 아니었기 때문에 (우리가 텍스트 저자의 의도에서 그 텍스트의 권위를 찾는다면) 오늘날 우리를 위한 도덕법이 될 수 없다. 우리가 토라를 구약성경의 맥락에서 진지하게 받아들이면 토라를 도덕 논문으로 읽어야 한다는 생각은 제거된다. 앞의 장들에서 제안된 바와 같이(명제 4와 5를 보라) 구약성경의 맥락에서 토라는 법률이나 도덕 규칙이 아니라 이스라엘 국가의 질서를 통해 바람직한 하나님의 명성을 반영함으로써 그의 은총을 유지하기 위한 가르침으로 보아야 한다. 그러나 또 우리는 신약성경이 토라를 이해할 때 구약성경이 그것을 이해하는 방식과는 다르게 이해한다고 주장했다(명제 15를 보라). 그러므로 이론상으로는 (구약성경에 나타난 형태의 토라가 아니라) 제2성전기에 이해된[11] 토라가 신약성경에 의해 장차 신적 도덕법의 기초로서 확립되고 있을 가능성이 있는데, 이 점에 대해서는 어느 정도 검토할 가치가 있다.

논의를 시작하기 위해서 예수와 부유한 젊은 관원의 이야기로 돌아가 보자. 예수는 이 경우에 그 젊은이가 토라가 요구한 것을 다 이행하기 위해서는 그가 모든 소유를 팔아서 그 돈을 가난한 자들에게 주어야 한다고 말한다. 예수가 토라를 진지하게 받아들이기 원하는 사람은 모든 소유를 팔아 가난한 사람들에게 주어야 할 의무가 있다고 말하고 있는 것으로 믿는 교회의 관행은 없다. 그 말은 이 젊은이의 경우에 적용된 것이었다. 그런 개념은 토라에서(히브리어 성경에서나 제2성전기에 성경에서 추론된 랍비문헌 항목들에서도) 명시적으로 언급되지 않았다. 그리고 예수가 그 말을 했음에도 그것은 모든 사람이 따라야 할 도덕적 원칙으로 수용되지 않았다. 그러므로 우리는 토라와 그것의 적용에 있어서 상대적 측면을 인정한 전례가 있음을 알 수 있다.

예수가 토라를 사용한 나머지 부분을 살펴보면 우리는 그가 토라를 진지하게 받아들이고, 토라로부터 적용을 끌어내고, 자신의 몇몇 가르침의 토대를 토라에 두고 있음을 발견한다(특히 산상수훈에서는 모세가 이스라엘에게 토라를 준 것을 문학적으로 재현한다). 그러나 예수는 토라에 기초해서 도덕 체계를 확립하거나 토라에서 도덕 체계를 끌어내려고 시도하지 않는다. 예수의 가르침에서 토라는 성취될 대상이지 법률로 확립될 대상이

---

11 일반적으로 또는 신약성경이 직접 통합시킨 토라의 부분들(예컨대 눅 18:20에서의 제5-9계명)에서 제2성전기에 이해된 내용.

아니다. 예수가 자신의 가르침을 통해서 의미하는 것은 자신이 이스라엘의 왕(메시아)으로서—이스라엘의 이전 왕들은 해내지 못한—신적 주권자에게 충실한 섭정의 역할을 수행한다는 것이다. 섭정 왕이 충실하고 그의 백성도 마찬가지로 그를 따라서 질서(이제는 특히 서신서 전체에서 보여주는 바와 같이 그 개념이 더는 고대 근동의 것을 따르지 않고 그리스-로마 세계에서 이해된 질서)를 충실하게 집행하기 때문에, 하나님의 은총이 섭정 왕과 (이제 참된 이스라엘의 남은 자인 교회를 통해서 대표되는) 그의 백성에게 회복된다.

바울이 도덕을 권장하기를 원할 때 그는 토라를 통해서 그렇게 하지 않는다. 그 대신에 그는 논리—철학적 논리와 신학적 논리—를 통해 주장을 전개한다(로마서 2장을 보라). 그 문제에 대한 바울의 접근법은 그리스-로마 세계의 일반적인 사고방식을 반영한다. 신약성경 저자들은 일반적으로 그리스도인들로 하여금 그리스-로마 질서의 모범이 되도록 권장한다(딛 2:10에서 명시적으로 그렇게 한다). 초기 기독교 변증가들은 이 개념에 의존해서 그리스도인들이 부당하게 박해받은 모범적인 시민들이라고 주장했으며, 사도행전은 일관되게 바울을 난폭하고 사악한 그의 고발자들과 대조적으로 법을 준수하는 로마 시민으로 제시한다. 그러나 옹호되는 구체적인 행동은 모두 토라의 세부사항이 아니라, 그리스-로마의 문화적 기대에서 비롯된 행동이다. 신약성경의 가르침의 목적은 토라의 목적과 같이 당대의 이상적인 질서를 보존하는 것이다. 그러나 그것은 신약성경의 저자들조차도 토라를 당시의 이상적 질서가 무엇으로 구성되어야 하는지를 정의하는 기초로 보지 않았음을 암시한다. 이러한 관찰에 기초해서 우리는 토라 및 성경 전체가 도덕 체계를 드러내는 문학적-신학적 목적이나 기능을 가지지 않는다고 주장한다. 위에서 지적한 바와 같이 구약성경은 토라를 그런 식으로 사용하지 않는데도 우리는 그렇게 하려고 헛되이 신약성경을 찾는다.

윤리 신명론은 토라가
도덕적 가르침일 것을 요구하지 않는다

토라를 도덕 체계를 제공하는 것으로 읽고 싶어 하는 사람들은 일반적으로 두 범주로 나뉜다. 첫 번째 범주의 사람들은 성경을 진지하게 받아들이고, 토라를 도덕 규칙 목록으로 읽기를 원한다. 그들은 토라가 그것이 아닐 수 있다는 생각을 하지 못하기 때문이다. 두 번째 범주의 사람들은 성경이 모종의 도덕적 가르침을 제공해야 한다고 생각하고 토라가 바로 성경이 그렇게 하는 곳이라고 가정한다. 첫 번째 집단은 토라가 무엇이며 어떻게 그것을 진지하게 받아들여야 하는지에 관심이 있다. 두 번째 집단은 성경으로부터 도덕적 진리가 추출되는 과정에 관심이 있다.[1] 우리는 이미 신구약 성경 어느 쪽에서든 토라를 진지하게 받아들인다는 것이 토라를 도덕적 가르침으로서 읽는 것을 수반하지 않는다고 주장했다. 토라가 이상적인 식사나 농사 관행을 위한 가르침이 아니듯이 도덕적 가르침은 토라의 기능이 아니다. 이제 우리는 만일 토라에서 도덕적 가르침을 발견할 수 없다면 어디에서 그것을 발견할 수 있는가에 관한 질문을 다룰 것이다.

성경을 진지하게 받아들이는 사람이 하나님이 원하는 대로 살기 위해 토라에서 하나님의 지침을 끌어내고 싶어 한다는 점은 이해할 만하다. 그렇다면 사람들이 하나님의 지시에 토라를 포함시키고 토라를 도덕적인 행동을 위한 지침으로 삼으려 하는 것은 놀라운 일이 아니다. 그러나 우리는 고대 근동의 맥락과 이스라엘 언약의 맥락에서 토라가 그

---

1   다양한 관점에 대한 소개는 R. Keith Loftin, ed., *God and Morality: Four Views* (Downers Grove, IL: InterVarsity Press, 2012)를 보라.

시대 사람들에게 그런 방식으로 기능하지 않았고, 신약성경에서도 그것을 도덕적 가르침의 원천으로 추천하지 않았다고 주장했다. 토라가 과연 우리에게는 그런 방식으로 기능하는가?

많은 그리스도인은 성경 일반과 특히 토라가 도덕 체계를 제공하지 않는다면 우리가 어디에서 하나님의 도덕적 인도를 구해야 할지 모를 것이라고 믿는다. 그들은 하나님의 "도덕적 성품"이 우리의 도덕성의 기초이기 때문에, 즉 우리가 어떤 일을 해야 하는 이유는 궁극적으로 하나님의 본성에서 파생하기 때문에 인간의 도덕 체계는 하나님으로부터 도출되어야 한다고 믿는다. 그들은 만일 하나님이 그의 도덕적 명령과 도덕적 성품을 소통하지 않았다면 삶과 사회를 위한 믿을 만한 도덕적 기초가 없을까 봐 두려워한다. 본서에서 나는 토라가 도덕 체계를 제시하지 않는다고 주장하고 있다.[2] 그러므로 우리는 토라로부터 하나님의 도덕적 명령을 도출하지 않고서도 다른 방법으로 그것들을 발견할 수 있는지 검토해야 한다.

도덕 체계가 하나님의 도덕적 성품에서 비롯되어야 한다는 개념은 잘 알려진 도덕론적 신 존재 증명의 반대 추론이다. 이 논증은 만일 옳음과 그름의 개념에 어떤 실질적인 의미가 있으려면(즉 단순히 그 표현을 사용하는 사람의 선호 너머의 무언가와 관련이 있으려면) 그것으로부터 의미가 유래하는 초월적인 보편적 "의무"가 있어야 한다고 주장한다. 이 보편적인 의

---

2   말이 나온 김에 언급하자면 신명론 지지자들조차 모든 도덕 또는 윤리의 기원을 (그것이 어떤 종류이든) 신적 명령으로 거슬러 올라갈 수 있다고 제안하지 않는다. C. Stephen Evans, *God and Moral Obligation* (Oxford: Oxford University Press, 2013), 88을 보라. 이 견해도 토라가 모종의 포괄적인 도덕 체계를 제공한다는 생각에 대해 반대한다.

무가 하나님의 뜻 또는 하나님의 도덕적 성품(이 성품으로부터 하나님의 뜻이 유래된다)이라고 불린다.[3] 따라서 어떤 특정한 행동이나 행위가 옳다거나 그르다고 불리기 위해서는 그 행동이나 행위가 하나님의 뜻에 합치한다고 알려져야 한다. 그러므로 무엇이 옳거나 그른지 알 수 있으려면 어떻게든 이 문제에서의 하나님의 뜻이 우리에게 알려졌어야 한다. 윤리 철학자들은 도덕 형성에 대한 이러한 이해를 신명론(神命論, divine command theory)으로 부른다.[4] 토라와 신약성경의 많은 독자는 거기에 포함된 다양한 명령들이 하나님이 우리에게 그의 뜻에 따라 행동하는 방법을 가르쳐 줄 목적으로 자신의 신적 명령들을 전달하는 토대라고 가정한다. 예컨대 패트릭 밀러는 십계명이 신명론의 틀에 속한다고 지적하지만 그것은 단지 신명론의 시작점에 불과하다고 서둘러 덧붙인다.[5]

그러나 이 점에서 십계명은 토라의 나머지 부분과 다르지 않다. 십계명은 토라의 일부로서 토라의 나머지 부분과 다른 기능을 수행하지 않는다. 구약성경과 신약성경 모두 토라를 그런 식으로 구별하지 않는다. 따라서 우리는 십계명이 토라의 나머지 부분과 마찬가지로 도덕적 감수

---

3 "[윤리 신명론은] 도덕적인 옳음과 그름은 각각 자애로운 하나님의 뜻 또는 명령과 일치하는지 또는 일치하지 않는지에 달려 있다고 단언한다." Paul Copan and Matthew Flannagan, *Did God Really Command Genocide? Coming to Terms with the Justice of God* (Grand Rapids: Baker Books, 2014), 148은 Robert M. Adams, *The Virtue of Faith and Other Essays in Philosophical Theology* (New York: Oxford University Press, 1987), 145를 인용한다.

4 특별 계시와 일반 계시를 모두 포함하는 신명론이 Evans, *God and Moral Obligation*에서 옹호된다. 그는 성경이 그런 신적 명령들을 포함하고 있다고 가정하면서도 장르나 화행이론에 관한 논의에 바탕을 둔 그 개념을 옹호하지는 않는다.

5 Patrick D. Miller, *The Ten Commandments* (Louisville, KY: Westminster John Knox, 2009), 415-23. 그는 또한 십계명의 중요성을 특히 하나님을 모방하기(*imitatio Dei*)에 관한 기초 지식을 반영하는 상호관계의 윤리로 본다(426-27).

성을 반영할 수도 있고 그중 일부는 보편적이거나 거의 보편적이라는 점을 인정할 수 있다. 그러나 십계명은 도덕 체계를 제시하기 위해 의도된 것이 아니며, 도덕 체계로 존재할 수 있는 것도 아니다.[6] 비록 십계명에서 우리가 가치 있게 여기는 몇몇 도덕 원칙을 인식할 수 있다 할지라도 십계명이 도덕 체계를 수립하기 위해 사용될 수는 없다.

그러나 신명론 옹호자나 지지자가 하나님의 명령에 관한 지식을 언제나 성경 텍스트에서 발견하는 것은 아니라는 점을 주목할 가치가 있다. 예컨대 철학자인 폴 코판과 매튜 플래너건은 전혀 성경을 참조하지 않으면서도 신적 명령에 근거한 도덕 체계의 사례를 제시한다.

신명론은 도덕이 성경, 토라 또는 쿠란과 같은 신성한 텍스트에 계시된 명령들에 대한 지식이나 믿음에 기초한다는 주장이 아니다. 신명론자 대다수가 하나님이 신성한 텍스트를 통해 자신의 명령들을 계시했다는 것을 인정하지만 이는 신명론에 대한 믿음과 무관하게 그들이 가지고 있는 다른 신학적 헌신 때문이다. 신명론자는 어떤 행동의 옳음이나 그름은 원칙적으로 하나님의 명령 및 금지와 동일하고 그것들에 의해서 성립하지만, 우리는 무엇이 옳고 무엇이 그른지를 성경과 같은 기록된 계시를 통해서 아는 것이 아니라 우리의 양심을 통해서 안다고 주장할 수 있을 것이다.[7]

『순전한 기독교』(*Mere Christianity*)에서, C. S. 루이스는 "기독교 신학의 하나님"과는 거리가 먼, 옳음과 그름에 대한 자연스러운 직관을 주장

---

6   십계명에 관한 좀 더 자세한 논의는 본서의 부록을 보라.
7   Copan and Flannagan, *Did God Really Command Genocide?*, 153-54.

한다. "나는 우주를 감독하고 있고 나로 하여금 옳은 일을 하도록 촉구하고 내가 잘못할 때 책임감과 불편함을 느끼게 하는 법으로서 내 안에 나타나는 어떤 것에 도달했을 뿐이다."[8] 이미 언급한 바와 같이 바울 자신은 로마서 2장에서 자연을 통해서 옳음과 그름을 알 수 있다고 주장한다. 따라서 특별히 성경 텍스트를 참조하지 않고서도 일관성이 있고 제대로 작동하는 도덕 체계, 심지어 하나님의 뜻과 명령에 합치하는 도덕 체계를 도출하는 것이 가능하다. 이는 나아가 신적으로 영감을 받은 도덕 체계의 온전성을 손상하지 않으면서도 성경 텍스트가 도덕 체계 외에 다른 무언가와 관련이 있을 수 있는지를 검토할 수 있는 자유를 우리에게 허용한다.

옳음과 그름이 일반적으로 하나님의 뜻에 합치하는지에 의해서 정의된다고 말하는 신명론의 파생물 중 하나님을 모방하기(*imitatio Dei*)라 불리는 도덕 체계가 있다. 이 체계에서 옳음과 그름은 신적 요구사항 목록을 따르는 것으로 정의되지 않고, 하나님이 하는 일을 하는 것 또는 아마도 더 정확하게는 당신의 특정한 상황에서 하나님이 하려고 하는 일을 행하는 것이라고 정의된다. 요점은 독자들이 하나님과 똑같은 도덕적 성품을 발현해서 하나님이 선택할 바로 그 일을 하는 것이다. 이렇게 하려면 하나님이 할 만한 일과 하지 않을 만한 일을 추상적으로 추론될 수 있는 수준보다 더 상세하게 이해할 필요가 있다. 따라서 하나님이 요구 목록을 계시할 것이 아니라 사람들로 하여금 자기가 무엇을 모방해야 하는지 알게끔 하나님 자신에 관해 묘사해줄 필요가 있다. 이 개념이 구약

---

8   C. S. Lewis, *Mere Christianity*, 제4장 끝부분.

성경에서 도출될 때에는 일반적으로 레위기 19:2에 근거한다. 이 구절은 거룩을 추구하라는 신적 명령으로 간주되고 그 거룩은 도덕과 동일시된다. 이 개념들을 신중하게 고찰할 필요가 있다.

이 논의의 쟁점은 하나님의 백성은 거룩해지도록 부름을 받았고 그 부름을 통해서 하나님이 도덕적인 것처럼 그들도 도덕적으로 되도록 부름을 받는다는 의심스러운 가정과 관련이 있다. 이 가정은 몇몇 사항에 대한 잘못된 사고를 반영한다. 하나님의 백성은 거룩해지라고 요구받지 않기 때문에(그 대신에 그들은 거룩하다고 선언된다), 우리는 거룩과 도덕을 동일시하는 것을 근거로 도덕적으로 되라고 부름을 받았다고 추정할 수 없다. 영어 '도덕적인'(moral)은 히브리어 카도쉬(qdš)의 의미 범위와 어울리지 않는다. 카도쉬(qdš)에 더 가까운 의미론적 영어 상당어는 '신성한'(divine)이다.[9] 우리는 거룩한 것들 대다수—물체(성전 기물들), 장소(시내산, 예루살렘), 지정학적인 추상적 개념(그 땅, 그 민족), 또는 시간(안식일)과 같은—가 도덕적인 요소를 가지고 있지 않다는 점을 주목한다. 어떤 것이 거룩해질 때—그것이 추상적인 이스라엘 공동체이든(레 19장은 각각의 이스라엘 사람에게 주어진 것이 아니라 이 공동체를 대상으로 주어졌다) 법궤나 성소와 같은 물체이든—그것은 어떤 식으로든지 하나님의 존재 또는 행동에 관한 무언가를 알려준다. 우리가 명제 7에서 상세하게 논의한 바와 같이 이스라엘 민족이 거룩하다는 말은 야웨가 그들과의 상호작용을 통해서 자신의 정체를 밝힌다—즉 계시한다—는 것을 의미한다. 이스라엘이 언약에 충실하면 그 상호작용은 은총과 축복으로 특징지어지고, 그렇

---

9   앞의 명제 7에서의 상세한 논의를 보라.

지 않으면 저주와 재앙으로 특징지어질 것이다. 이것이 신명기 30장에서 이스라엘에게 "생명과 복" 및 "사망과 화" 사이의 선택이 제시되었을 때 그 텍스트가 의미하는 바다. 그러나 그들이 어떤 선택을 하든 간에 그들은 여전히 거룩하다. 즉 하나님의 정체성은 여전히 그가 이스라엘을 대우하는 것을 통해 정의된다.

신약성경에서 우리는 베드로전서 1:15이 수여된 지위에 대한 선언이 아니라 특별한 종류의 행동에 대한 권고임을 주목한다. "오직 너희를 부르신 거룩한 이처럼 너희도 모든 행실에 거룩한 자가 되라(be holy)." 그러나 여기서 "되라"(ginesthe)에 대해 사용된 단어는 70인역이 레위기 19:2에서 사용하는 단어(esesthe)와 같은 단어가 아니다.[10] 부분적으로는 신성한 것에 대한 형이상학의 문화적 개념상의 패러다임 변화로 인해서 그리스어 단어 하기오스(hagios, 거룩한)가 히브리어 단어 카도쉬(qdš, 거룩한)를 의미하지 않는다. 또한 명제 15에서 논의된 바와 같이 제2성전기의 해석 전통에서 신약성경의 청중은 토라를 그것의 원래 수신 대상이었던 이스라엘 청중이 이해했던 것과 다르게 이해한다. 베드로는 거룩의 의미(hagios는 "하나님께 바쳐진"을 의미함)와[11] 토라의 목적(신적 법률)에 대한 당

---

10   70인역의 형태는 에이미(eimi, "~이다")의 미래 직설법이다. 벧전 1:15에서의 형태는 기노마이(ginomai, "존재하게 되다")의 현재 명령형이다. 벧전 1:16(레위기에서 인용한 문장)에서 다시 기네스테(ginesthe)를 사용한 것은—에세스테(esesthe)가 더 정확하지만—일반적인 변형이다. 그러나 에세스테(esesthe)는 명령형으로 번역될 수 없다. John H. Walton and J. Harvey Walton, *The Lost World of the Israelite Conquest: Covenant, Retribution, and the Fate of the Canaanites* (Downers Grove, IL: IVP Academic, 2017), 108 각주 9를 보라.

11   70인역에서 하기오스(hagios)는 카도쉬(qdš)를 번역한 말이지만 그 결정은 번역자의 해석적 선택을 나타낸다. 신적 집합체(divine constellation)에 의하여 표현되는 신성(divinity) 개념은 그리스의 형이상학 범주 안에서는 정확하게 전달될 수 없다. 다음 문헌들을 보라. Michael B. Hundley, "Here a God, There a God: An Examination of the Divine in Ancient

시(1세기)의 이해를 환기해서 그의 서신의 청중에게 특정한 종류의 행동을 권고한다. 아마도 이 권고는 베드로의 서신의 원래 청중을 넘어서 모든 그리스도인에게도 적용되겠지만 그것은 본 연구의 범위를 벗어난다. 우리의 목적과 관련해서는 베드로가 레위기 인용문을 사용한다고 해서 모든 그리스도인이 레위기를 도덕적인 행동 지침에 관한 명세서로 읽도록 요구되는 것은 아니다. 베드로는 자신의 목적을 위해서 70인역을 참고하고 있을 뿐이고, 자신의 (고대의 독자든 현대의 독자든) 독자에게 레위기가 어떻게 읽혀야 하는지 또는 레위기의 그 텍스트가 맥락에서 무엇을 의미했는지를 이야기하지는 않는다.

우리가 이 개념들을 이스라엘의 범위 너머로 확장하면, 하나님의 백성은 하나님과의 동일성을 부여받았고 우리의 삶에서 하나님을 반영하면서 그를 공경하는 것이 우리의 책임이라고 주장하는 것은 아마도 비합리적이지 않을 것이다. 도덕적인 행동은 의심할 나위 없이 그것의 일부일 테지만, 단지 일부일 뿐이다. 그러나 이 주장의 기초는 토라에 나타난 하나님의 성품의 보편적 계시가 아니라 신약성경 자체의 맥락(즉 동일성에 대한 선언으로서의 "그리스도 안에서"라는 관용어) 및 교회와 이스라엘의 평행 묘사에서 주제가 반복된다는 가정에서 도출된 개념일 것이다(명제 23을 보라). 그러나 이 점이 가장 중요한데, 이 해석 자체는 우리가 토라에

Mesopotamia," *AoF* 40 (2013): 68-107; 그리고 Barbara N. Porter, "Blessings from a Crown, Offerings to a Drum: Were There Non-Anthropomorphic Deities in Ancient Mesopotamia?," in *What Is a God?: Anthropomorphic and Non-Anthropomorphic Aspects of Deity in Ancient Mesopotamia*, ed. Barbara N. Porter (Winona Lake, IN: Eisenbrauns, 2009) 153-94. 카도쉬(*qdš*)는 "거룩한"을 의미한다. 의미론적으로 더 가까운 그리스어 동의어는 테이오스(*theios*)일 것이다(예컨대 행 17:29; 벧후 1:3-4).

묘사된 형태는 차치하고 어떤 특정한 형태를 도덕적 행동에 귀속시키는 데 도움이 되지 않는다. 도덕이 몇몇 보편적인 절대적 원리(예컨대 도둑질 하지 말라)를 포함할 수도 있지만 도덕은 또한 문화적으로 상대적인 규범 (예컨대 공개적인 장소에서 알몸으로 돌아다니지 말라)에 의해서도 규정된다. 그 러나 비록 신명론이 하나님의 명령이 일반 계시로부터 알려질 수 있다는 가능성을 받아들일지라도, 도덕적 행동의 보편적인(또는 상황적으로 상대적 인) 요소들의 특정한 형태에 대한 우리의 지식이 성경 텍스트에서 직접 나온다고 가정될 필요는 없다. 그리고 신약성경과 구약성경 모두 그 지식 이 토라로부터 와야 한다고 가르치지 않는다.

토라가 오늘날 우리를 위한 도덕이나 법률을 확립하지 않는다고 주 장하면 구약성경이 약화되고 그것의 적실성이 부정된다고 반응하는 사 람이 있을 것이다. 그것은 전혀 사실이 아니다. 토라의 정확한 기능을 밝 히려고 노력하면 토라가 우리에게 덜 중요해지고 적실성이 적어지는 것 이 아니라 더 중요해진다. 토라의 한 가지 역할을 부인함으로써 우리는 그것에 다른 역할—우리는 그 역할이 더 중요하다고 주장한다—을 부여 할 수 있다. 참으로 토라를 그것이 속해 있는 문학의 종류로 읽을 때 우리 는 필연적으로 토라의 더 중요한 역할을 회복할 것이다. 확실히 우리가 토라는 오늘날 그리스도인에게 아무런 의미가 없다고 말하는 것이 아 니다. 우리는 단지 토라가 많은 사람이 부여하려고 하는 그런 종류의 의 미를 지니고 있지 않다고 말할 뿐이다. 토라에 그 문학의 특성과 일치하 지 않는 의미를 부여하는 것은 그것을 하나님의 말씀으로 존중하는 방법 이 아니다. 우리는 토라를 그것이 제공하는 계시에 따라 이해해야 한다. 우리는 이제 우리의 주의를 그 문제로 돌릴 것이다.

〈참고 자료〉

객관적 도덕에 관하여

객관적 도덕 개념은 두 가지 방식으로 정의될 수 있다. 도덕 체계가 그것의 근원을 인류 밖에서 찾으면(예컨대 신명론) 그것은 객관적이라고 불릴 수 있다. 또 다른 가능한 정의는 그런 체계가 그것의 구성요소를 주관적으로 도출하지 않고 객관적으로(즉 "순수 이성"에서) 도출하려고 시도했다면 그 체계를 "객관적"인 것으로 간주할 수 있다고 인정한다.

어느 경우든 만일 누군가가 객관적 도덕이 있다고 믿는다면 그들은 어디에서 그것을 얻을지 결정해야 한다. 본서에서 우리가 취한 접근법으로 미루어볼 때 토라로부터 객관적 도덕이 도출될 수 없을 것이다. 토라가 완전한 도덕 체계를 제공하지 않기 때문이다. 만일 우리가 어떤 구성요소를 사용할지 취사선택해야 한다면 그것은 객관적이지 않다. 도덕 체계는 자신의 성품에 대한 하나님의 계시로부터 도출될 수도 없다. 우리가 완전한 도덕을 끌어낼 정도로 하나님의 성품이 충분히 계시되지 않기 때문이다. 심지어 텍스트가 포함하고 있는 도덕적 통찰을 얼핏 본다 하더라도 그것이 하나님의 권위를 지니지는 않는다. 권위는 맥락과 연결되어 있고 그 통찰의 맥락은 도덕 체계를 정의하는 것이 아니기 때문이다. 마지막으로 자연/양심으로부터 도덕을 도출할 때의 문제는 그런 접근법은 너무 많은 틈새와 모호성을 남긴다는 것이다. 자연을 관찰한 사람들과 양심을 경험한 사람들 자신이 인간이므로 그들의 통찰이 참으로 인간성을 초월한다고 주장할 수 없다. 결국 우리는 자연에 관한 인간의 어떤 통찰이나 양심에 대한 인간의 어떤 경험이 우리의 도덕적 결론을 안내할 것인지, 그리고 어떤 것이 그렇게 하지 않을 것인지를 취사선택해야 한다.

도덕은 이 모든 원천에서 근거를 발견할 수 있지만, 어느 것도 완전하지 않으며 각각의 사용이 선택적이기 때문에 객관성은 없다. 성경에 기초한 객관적인 도덕 체계를 만들어내는 것은 불가능하다. 그 밖에 다른 무언가에 기초한 객관적인 도덕 체계가 만들어질 수 있는지 여부는 철학자가 다룰 질문이지 성경 주해자가 다룰 질문은 아니다. 그러나 비록 누군가가 (위에서 정의된 바와 같은) 객관적인 도덕은 없다고 결론을 내린다고 하더라도, 그것이 도덕은 없으며 옳음이나 그름은 의미가 없다고 말하는 것과 동일한 것은 아니다. 물론 도덕은 존재한다. 그러나 만일 도덕이 객관적으로 도출될 수 있는 인간 외부의 원천을 가지고 있지 않으면 우리는 다른 방향에서 그 문제에 접근해야 한다.

옳음과 그름이 어디서 오는가와 상관없이 아무에게도 개인의 도덕을 만들 자유는 없다. 도덕은 개인의 기능이 아니라 공동체의 기능이다. 모든 공동체는 질서를 원하고, 도덕은 질서를 유지하는 사회 규범과 금기뿐만 아니라 행동, 관습, 전통의 확립을 수반한다.

우리에게는 실제로 도덕적 의무들이 있으며, 우리가 그 의무들이 하나님께 근거를 두지 않는다고 생각할 이유는 없다. 누군가가 하나님을 믿든 안 믿든 그리고 도덕이 객관적으로 결정되든 그렇지 않든 도덕적 의무는 존재론적으로 하나님께 의존할 수 있다. 몇몇은 우리가 도덕의 형태를 객관적으로 결정할 수 있다고 믿지 않으면서도 하나님이 도덕적 권위

로 여겨질 수 있다고 주장한다.[a]

이러한 존재론적 이해에 비추어볼 때 우리는 기독교에 특유한 우주론이 없는 것처럼 그리고 같은 이유(아래에서 그리고 명제 19에서 다뤄진다)로 기독교에 특유한 도덕은 없다고 말할 수 있을 것이다. 도덕이 객관적이든 주관적이든 우주의 구조 및 배열이 현실의 일부이듯이 도덕도 현실의 일부다. 물리학자인 그리스도인은 우주의 구조들을 살펴보고 그것들이 어떻게 작동하는지 이해하거나 기존의 합의를 정정할 수도 있을 것이다. 마찬가지로 윤리학자인 그리스도인은 도덕을 살펴보고 그것이 어떻게 작동하는지 이해하거나 기존의 합의를 정정할 수도 있을 것이다. 그러나 어느 경우든 성경에 기록된 어떤 내용이나 성령의 사역이(부지불식간이 아니면) 그들이 그렇게 하도록 도와주지는 않을 것이다. 우리의 특정한 물리적 우주론이 우리의 인지 환경의 산물이듯이 우리의 특정한 도덕도 마찬가지다. 그것은 우리가 창조해야 하는 무언가가 아니라 우리가 그 안에서 일해야만 하는 무언가를 나타낸다. 교회의 임무는 옳음과 그름을 결정하는 것이 아니라 제자를 양성하는 것이다. 교회는 (문화가 무엇이 옳거나 그르다고 생각하는가와 관계없이) 자신의 정체성의 온전성을 유지하고, 자신이 (특정 문화가 무엇이 옳거나 그르다고 생각하는가에 비추어) 주변 문화에 불필요하게 불쾌감을 주지 않도록 조심함으로써만 그 임무를 수행할 수 있다.

---

a   Evans, *God and Moral Obligation*, 2, 21.

토라를 진지하게 받아들인다는 것은
토라를 도덕법으로 전환시키는 것이 아니라
토라가 무엇을 말하기 위하여
기록되었는지 이해하는 것을 의미한다.

예상되는 바와 같이 대다수 그리스도인은 신약성경의 관점을 통해 토라의 문제에 접근한다.[1] 다양한 입장이 취해졌음에도 불구하고 대부분의 연구는 제2성전기 때 율법(*nomos*)의 초점으로서 도덕이 중심 주제였다는 데 동의한다. 신약성경이 전체적으로 도덕적 가르침이나 도덕 체계를 구축하기 위한 기초를 제공하기 위한 것인지 살펴보는 것은 본 연구의 목적이 아니다. 대신에 우리는―우리가 신약성경을 진지하게 받아들임으로써 토라를 그것의 맥락에서의 의미와 무관하게 사용할 정도로까지― 신약성경이 토라가 도덕적 가르침으로 사용되어야 한다고 가르치는지에 관한 질문을 탐구해왔다. 대다수 해석자는 우리가 그렇게 해야 한다고 가정하며 이 가정들이 사람들이 오늘날 율법이 우리에게 어떤 적실성이 있다고 생각하는지를 규정한다. 그러나 우리는 명제 15에서 토라에 관한 바울의 가르침은 토라가 도덕에 관한 정보를 위해서 사용되어야 한다는 선언을 포함하지 않는다고 주장했다. 또한 우리는 베드로가 레위기를 참조할 때 토라가 어떻게 사용되어야 하는지에 관한 가르침의 일부로서 그

---

1   이러한 관점에서의 다수의 입장이 Wayne G. Strickland, ed., *Five Views on Law and Gospel* (Grand Rapids: Zondervan, 1996)에 제시되어 있다. 이 문제를 다루는 책과 논문이 많이 있으며, 도덕 신학에 관한 모든 철학적 논의들을 철저하게 조사하려고 시도하는 것은 본서의 범위를 넘어선다. 다음의 자료들은 우리가 참고한 다양한 자료 중 일부에 지나지 않는다. David Baggett and Jerry L. Walls, *God and Cosmos: Moral Truth and Human Meaning* (Oxford: Oxford University Press, 2016); J. Budziszewski, *Natural Law for Lawyers* (Nashville: ACW Press, 2006); Christine Hayes, *What's Divine About Divine Law?: Early Perspectives* (Princeton: Princeton University Press, 2015); James W. Thompson, *Moral Formation According to Paul: The Context and Coherence of Pauline Ethics* (Grand Rapids: Baker Academic, 2011); 그리고 James M. Todd III, *Sinai and the Saints: Reading Old Covenant Laws for the New Covenant Community* (Downers Grove, IL: IVP Academic, 2017)

렇게 하지 않는다고 주장했다. 마지막으로 우리는 구약성경이 어떻게 사용되도록 의도되었는지에 관한 제2성전기 해석자들(신약성경 저자들 포함)의 가정은 오늘날의 해석자들에게 규범적이 아니라고 주장했다. 따라서 신약성경에 나타난 도덕적 가르침 문제는 본질적으로 구약성경을 그 맥락에서 고려하지 않은 순수한 신약성경의 논의다.

우리는 명제 19에서 원칙들을 통해 도덕 체계를 형성하기 위해 성경 자료 일반을 사용하는 것과 관련된 문제들에 대해 논의했고, 이 모든 입장에서는 도덕과 도덕 형성에 관한 가정들이 토라가 어떻게 읽혀야 하는지를 좌우한다고 결론지었다. 그중 어느 입장도 토라를 그 맥락에서 검토한 후 토라가 도덕적 가르침으로서 읽혀야 한다는 결론을 내리거나, 그 가르침들이 실제로 무엇으로 구성되어 있는지에 대한 상세한 내용을 결정하지 않는다.

따라서 구약성경이든 신약성경이든 성경의 가르침을 진지하게 받아들이고자 한다고 해서 우리가 토라나 십계명을 도덕적 가르침으로 읽어야 할 의무가 있는 것은 아니다. 우리가 도덕적 가르침으로서의 토라에 호소하지 않고도 성경으로부터 완전하고 일관성이 있는 응용 도덕 체계를 형성할 수 있는지는 다른 문제로서, 이 문제는 성경적 도덕 체계가 어떻게 형성되어야 하는가에 대한 논의 안에서, 그리고 근거 텍스트가 무엇이든 그 텍스트의 맥락에 따른 검토 안에서만 다뤄질 수 있다. 그러나 토라를 진지하게 읽는 것은 그것을 도덕 체계의 기초로 사용하는 것을 수반하지 않기 때문에 우리는 토라를 도덕 체계의 기초로 사용하려는 사람은 사실은 텍스트를 진지하게 받아들이지 않는 사람일 수 있음을 고려해야 한다.

제5부 토라의 지속적인 중요성

대신에 토라에 우리의 행동 지침이 되어야 할 "하나님의 도덕적 성품"이 반영되었다고 보는 그리스도인들이 있다. 신학자들과 철학자들은 전문적인 반대의견을 제기하지만, 하나님이 "도덕적 성품"을 갖고 있다는 개념이 체험적으로 형성될 수 있다. 하지만 그것은 본 연구의 주제가 아니다. 그러나 하나님의 성품은 오직 산발적으로 어렴풋하게만(토라에서나 심지어 예수의 전기에서조차 포괄적이지 않게) 계시되기 때문에 우리는 하나님의 성품을 완전히 알 수 없다. 하나님의 성품이 완전히 드러나지 않기 때문에 우리는 우리가 이해한 하나님의 성품에 기초해서 도덕을 정의할 만큼 충분한 정보를 얻지 못한다.

하나님의 성품에 대해서 무언가가 계시되면 그것이 우리의 행동에 중요한 고려 사항이 될 수는 있지만(예컨대 고전 11:1) 우리가 어떻게 처신해야 하는지에 대한 우리의 의견이 계시된 하나님의 성품으로부터 완전히 형성될 수는 없다. 바울이 자연이 우리에게 하나님의 일부 특성에 대한 통찰을 주기에 충분하다고 주장하지만(롬 1:20, 하지만 바울은 여기서 신의 성품에 관해서는 아무 언급도 하지 않는다), 하나님의 성품에 대한 우리의 이해는 추상적인 자연법칙들로부터도 완전히 올 수 없다. 셋째, 우리가 어떻게 해야 하는지에 대한 우리의 이해는 사회적 관습과 전통적인 풍습에서 완전히 도출될 수 없다. 그런 접근방식에는 우리 자신의 타락한 감성 외의 토대가 없을 것이다. 이 세 가지 접근방식의 널리 인정되는 단점들로 인해 특별 계시를 통해 전달된 명령들로부터 우리가 무엇을 해야 하는지에 대한 우리의 견해를 발전시킨다는 네 번째 접근법이 등장했다. 그러나 이 접근법이 다른 세 방식과 구별되려면 그 접근법은 그 명령 전체를 명령으로 식별할 때 및 그 명령의 내용을 기술할 때 그것들이 등장한다고 추정되는 맥락 안에서 찾아야만 한다. 우리는 토라의 경우 그렇게 할 수 없음을 입증했다. 토라와 신약성경 문서 모두 우리의 도덕 감정에 정보를 제공해줄 수는 있을 테지만, 그것들은 포괄적인 체계로 존재하거나 모든 행동을 결정하기 위한 권위 있는 원천을 제공하지는 않는다. 그것들의 목적은 우리의 행동에 대한 하나님의 요구를 지시하는 것이 아니라, 우리에게 하나님이 무엇을 하고 있는지—그의 계획과 목적이 무엇인지—를 알려줘서 우리로 하여금 거기에 참여할지 또는 참여하지 않고 그로 인해 고통당할지 결정할 수 있게 하는 것이다. 참여는 모종의 특정한 행동을 수반할 수 있지만 그것은 그 계획과 목적이 무엇인가에 따라 결정되어야 할 것이다(이것은 본 연구의 주제가 아니다). 이스라엘은 언약을 받아들임으로써 거기에 참여하기로 결정했다(출 24장). 그러나 일단 그들이 그렇게 결정한 뒤에는 그들이 추가적인 행동을 해야만 하나님이 그들을 통해서 자신을 계시한 것이 아니었다. 그들의 행동은 그것의 결과만을 결정했다(복 또는 저주). 새 언약 아래서 우리가 (이스라엘이 그랬던 것처럼) 일단 거기에 참여하기로 선택하고 그 후로는 단지 그 지위에 따른 대가를 치르기만 하는 것인지 또는 우리의 참여가 매 순간의 행동에 좌우되는 것인지는 본 연구의 범위를 벗어난다.

결론적으로 우리는 토라나 그 일부(예컨대 십계명 또는 레 18-20장의 성결법)로부터 도덕 체계를 재구성할 수 없다. 그것은 토라의 목적이 아니기 때문이다. 그리스도인들과 비그리스도인들은 같은 이유로 도덕에 관심이 있다. 문화와 사회는 그것이 선호하기로 결정한 일련의 가치에 순응할 것을 요구한다(비록 비그리스도인들은 종종 하나님의 계획과 목적에 대해서는 전혀 관심이 없이 도덕에 관심을 가질지라도 말이다). 그리스도인들은 하나님의 목적에 대한 지식을 사용해서 그들 자신의 환경에 부과할 이상적인 도덕을 만들 수 없다. 그들은 그 지식을 사용해서 특정 행동이 해로운지("모든 것이 내게 가하나 다 유익한 것이 아니요", 고전 6:12; 10:23; 해는 우리가 너무 많이 먹어 살이 찔 때처럼 내재적으로 올 수도 있고 또는 이스라엘의 거룩한 지위로 인해 그들이 언약상의 저주를 적용받게 된 것처럼 하나님이 부여한 지위의 결과로 올 수도 있다) 또는 그 행동이 그들이 하나님의 목적에 참여하는 데 유용한지(행동이 참여를 좌우한다고 가정할 경우)에 근거해 어디에서(그리고 어떻게) 사회가 만든 도덕에 순응하거나 그것에서 벗어날지를 결정한다.

율법에 대한 바울의 논의는 그 시대의 관점과 쟁점에 맞춰진 것이다. 그는 구약성경에서 이해되고 사용되었던 대로의 토라와 상호작용하지 않는다. 그는 구약성경의 언약에 나타난 토라에 관해 설명하는, 법에 대한 보편주의적 이해를 제시하지 않는다. 그는 당시의 맥락에서 이해된 신법과 자연법의 역할에 관해 논의한다. 바울 서신들 자체가 헬레니즘 세계의 맥락 밖에서 적용 가능한 도덕적 가르침을 위한 기초를 제공할 수 있는지는 그 텍스트들을 맥락 안에서 면밀하게 검토해서 결정되어야 하는데, 그것은 별도로 논의할 주제다. 그러나 그것은 (구약성경이나 신약성경 어느 쪽에서 이해되었든) 토라와는 아무런 관련이 없고 본 연구의 범위를 넘어선다. 우리의 목적상으로는 토라나 신약성경을 포함한 모종의 특별 계시로부터 도덕 지식을 얻지 않아도 우리는 도덕 지식—심지어 그 기원이 하나님께 있는 도덕 지식도—을 보유할 수 있다고 주장할 수 있다(명제 15를 보라).

그렇다고 해서 토라가 우리에게 가치가 있을 수 있는 원칙을 전혀 포함하지 않는다는 뜻은 아니지만, 그 원칙들을 조목조목 일관성 있게 제공하는 것이 토라의 권위 있는 역할은 아니다. 이런 식으로 그것은 내러 티브 문학과 관련하여 이미 인정된 점들과 비교할 수 있다. 성경이든 아니든 모든 내러티브는 교육적인 역할 모델을 제공할 수 있는 가능성이 있다(명제 19에 수록된 요셉과 관련된 논의에 주목하라). 그러나 우리는 텍스트의 권위 있는 의도가 그런 모델을 제공하는 것인지를 물어야 한다. 우리는 그렇지 않다고 주장했다. 그런 모델들이 교육적일 때도 있지만 그것은 부차적이다. 토라에 대해서도 마찬가지다. 우리는 필연적으로 토라의 조항들에 내재하는 행동 원칙 중 일부에서 현명한 통찰을 식별할 수 있지만, 이는 함무라비 모음집도 마찬가지다. 우리는 무엇이 그것을 성경이 되게 하는지 물어야 한다. 이를 위해서는 우리가 장르의 목표와 그것의 문학을 이해할 필요가 있다. 이스라엘 사람들에게 있어서나 우리에게 있어서 토라에 대한 적절한 반응은 무엇인가? 토라가 삶의 다른 측면들에 적용될 수 있는 원칙을 도출하기 위해 제공된 것이 아니라면 그것의 목적은 무엇인가?

우리는 이미 이 질문을 다룸에 있어서 우리에게 방향을 제시할 토대를 놓았다. 우리는 토라가 이스라엘로 하여금 그들의 왕이자 하나님인 야웨의 명성을 지지하고 그렇게 함으로써 계속되는 임재와 축복의 형태로 그의 은총을 확고히 하는 질서를 확립하기 위한 지혜를 제공한다고 제안하는 논거를 제시했다. 이것은 토라가 도덕을 위한 원칙이나 규칙을 제공한다는 개념과는 매우 다르다. 우리가 제안한 바와 같이 이스라엘을 향한 야웨의 계시는 법률이나 이상적인 사회 체계 또는 도덕 체계를 제공하는 것이 아니었다.

토라가 하나님으로부터 유래된 것으로 읽히려면 토라가 그것의 적절한 맥락(토라의 장르를 포함한다)에서 읽힐 필요가 있다. 우리가 토라가 법률이 아니라고 결론 짓는 이유 중 하나는 토라가 그 역할을 감당할 수 있을 만큼 포괄적이지 않기 때문이다. 마찬가지로 토라의 도덕적 가르침의 범위도 완전한 도덕 체계를 형성하는 데 필요한 모든 것을 망라할 만큼 포괄적이지 않다. 토라가 다루는 범위가 이렇게 제한되어 있기 때문에 토라의 가르침들로부터(또는 마찬가지로 포괄적이지 않은 신약성경으로부터) 도덕 체계를 구축하려고 시도하는 것은 마치 5x10cm 목재 7개와 한 통의 접착제로 고층 건물을 지으려고 시도하는 것과 비슷하다. 그것은 전혀 이루어질 수 없는 일이다. 고층 건물의 특성을 실제로 분석하려면 나무와 접착제가 아니라 그 건물의 실제 건축자재인 강철, 콘크리트와 유리에 초점을 맞춰야 할 것이다. 5x10cm 목재들이 극히 고품질(특수 처리된 마호가니)이라거나 그 구조물에 통합되어 방문객들에게 그것을 보여줄 수 있는지는 중요하지 않다. 특히 당신이 접착제를 전혀 사용하지 않았다면, 그 건물이 목재와 접착제로 만들어졌다는 주장―또는 심지어 그 위에 세워졌다는 주장―은 터무니없는 주장이다. 마찬가지로 우리는 토라에 수록된 몇몇 도덕적 권고가 좋은 권고(예컨대 십계명의 일부)라는 것에 주목하고 이 권고가 우리가 보유하고 있는 도덕 체계에 어떻게 통합되었는지를 지적할 수 있을 것이다. 그러나 실제로 우리의 도덕 체계를 분석하려면 그 도덕 체계의 실제 구성요소들에 더 주의를 기울일 필요가 있는데 토라는 그 요소에 포함되지 않으며, 그 요소들은 대부분 우리의 문화의 강에서 유래한다. 이 도덕 체계가 토라로부터 유래했다거나 토라에 근거한다고 주장하는 것도―특히 우리가 그 체계에서 토라의 내용 중 대부분을 사용하지 않기 때문에―터무니없는 주장이다.

옛 언약과 새 언약의 역할이 다르므로 우리는 토라가 우리에게 직접 적용되기를 기대해서는 안 된다. 몇몇 해석자들은 구약성경을 하나님이 신약성경으로 대체했고 따라서 우리에게 더 이상 적실성이 없는, 시대에 뒤떨어졌고 실패한 체계로 취급한다. 우리는 그 입장을 지지하지 않는다. 그러나 정반대로 하나님이 구약성경과 신약성경에서 하는 일이 똑같으며, 따라서 우리가 신구약 성경을 통합해서 하나님이 오늘날 우리와 의사소통할 수도 있는 방식을 추정할 수 있다고 생각하는 것은 옳지 않다. 그런 접근방식은 신약성경과 구약성경 둘 중 하나를 불필요한 것으로 만들고 신·구약성경 각각의 문화적 맥락과 신학적 초점을 지움으로써 그것들 모두를 왜곡한다.

우리는 토라가 오늘날의 그리스도인에게도 계시를 제공한다고 믿는다. 그러나 우리가 지적해온 바와 같이 토라가 고대 세계, 이스라엘과의 언약, 그리고 거룩한 공간이라는 맥락에 자리 잡고 있기 때문에, 우리가 받는 계시(우리는 이것을 정경적 계시라고 부를 수 있다)는 다른 초점을 취한다. 토라의 목적은 이스라엘에게(그리고 그들을 통해 민족들에게) 그들의 하나님에 대한 이해를 제공하는 것이었다. 만일 우리가 오늘날 토라의 가치를 이해하기를 원한다면, 토라가 없다면 우리가 하나님을 어떻게 이해할지 질문하면 될 것이다. 모세가 기원전 제2천년기에 예수와 신약성경의 저자들을 만났다면 그가 어떻게 생각했을지 상상해보라. 추가 자료가 없기 때문에 모세는 예수가 자신과 동일시했던 하나님이란 모세 자신이 그의 문화를 통해 알고 있던 신들과 거의 같은 신—이기적이고 착취적이고 이스라엘이 자신의 필요를 부양할 것을 기대하지만 그에 대한 보답으로 기꺼이 은혜를 베푸는 신—이라고 가정했을 것이다.[2] 그리스-로마 세계(여기서도 위대한 공생이 특정 방식으로 신과 인간의 관계를 규정한다)에서조차 토라를 가지고 있지 않은 사람들이 예수께 보인 반응에서 이런 사고를 볼 수 있다. 데카폴리스의 이방인들은 예수가 적어도 모종의 예언자라고 믿었으며 그들은 예수께 떠나 달라고 요청하는 반응을 보였다(마 8:34; 막 5:17; 눅 8:37). 로마의 신들은 고대 근동의 신들처럼 복과 은혜를 베풀 수 있었지만, 그들은 옹졸하고 과도하게 요구했다. 신들은 인간을 세밀히 감시하다가 인간이 자기들의 기대에 부응하지 못하면 대체로 재앙을 내렸다. 우리가 오늘날 정부에 대해 어떻게 생각하는 경향이 있는지 고려해 보라. 우리는 정부가 제공하는 사회기반시설과 안전은 누리지만 경찰이 우리의 어깨너머로 들여다보는 것은 원하지 않는다. 이와 유사하게 루스드라 사람들은 바울과 바나바를 헤르메스와 제우스로 생각하고서 즉시 서둘러 그들을 극진하게 대접하려고 했다(행 14:13). 최소한 신들이 그들을 괴롭히지 않게끔 기를 쓰고 그들을 계속 기분 좋게 만드는 것은 신들의 임재에 대한 합리적이고 자연스러운 반응이다.

토라에서 신과 인간 사이의—상호의존이 아니라 종주에 대한 충성에 기초한—특별한 관계가 확립되지 않았더라면 신약성경의 도덕적 가르침에 대한 자연스러운 반응은 위대한 공생을 심리학적으로 고찰하는 것이다. 이는 우리가 하나님이 자신의 감정적·심리적 필요를 만족시키도

---

2 하나님이 토라의 맥락 없이 모세에게, 그리고 그 이전에 아브람에게 나타났을 때 하나님은 그들에게 요구사항들을 제시하지 않고서 그들에게 주기만 한다(즉 아브라함에게는 땅과 민족을, 모세에게는 애굽으로부터의 해방을 준다)는 점을 주목할 만한 가치가 있다. 족장들의 종교가 본질적으로 공생적이지 않았을 것이라고 생각할 이유는 없다. 아브람은 이유가 있어서 제단을 쌓고, 모세는 그들의 하나님께 제사를 드리기 위해 백성을 데려가기 원한다고 바로에게 말한다.

록 우리에게 특정한 행동을 요구하고―우리는 예배와 도덕적 꼼꼼함에 대한 하나님의 갈망을 만족시킴으로써 그를 기분 좋게 만들 것으로 기대된다―우리가 그렇게 하지 않으면 끔찍한 결과가 초래될 것이라고 상상하리라는 것을 의미한다. 실제로 토라를 소홀히 하거나 그것을 이해하지 못한 오늘날의 많은 그리스도인이 바로 이렇게 믿고 있는데, 대개는 호세아 6:6에 대한 잘못된 해석을 통해 이런 입장이 정당화된다. 그러나 동시에 토라의 가치는 주로 이스라엘의 하나님은 필요한 것이 없다는 신학적 사실을 전달하는 것이 아니다. 토라 외에도 하나님이나 신들이 필요한 것이 없다고 믿는 세계관이 많이 존재하지만, 토라는 그런 것들에게도 가치가 있다. 야웨와 이스라엘 간의 언약이라는 원래 맥락을 벗어난 토라의 주요한 가치는 우리로 하여금 신약성경을 이해하도록 돕는 역할이다.

토라는 이스라엘에게 하나님에 관한 사소한 정보들(예컨대 하나님은 필요한 것이 없다는 사실)을 제공하기 위해 기록되지 않았고, 이는 신약성경도 마찬가지다. 신약성경을 이해하는 것은 신학적 사실들을 추출하는 것을 수반하지 않는다. 신약성경은 우리가 교의 논문이나 교과서에서 발견할 수 있는 것과 같은 식의 신학적 사실을 거의 포함하지 않는다. 하나님이 어떠한 존재인지―특히 하나님이 새 언약 안에서 그리고 그것을 통해 무엇을 하고 있는지―에 관한 신약성경의 묘사는 교훈적이라기보다는 설명적인 방식으로 제시되며, 이스라엘 역사와의 평행 요소들에 기초한다. 평행 관계를 확립하기 위해 사용된 세부사항들은 중요하지 않지만, 우리가 평행하는 사실 자체를 이해하는 것은 매우 중요하다. 신약성경에 제시된 세부사항들은 (필연적으로) 제2성전기 저자들과 청중들이 이스라엘 역사에 관하여 믿었던 것에서 나온다. 그래야만 의사소통이 가능하다. 그러나 기독교 성경이 원래의 히브리 성경은 포함하면서 타르굼, 미드라쉬, 70인역과 같은 제2성전기 번역이나 설명 또는 대안적 해석이나 확장된 해석을 제공한 보충적인 문서들(예컨대 에녹서 또는 희년서)은 포함하지 않는 이유가 있다. 이 모든 자료는 (다양한 정도로) 고도로 사변적이고 원래 자료를 중대하게 왜곡한다(마소라 텍스트 외의 다양한 문서 전통을 고려하더라도 그렇다). 이 자료들은 성경을 충실하게 나타내지 않고 그것들 자체가 성경이 아니기 때문에 그것들이 하나님에 관하여 가르치는 내용이 로마의 시인들이나 그리스 철학가들이 생각한 것보다 더 정확하다고 가정할 근거가 없다(이 모든 자료가 후대 신학자들에게 영감을 주었지만 말이다). 신약성경에 나오는 구약성경 참조가 모두 평행을 확립하는 것은 아니지만, 맥락 안에서의 신약성경 텍스트 연구가 "이것은 이스라엘 안에서/에 의해/에게/을 통해 행해진 무언가를 재현한다"고 말하려는 의도라고 결정할 경우 그 반복이 무엇을 의미하기로 되어 있는지 이해하기 위해서는 우리는 (비록 그것이 신약성경 저자가 생각한 것과 다를지라도) 원문을 살펴보아야 한다. 이것이 기독교 신학자가 신·구약성경 모두를 성경으로 다룬다는 것이 의미하는 내용이다. 우리는 히브리 성경이 단순히 신약성경의 배경을 보충해주는 텍스트에 불과하다고 생각하지 않으며, 기독교의 성경이 신약성경과 (히브리 텍스트가 아니라) 70인역으로 구성되어 있다고 생각하지 않는다. 그것은 결국 우리가 신약성경에서 구약성경이 반복된 것을 이해하려면 먼저 원문이 무엇이었는지 이해해야 하며 원문을 그것의 성경으로서의 지위와 그 자체의 맥락 안에서 이해해야 한다는 것을 의미한다. 따라서 우리를 향한 토라의 의도는 고대 이스라엘을 향했던 의도와 동일하다. 우리는 그것이 무엇을 말하고 있는지 그리고 하나님이 그것을 통해 무엇을 하고 있는지를 이해해야 한다. 이스라엘은 하나님의 은혜를 유지하는 방법을 알 수 있게끔 토라를 이해해야 했다. 오늘날 우리는 신약성경 및 교회와 우리의 현재의 삶과 상황을 어떻게 이해해야 하는지를 알게끔 토라를 이해해야 한다.

예컨대 대다수 학자는 다양한 지표에 근거해서 마태복음 5장의 산상수훈이 이스라엘에 대한 모세의 토라 수여를 재현하도록 의도되었다는 데 동의한다. 그러나 그 설교의 내용은 토라의 내용과 현저히 다르다. 예수는 들이받는 소, 옷의 술, 또는 요제(搖祭)에 대한 지시와 같은 것들에 관하여 거의 말하지 않는다. 다른 내용을 같은 문학 형식을 반복 사용하여 전달한다는 점을 근거로 많은 해석자가 예수가 토라 전체 위에 덧쓰고 있다거나(일련의 "~을 너희가 들었으나 나는 너희에게 이르노니" 진술을 통해 뒷받침된다. 예컨대 마 5:27-28), 적어도―비록 그것들의 내용이 설교 자체에서 반복되지는 않지만―오직 "도덕적" 범주의 조항들만이 계속 적실성이 있도록 토라를 편집하고 있다고 주장한다(보통 마 6:6-8의 잘못된 해석을 통해 뒷받침된다). 이것은 정경 신학을 수행하는 올바른 방식이 아니다. 이 중 어느 접근법도 토라 전체를 그 자체로 전달할 메시지를 지니는 성경으로 다루거나 그 메시지를 우리의 신학적 결론에 통합시키지 않는다.

산상수훈은 하나님의 권위로 전달된 일련의 도덕적 명령들로 구성되어 있다. 그러나 그렇다고 해서 마태(또는 예수)가 토라가 항상 도덕적 명령들의 목록이었거나 오직 도덕적 명령들만이 여전히 적실성이 있다고 가르치고 있다는 뜻은 아니다. 70인역에서 단어 '노모스'(nomos)가 사용된 것에 의해 입증된 바와 같이 우리는 제2성전기에 토라가 사실상 도덕적 명령 목록으로 여겨졌다는 것을 기억한다(명제 15를 보라). 이것은

제5부 토라의 지속적인 중요성

토라 수여의 재현이 의미가 있으려면 그것이 도덕적 명령들로 구성되어야 하며 그렇지 않으면 그 연결 관계가 상실된다는 것을 의미한다. 예컨대 만일 오늘날 누군가가 종교개혁의 시작을 재현하기를 원한다면—우리는 종교개혁이 그렇게 시작되었다고 생각하기 때문에—그(녀)는 큰 망치를 가지고 교회에 가서 문에 항의문을 못 박아야 할 것이다. 만일 그들이 논쟁의 여지가 있는 주제에 관한 세미나 광고를 학교 게시판 위에 압정으로 고정시킨다면 비록 그것이 마르틴 루터가 실제로 한 일을 더 가깝게 재현할지라도 적절한 효과를 내지 못할 것이다.[3] 산상수훈의 진술들이 그것들의 일차적인 청중(예수의 말을 듣는 군중)을 위한 도덕적 명령이었다는 견해는 문학적 재현을 확립하는 것 외에는 실제로 어떤 목적에도 도움이 되지 않을 것이다. 결국 토라에 수록된 제의에 관한 지시들은 실제로 그것들의 일차적인 청중(제사장들)을 위한 지시였지만, 그 자료들이 모세 오경 편집자들에 의해 문학적으로 사용되고 나아가 그것에 정경으로서의 지위가 부여됨으로써 그것들의 장르가 바뀌어 그것들은 더 이상 레위기 청중들을 위한 의무적인 예배 절차에 관한 명령 역할을 하지 않는다(마태복음의 청중을 위한 산상수훈의 문학적 의도는 마태복음에 대한 상세한 연구를 필요로 하는데, 그것은 본 연구의 범위를 벗어난다).

구약성경과 신약성경 시대 사이에 일어난 인지적 환경의 변화로 인해 우리는 신약성경의 재현이 형태나 내용에 있어 그것의 구약성경의 전신(前身)을 복제하리라고 기대하지 않을 것이다. 대신에 그 재현을 신학

---

3 Iain Provan, *The Reformation and the Right Reading of Scripture* (Waco, TX: Baylor University Press, 2017), 4.

적으로 의미 있는 것으로 다루기 위해서는 우리는 기능의 복제를 기대해야 한다. 산상수훈은 조약이 아니며 토라의 지시들을 복사하지 않는다. 그러나 산상수훈이 토라를 재현하기 때문에 우리는 그 설교의 문학적 목적이 모세 오경 문서에 수록된 토라의 문학적 목적과 비슷하리라고 기대해야 한다. 달리 말하자면 우리는 산상수훈이 새 언약 아래에서의 하나님 나라를 정의할 질서의 여러 측면에 관한 묘사를 포함할 것으로 기대해야 한다. 새 언약이 이스라엘과의 언약과 다르게 작동하기 때문에 하나님 나라의 질서는 아마도 구약 시대의 언약 질서와 다를 것이고 따라서 새로운 계시가 필요할 것이다. 우리가 산상수훈이 새 언약의 질서를 정확히 어떻게 정의하는지를 알려면 개별 진술들의 원칙에 대해 검토할 필요가 있을 것이다. 잠정적으로 추측하자면 상식의 전도(顚倒) 원칙이 그 질서일 수 있다. 그 원칙은 산상수훈 전체에 걸쳐 일관성이 있고, 신약성경 전체에 걸쳐 반복되는 주제이기도 하다(먼저 된 자가 나중 됨, 가장 작은 자가 가장 큰 자임, 기쁨은 고난을 통해서 옴 등). 요점은 우리가 이런 식으로 정경 신학을 연구하면 신약성경 자료가 의존하는 원문의 배경의 맥락(이스라엘을 향한 하나님의 자기 계시)뿐만 아니라 신약성경 자료의 맥락과 배경(문학적 암시 또는 재현으로서)도 존중하므로 단순히 덧쓰거나 한쪽이 다른 쪽을 검열한다고 보는 것이 아니라 신구약 모두를 성경으로 존중하게 된다는 것이다.

이스라엘 공동체는 여러 면에서 야웨의 계획과 목적에 참여하도록 선택되었다. 이 역할 중 가장 중요한 것은 계시의 매개체가 되고 야웨의 임재를 맞이하는 호스트 역할을 하는 것이었다. 이 역할들 속에서 그들은 열방에 빛을 비추는 역할도 했다. 민족들에게 빛을 비춘다고 해서 이스라엘이 민족들에 가서 그들에게 전도하거나 그들을 언약 관계 안으로 끌어들일 필요는 없었다. 대신에 민족들이 야웨가 이스라엘에서 한 일을 보고서 그의 이름에 영광을 돌릴 것이다. 새 언약의 목적은 다르다. 하나님은 더는 자기 백성을 사용해서 자신의 명성을 확립하지 않는다. 그것은 이스라엘을 통해 이루어졌고 반복될 필요가 없다. 그것이 구약성경이 성경으로 보존된 이유다. 그러나 하나님은 이제 다른 계획과 다른 목적을 지니고 있다. 그가 이스라엘을 통해 자신의 계획과 목적을 수행했던 것처럼 그는 이제 교회를 통해 그것들을 수행하고 있다.[4]

토라가 무한히 유연한 것은 아니다. 토라는 다른 인지 환경—예컨대 그리스-로마, 중세의 프랑스, 비잔틴 세계, 19세기의 티베트 그리고 우리의 포스트모던 21세기—에서는 생산적으로 이어질 수 없다. 그러나 동시에 토라를 단순히 더는 적실성이 없는 것으로 제쳐 놓을 수도 없다. 만일 우리가 구약성경을 적실성이 없는 것으로 판단함으로써 또는 토라를 그것의 본질이나 의도를 벗어난 무언가로 만듦으로써 구약성경을 포기한다면, 우리는 우리에게 준 하나님의 계시의 중요한 부분을 포기한 것이다. 그리고 우리는 이 구약성경의 계시가 예수와 신약성경 저자들이 알고 있었던 유일한 성경이었다는 점을 기억해야 한다. [우리가 구약성경을 포기한다면] 하나님이 세상을 향한 그의 계획과 목적을 펼치기 위해 과거에 일했던 방식을 이야기하는 신적 증언을 우리가 거부하는 셈일 것이다. 하나님의 이야기를 통해 우리는 그분을 더 잘 알게 되고 우리가

---

4   하나님이 또한 이스라엘을 통해 자신의 계획과 목적을 계속 수행하고 있을 가능성이 있다. 바울은 롬 9-11장에서 그렇게 생각하는 것으로 보인다.

우리의 언약에 적합한 방식에 참여하는 것이 얼마나 중요한지 인식하게 된다.

결론들의 요약

우리는 "잃어버린 세계" 시리즈의 특징적 방법론인 구약성경이 고대 문서라는 인식으로 본서를 시작했다. 구약성경의 권위가 하나님에게서 유래할지라도, 그것은 저자의 언어와 문화적 맥락을 기반으로 한 저자의 의사소통 의도를 통해 전달된다. 그래서 우리는 법조문 모음집들이 고대 세계에서 어떻게 작동했는지를 조사해야 했다. 법조문들은 목록 작성이라는 장르를 사용하여 축적되었는데, 그 장르는 지혜에 관한 여러 측면의 사례를 다루는 접근방법을 기반으로 작동했다. 따라서 우리는 고대 세계에서 이 장르의 초점은 법률을 제공하는 것이 아니라 사회에 질서를 가져오기 위한 지혜를 제공하는 것이었다는 점에 주목했다. 질서는 나아가 사회질서 관리자(대다수 고대 세계의 왕; 이스라엘의 종주 왕인 야웨)의 명성을 드높인다. 토라의 목표는 이스라엘 사람들에게 하나님의 은혜와 임재의 축복을 받기를 원한다면 그들이 유지해야 할 질서에 대하여 가르치는 것이다. 이것은 일반적으로 가정되는 개념인 토라는 이스라엘에게 신법을 제공하며, 새 언약을 통해 성취된 것과는 무관하다는 개념과 혼동되어서는 안 된다.

이 분석에 기초해서 우리는 구약성경에 수록된 이스라엘의 법 모음집에 주의를 돌렸다. 우리는 그것의 장르가 고대 근동에서 발견된 것과 비슷하지만(법적 지혜를 제공함), 그것이 언약에 대한 조항 역할도 했다는 결론을 내렸다. 이 조항들은 이스라엘이 하나님의 백성으로서, 특히 그들의 종주에 대한 봉신의 역할에 있어서 어떻게 섬길 수 있는지에 관한 개요를 제시했다. 우리는 그 조항들이 제공한 질서에는 제의가 포함되었고 거룩(신적 정체성 안으로의 편입을 의미하며, 고대 근동 문학에서는 발견되지 않는 요소다)이 그것의 주요 초점이었다는 점에 주목했다.

우리는 이 문제들을 탐구하면서 토라가 자리 잡고 있는 세 가지 중요한 배경에 주목했다. 첫째, 토라는 고대 세계 안에 자리 잡고 있고 따라서 고대의 가치와 사상을 반영한다. 둘째, 토라는 야웨와 이스라엘 사이의 언약 안에 자리 잡고 있고 그 점에서 고대 근동의 법적 지혜 텍스트에서 발견되는 것들과 다르다. 토라는 언약 안에 내장되었기 때문에 그 언약 밖에 있는 사람들에게는 직접 적용될 수 없다. 동시에 고대 근동의 법 텍스트들이 언약의 일부가 아니고 고대 근동에는 신이 어느 민족 집단과 언약을 맺는 전례가 없기는 하지만, 토라와 고대 근동의 조약문서들 사이에는 확실히 유사성이 있다. 토라가 고대 세계의 법 텍스트들과 겹치는 법조문들을 포함하고 있지만, 우리는 그것들이 조약 형식의 조항들로도 사용된다는 점에 주목했다. 그러므로 토라는 조약 조항들과 유사하게 읽힐 필요가 있으며, 따라서 토라는 이스라엘이 봉신으로서 그들의 종주에게 보여야 하는 반응 역할을 한다. 셋째, 토라는 그것이 이스라엘에게 그들 가운데 거하는 야웨의 임재의 축복과 이 임재가 나타내는 은총을 유지하는 방법을 가르치고 있다는 점에서 신성한 공간의 맥락 안에 자리 잡고 있다.

토라가 그것의 맥락에서 무엇이었는지에 관한 결론에 도달한 후 우리는 토라가 무엇이 아닌지를 탐구하기 시작했다. 이 분석에서 우리는 토라가 도덕법, 시민법, 제의법의 범주로 나뉘어서는 안 된다는 결론을 내렸다. 이 구분은 인위적이고 우리가 토라 전체의 영향을 이해하는 데 도움이 되지 않는다. 그것들은 토라가 법률이며, 법률로서 삶의 다양한 측면에 적용될 법을 제정하려 한다고 가정한다. 이러한 구분을 제안하는 오랜 전통으로 인해 해석자들이 도덕법을 추려냈고 도덕법은 토라에 기초한 도덕 체계를 결정하기 위한 기초가 될 수 있었는데, 이는 결코 토라가 의도한 것이 아니었다. 이어서 우리는 토라가 도덕 체계를 위한 기초를 제공하지 않았을 뿐만 아니라 이상적인 사회 구조를 제공하지도 않았다고 제안했다. 이로써 우리는 토라 안에 노예제도나 가부장제가 포함된 이유에 관한 해묵은 문제를 해결할 방법을 제공할 수 있었다. 토라는 그들의 문화를 어떤 이상적인 문화로 변화시키려고 시도하기보다는 있는 그대로의 이스라엘 사람들의 문화를 향해 말했다. 이와 대조적으로 우리는 왜 문화를 변화시키는 것이 토라의 목적이 아닌지, 그리고 왜 이러한 이해가 시도되어서는 안 되는지를 보여주고자 했다.

오늘날에도 우리는 하나님의 백성이 변혁되어야 할 필요가 있음을 알고 있으며(롬 12:1-2에서 표현된 개념), 이것이 실제로 중생, 성화 또는 영화라고 다양하게 불리는 새 언약의 목적이라고 주장할 수도 있을 것이다. 그러나 사람을 변혁시키는 것은 문화를 변혁시키는 수단이 아니다. 예수는 카이사르가 그의 것을 가지게 했다. 예수는 하나님을 위해 카이사르의 것을 취하지 않았다. 이스라엘이 야웨가 자기들을 통해 확립한 명성이 결국 미래 세대들이 추후 계시를 이해하게 되는 기초로 사용되리라는 것을 결코 몰랐던 것처럼, 우리는 변혁이 어떤 목적을 달성하기 위한 수단이 될지 알지 못한다. 대다수 하나님의 백성에게 있어서 실제로 그들이 죽기까지는 변혁이 일어나지 않는다.

명제 20부터 우리는 토라의 사용 방법과 용도를 이해하기 위해 노력했다. 우리는 토라로부터 오늘날 적용할 원칙을 도출해내는 일반적인 접근방법에 대해 논의했다. 우리는 그 접근법을 지나치게 자세하게 명시하고 필요한 통제가 부족하다는 이유로 거부했다. 그런 접근법을 일관성 있게 적용해서 믿을 만한 결과를 얻을 수 없었다. 대신에 그 관행은 주관성으로 가득 차 있으며, 그런 만큼 텍스트의 권위에 매이지 않는다. 마찬가지로 우리는 토라에서 근거 텍스트를 캐내서 그것을 우리의 행동이나 입장이 어떠해야 하는지를 확립할 토대로 삼을 수도 없다. 그래서 우리는 토라가 법률이나 구원의 수단으로 사용되도록 의도된 것이 아니었다는 결론으로 되돌아갈 수 있었다.

마지막으로, 이제 우리는 성경의 권위에 비추어 오늘날의 중요한 문제들을 해결하고자 할 때 우리가 어떻게 진행해야 하는지에 관한 방법을 제시할 수 있다. 어떤 책도 모든 문제를 해결할 수는 없지만 우리는 우리가 어려운 시기에 길을 만들어 나아가도록 도움을 줄 수 있는 어느 정도의 통찰력을 제공하였기를 바란다.

구약성경에서 이스라엘이 하나님이 그들을 통해 자신의 계획과 목적을 수행하는 하나님의 언약 백성이라고 적시된 것처럼, 신약성경에서 교회는 하나님의 계획과 목적을 수행하는 그리스도의 몸으로서 하나님과 동일시된다. 그럼에도 교회는 이런 식으로 이스라엘을 재생산하거나 대체하지 않는다. 교회는 이스라엘을 재현한다. 이스라엘은 할례라는 민족적 표지이자 표식에 의해 정의되었다. 교회는 "그리스도 안에" 있다는 사실로 정의되며(예컨대 고후 5:17) 그 표지는 "물과 성령의" 세례다(요 3:5). 이 재현은 신약성경 자체의 맥락에서 잘 확립되어 있다. 비록 그러기 위해서 신약성경이 이따금 구약성경을 그 자체의 목적에 맞추어 수정하지만 말이다. 이 두 경우 모두 하나님의 상호 동일시는 그것에 대한 헌신을 나타내는 표시를 받은 개인들로 구성된 공동체(집단적 이스라엘 / 보편적 교회)에 적용된다. 둘 다 하나님 나라에 참여하지만, 그 정도와 방법은 다르다.

토라는 이스라엘 사람들이 야웨가 그들을 통해 그들의 시대와 그들의 문화에서 자신의 계획과 목적을 수행할 때 그들의 상호 동일시가 어떻게 보여야 할지 이해하도록 도와줄 지혜를 제공하고, 그들로 하여금 야웨의 임재에 적합한 호스트가 될 수 있게 해준다. 교회는 동일한 기능을 수행하지 않으므로 토라가 교회로 하여금 자신의 정체성에 합치하게 살 수 있게 해주지 못할 것이다. 달리 말하자면 토라는 교회가 교회다워지도록 돕기 위한 하나님의 계시로 주어진 것이 아니다. 토라는 이스라엘이 이스라엘다워지도록 돕기 위해 주어졌다. 그렇다면 토라가 어떻게 오늘날 우리를 위한 하나님의 계시로 남아 있을 수 있는지를 우리가 어떻게 알 수 있는가? 만일 우리가 토라가 무엇이었는지 그리고 그것이 어떻게 작동했는지를 배웠다면, 우리는 하나님의 계획과 목적에 대한 그 이해를 사용해서 그 계획과 목적이 오늘날 새 언약을 통해 어떻게 실행되고 있는지에 대한 통찰력을 얻을 수 있을 것이다. 하나님이 새 언약을 자신이 이스라엘을 통해 한 일의 관점에서 계시하기로 작정했기 때문에, 새 언약을 이해하려면 우리는 하나님이 이스라엘을 통해 한 일이 무엇인지 이해해야 한다.

토라가 어떤 식으로든 부족하거나 실패한 프로그램으로 여겨졌기 때문에 새 언약이 토라를 대체하는 것은 아니다. 새 언약이 발전으로 여겨져서도 안 된다. 새 언약은 단지 하나님이 자신의 다양한 계획과 목적을 수행하는 또 다른 방식일 뿐이다. 우리가 토라로부터 배울 수 있는 내용은 중요하지만, 우리는 그 프로그램의 참여자가 아니다.

토라를 읽을 때, 우리는 하나님이 자신의 봉신들에게 기대했던 질서를 이스라엘이 확립할 수 있도록 그들에게 제공한 지혜를 만난다. 그러나 하나님이 교회를 통해 일하는 방식은 그가 이스라엘과 함께 일했던 방식과 다르다. 토라가 문화와 맥락 안에 놓여 있었기 때문에 참여의 조건이 변했다. 이스라엘은 봉신 조약과 연계해서 하나님과 상호 동일시되었지만 우리는 그렇지 않다.[1] 우리가 토라로부터 얻는 지혜는 모든 시대의 하나님의 백성 모두가 준수해야 할 원칙을 토라의 각 행이 어떻게 제공하는지를 해독한 것에 기반을 둔 사안별 지혜가 아니다. 그것은 전체에 바탕을 둔 누적적인 지혜다(명제 18에서 논의한 건강의 예를 보라). 이 결론은 토라가 여러 측면의 사례들을 모아 놓은 자연스러운 결과다. 모든 조각이 협력해서 공동체 정체성의 큰 그림을 이룬다. 그 조각 중 몇몇은 다른 조각들보다 더 독립적인 가치를 가질 수 있지만, 결국 우리가 필요로 하는 것은 개별 조각들이 아닌 합성 사진에서 발견된다.[2]

우리를 위한 토라의 가치는 우리에게 무엇을 하도록 요구하는 것에 존재하지 않는다. 그 가치는 우리가 고대 근동의 맥락의 렌즈를 통해 토라를 읽고 야웨가 자신을 위하여 확립한 명성을 보는 것이다. 우리는 토라로부터 우리가 예배하는 하나님이 옹졸하거나 자의적이거나 상

---

1   그리스도는 우리의 왕으로 묘사된다. 그러나 (로마) 통치자 아래 있는 시민이라는 사실이 의미하는 것과 고대 근동의 종주 아래 있는 봉신이라는 사실이 의미하는 것이 동일한지는 본 연구의 범위를 벗어난다. (특히 계시록에서) 그리스도에 대해 사용된 로마제국의 이미지는 예컨대 David Aune, *Apocalypticism, Prophecy, and Magic in Early Christianity: Collected Essays* (Grand Rapids: Baker Academic, 2008), 99-119를 보라.

2   비슷한 접근법이 Christopher J. H. Wright, *Walking in the Ways of the Lord: The Ethical Authority of the Old Testament* (Downers Grove, IL: InterVarsity Press, 1995), 31에서 채택되었다(비록 그는 여전히 원칙들을 개발하고 싶어 하지만 말이다).

호 의존적이거나 무심하거나, 또는 (정반대로) 잔인하거나 압제적이거나 괴물 같은 존재가 아님을 알 수 있다. 토라와 언약은 고대 근동의 문화적 환경이라는 맥락에서 이러한 특성들(명성)을 확립한다. 많은 현대인이 이 점을 알지 못하는데, 이것을 알면 유용하다. 유감스럽게도 우리는 그 맥락을 이해하지 못하기 때문에 토라를 잘못 읽으면 대개 정반대의 인상을 받는다.

우리와 토라 사이의 관계를 생각할 때 우리는—기술적으로 말해서—지위의 상응물이 지위임을 인식해야 한다. "그리스도 안"(이것이 우리의 새로운 언약적 지위다)은 카도쉬(*qdš*, 거룩함의 지위)의 틀에 들어맞는다. (비록 보통 "믿다"로 번역되는 그리스어 단어 '피스튜오'[*pisteuō*]가 통치자에 대한 충성을 맹세한다는 함의를 가질 수 있을지라도)[3] 새 언약은 그런 식으로 작동하지 않기 때문에 새 언약의 지위를 제한하는 조약 체결(또는 재현된 계약)은 없다. 확실히 신약성경에 수록된 산상수훈이 토라를 가장 가깝게 재현한다고 볼 수 있지만 거기서는 개정된 법의 내용이 아니라 법을 수여하는 행위를 강조한다. 산상수훈은 "그리스도 안에" 있기 위한 우리의 노력에 대해서 좋은 점수를 받기 위해 수행해야 하는 의무 목록이 아니다. 언약 수여의 재현으로서의 산상수훈은 그 언약의 메시지가 무엇이었는지를 재확인한다. 명제 23에서 논의된 바와 같이 하나님이 인간 세계의 질서를 책임지고 있다. 세상에 질서를 가져오는 것은 그리스도께서 하신 일이지 그리스도인들이 하는(또는 하지 못하는) 일이 아니다. 인간의 노력

---

3   Matthew W. Bates, *Salvation by Allegiance Alone: Rethinking Faith, Works, and the Gospel of Jesus the King* (Grand Rapids: Baker Academic, 2017, 『오직 충성으로 받는 구원』, 새물결플러스 역간); 참조. R. Bultmann, πιστευω, *TDNT*, 6:177.

은 인간 세계에 질서를 가져오지 않는다. 사실 산상수훈에 등장하는 대부분의 진술(그리고 일반적으로 하나님 나라의 질서에 관한 진술)은 상식의 전도(顚倒)다. 그리스도는 자기 백성이 무엇을 하느냐 하지 않느냐에 관계없이 자신의 목적을 이룰 것이다. 도덕의 수행은 그것이 악덕의 자연스러운 결과를 피하기 위한 수단이기 때문에 가치가 있다("모든 것이 가하나 모든 것이 유익한 것은 아니요" 고전 10:23).

마지막으로, 우리가 성찬(성찬식 또는 성찬 미사)에 참여하는 것은 삼위일체의 본질에 대한 이해를 얻기 위함이 아니다. 그러나 성찬의 많은 기능 가운데 하나는 우리로 하여금 그리스도께 집중하도록 도와주는 것이다. 이는 또한 우리가 함께 모이는 것이 설교자의 웅변술이나 주해 기술 또는 예배 팀이나 오르간 연주자의 음악적 재능에 관한 것도 아니고 우리가 음악이나 설교에 감정적으로 반응하는 방법에 관한 것도 아님을 우리가 인식함을 의미한다.[4] 교회가 그리스도의 본질을 표현하는 문구(wording)에 이르는 데 수 세기가 걸렸지만, 성찬은 그 문구나 그것에 대한 우리의 이해에 의존하지 않는다. 그리스도를 통한 하나님의 사역은 우리가 무엇을 하느냐 하지 않느냐와 관계없이 이루어질 것이다.

개인으로서 그리고 그리스도의 몸으로서 나무랄 데 없고, 자제력이 있고, [성령께서 우리 안에서 이루시는 우리의 성품의] 변화에 순종하고, 빛과 소금이 되기 위해 전념하는 우리의 모든 헌신은 우리로 하여금 현대 세계의 모든 복잡한 문제에서 하나님의 이름에 영광을 가져올 해결책을 위해 생각하고 협력하게 할 것이다. 우리에게 주어진 임무는 하나님의

---

4   Josh Walton도 이 견해를 공유한다.

이름에 영광을 돌리는 하나님의 백성이 되는 것이다. "이는 범사에 우리 구주 하나님의 교훈을 빛나게 하려 함이라"(딛 2:10). 기독교 공동체는 새로운 구성원을 모집함으로써만 유지될 수 있으므로 우리는 매력적이어야 한다. 만일 우리가 우리 문화의 관점에서 비난받을 만하게 처신한다면 우리는 사람들을 제자로 양성할 수 없을 것이다. 고린도전서 5:1에서 일탈자가 하나님의 법을 위반한 것으로 비난받는 것이 아니라 "이방인 중에서도 없는" 종류의 행동으로 비난받는다는 점에 주목하라. 그렇다고 해서 우리가 모든 면에서 우리의 문화에 영합하도록 조장되어서는 안된다. 만일 우리가 비그리스도인들과 분간할 수 없게 된다면 기독교 공동체가 사라질 것이고 우리가 비그리스도인에게 전달할 것이 아무것도 없게 될 것이다. 그러나 그렇다고 해서 우리가 (토라에 표현된) 고대 근동의 문화적 가치나 (복음서와 서신서에서 표현된) 그리스화된 유대의 문화적 가치에 엄격하게 순응한다는 뜻은 아니다. "이 세대를 본받지 말고"(롬 12:1-2)와 "여러 사람에게 여러 모습이 된 것은 아무쪼록 몇 사람이라도 구원하고자 함이니"(고전 9:22) 사이의 결정은 어느 쪽의 의무도 게을리하지 않는다. 그것은 우리가 지혜를 발휘하여 어디에서 우리 시대의 문화에 순응해야 하는지 아는 것을 의미한다. 이 지혜는 어느 쪽 결정이든 그것의 대가를 이해할 만큼 문화를 잘 이해할 수 있는 사람에 의하여 발휘되어야 하며, 우리는 바로 그런 사람이 공동체를 이끌도록 임명해야 한다. 그러나 그 결정을 내리는 것은 엄격한 규칙들, 특히 다른 문화를 향해 기록된 엄격한 규칙들을 따르는 것과는 다르다. 아마도 본서는 우리가 어떻게 그 일을 가장 효과적으로 할 수 있는지에 관하여 생각하도록 돕는 데 있어 하나의 작은 걸음을 제공할 수 있을 것이다.

결론들의 요약

십계명

우리는 이미 토라와 도덕에 관해 논의할 때 십계명을 언급하면서 토라가 도덕 체계를 확립한다고 믿는 많은 사람이 십계명을 그 도덕의 핵심으로 본다고 지적했다(명제 13과 명제 22). 본서에서 채택된 입장은 그 해석에 반대하는 주장을 전개했다. 본 부록에서 우리는 십계명의 10개 항목 각각에 대한 해석뿐만 아니라 그것에 대한 우리의 전반적인 이해를 제시할 것이다.[1]

도덕 체계와 연결되는지와 무관하게 십계명으로 알려진 목록은 종종 토라의 요약이자 가장 중요한 부분으로 이해된다. 구약성경에서 언급되는 곳(5회. 출 20:1; 34:28; 신 4:13; 5:1; 10:4)마다 그것은 히브리어로 "10개의 말씀들"이라고 불리기 때문에 '계명들'이라는 단어 자체가 오해의 소지가 있다.[2] 비록 출애굽기 34장에서 반복되는 내용—여기서도 (히브리어로) 10개의 말씀들로 불린다—이 다른 것들과 다르고 설득력 있게 10개의 진술로 나누기가 어렵기는 하지만 출애굽기와 신명기는 이 목록에 주의를 기울인다.[3] 우리가 어떤 목록을 사용하는가, 그것들을 몇 개로 보

---

1 John H. Walton은 이 문제들을 이전에 *Old Testament Theology for Christians*에서 다루었는데 본 자료의 일부는 그곳의 논의에서 가져왔다. 몇몇 부분은 John H. Walton, "Interpreting the Bible as an Ancient Near Eastern Document," in *Israel: Ancient Kingdom or Late Invention?*, ed. Daniel I. Block (Nashville: B&H Academic, 2008), 298-327에서도 가져왔다.

2 심지어 그것들이 어떻게 나뉘어야 하는지에 관한 문제도 있다. Daniel I. Block, "Reading the Decalogue Right to Left: The Ten Principles of Covenant Relationship in the Hebrew Bible," in *How I Love Your Torah, O LORD! Studies in the Book of Deuteronomy* (Eugene, OR: Cascade, 2011), 21-55; 그리고 Block, Excursus A: "How Shall We Number the Ten Commandments? The Deuteronomy Version (5:1-21)," in *How I Love Your Torah*, 56-60.

3 이것은 흥미로운 문제이지만 유감스럽게도 우리는 여기서 그것을 조사할 수는 없다.

는가 또는 그것들이 무엇에 관한 것인지를 어떻게 번역하는가와 무관하게 우리는 그것들은 율법의 요약이 될 수 없고 토라의 나머지 부분보다 더 중요한 부분으로 선별될 수 없음을 인식할 필요가 있다. 다른 이유가 없더라도 예수가 율법의 가장 중요한 부분을 적시해달라는 요청을 받았을 때 10개의 계명을 인용하지 않고 두 가지 큰 계명을 제시했다(마 22:37-40)는 이유만으로도 우리는 그렇게 생각해야 한다.[4]

그러므로 십계명은 토라의 나머지 부분과 마찬가지로 하나님이 자신을 위해 원하는 명성을 반영할 사회질서의 본질에 관하여 이스라엘을 가르치는 것에 중점을 둔다. 10개의 "말씀들"은 공동체가 야웨와 상호작용하는 방식의 측면에서뿐만 아니라 이스라엘 사람들이 서로 간에 상호작용하는 방식의 측면에서도 언약 공동체의 형태에 관한 정보를 제공한다. 언약 공동체에 대한 이 초점은 부모를 공경하는 동기에서 가장 명확하게 나타난다. "그리하면 네 하나님 여호와가 네게 준 땅에서 네 생명이 길리라"(출 20:12). 이스라엘과 야웨 사이의 언약 조항으로서 그 말씀들은 도덕을 확립하기 위하여 의도된 것이 아니다. 그 조항들은 야웨의 언약 백성인 이스라엘이 하나님의 은총을 유지하고 그럼으로써 그 땅에서 생명을 받을 수 있는 방법을 규정한다. 그 말씀들은 야웨가 고대 근동의 문화의 강의 맥락에서 저주, 유기, 추방이 아니라 은혜, 축복, 임재를 베풀면서 그의 정체성을 반영하기 위해 확립하기를 원하는 사회를 기술한다.

마지막으로, 토라의 나머지 부분과 마찬가지로 십계명은 또한 고대

---

4   눅 18:19-20에서 예수가 다섯 개 계명만 언급한다는 점에 주의하라.

근동의 배경과 비교하여 이해되어야 한다. 그런 조사는 몇 가지 놀라운 결과를 낳는다. 토라의 몇몇 진술은 전형적인 고대의 관행과 뚜렷한 대조를 이루지만 그 진술 중 다수는 우리가 고대 근동에서 발견할 수 있는 진술들과 완전히 일치한다. 더 나아가 유사점들은 고대 근동에 제한되지 않는다. 모쉐 바인펠트는 리디아(소아시아)의 도시인 필라델피아의 아그디스티스 여신의 신전에서 출토된, 기원전 1세기까지 거슬러 올라가는 놀라운 비문으로 우리의 주의를 이끈다. 신전 건축자는 자기가 꿈에 제우스에게 받은 명령 목록을 기술한다.

> 태아를 죽이거나 낙태하지 말라.
>
> 강도질하지 말라.
>
> 살인하지 말라.
>
> 아무것도 훔치지 말라.
>
> 성소에 충실하라.
>
> 어떤 남자도 자기의 아내 외에 낯선 여자와 동침하지 말고…소년이나 소녀와 동침하지 말라.[5]

이 비문은 이어서 그런 범죄를 범한 사람이 신전에 들어가는 것을 금지한다. "왜냐하면 이곳에 이 모든 범죄를 주시하고 죄인들을 용납하지 않을 위대한 신들이 보좌에 앉아 있기 때문이다.…신들은 순종하는 사람들

---

5 Moshe Weinfeld, "The Uniqueness of the Decalogue and Its Place in Jewish Tradition," in *The Ten Commandments in History and Tradition*, ed. Ben-Zion Segal (Jerusalem: Magnes, 1990), 30-31.

에게 호의를 베풀고 그들에게 축복을 줄 것이지만, 법을 어기는 사람들은 미워하고 그들에게 큰 벌을 가할 것이다."[6]

우리가 이스라엘의 관행과 고대 세계의 다른 지역의 관행 사이의 차이를 발견할 때, 그 차이가 의미가 있으려면 우리가 이스라엘 사람들이 일축하는 고대 세계의 관행을 알 필요가 있을 것이다. 우리가 그 둘 사이의 유사성을 발견할 때, 우리는 이스라엘과 야웨 사이의 언약에서 발견된 질서가 고대 세계에서 인정된 질서 보존 방식과 크게 다르지 않았음을 알게 될 것이다. 이것은 놀라운 일이 아니다. 십계명의 각 계명을 분석하기 시작할 때 우리는 또한 몇몇 경우에는 수 세기에 걸쳐 성경을 읽는 청중들 사이에 일어난 문화적 변화로 인해 그 계명에 대한 해석이 원래의 맥락에서의 이해에서 멀어졌음을 인지하게 될 것이다.[7]

1-4계명

#1 다른 신들

고대 근동 자료를 이용할 수 없었던 시기에는 이 계명의 해석에 어느 정

---

6 Weinfeld, "Uniqueness of the Decalogue," 31.

7 1-4계명의 비교상의 문제들과 분석에 관한 좀 더 광범위한 논의는 Walton, "Interpreting the Bible as an Ancient Near Eastern Document," 298-327을 보라. 고대 근동에서 5-9계명 항목의 존재에 관한 논의는 Karel van der Toorn, *Sin and Sanction in Israel and Mesopotamia: A Comparative Study* (Assen, Netherlands: Van Gorcum, 1985), 13-20을 보라. 다음 문헌들에서는 10개 항목 모두 그 항목에 대한 인용문과 함께 다소 상세하게 다뤄지고 있다. 출 20장에 대한 B. Wells의 해설과 신 5장에 대한 E. Carpenter의 해설에 수록된 *Zondervan Illustrated Bible Backgrounds Commentary*, ed. John H. Walton, vol. 1 (Grand Rapids: Zondervan, 2009); 그리고 David L. Baker, *The Decalogue: Living as the People of God* (Downers Grove, IL: IVP Academic, 2017)을 보라.

도 명확한 경향이 있었다. 하이델베르크 교리문답, 웨스트민스터 신앙고백과 종교개혁자들의 해석은 모두 이 금지를 우선순위 측면에서 해석한다. 웨스트민스터 신앙고백에서는 이 텍스트의 요점이 모든 생각과 행동과 태도에서 하나님을 최우선순위에 두어야 한다는 것이라고 제안한다. 우리의 삶에서 어떤 것도 우리의 주의를 하나님의 영광으로부터 다른 곳으로 돌려서는 안 된다. 초기 교회 교부들은 심지어 그 계명에 기독론적 왜곡을 가하기까지 했다.[8] 철학적 해석에 초점을 맞춰서 다른 신들의 존재를 명시적으로 배제한 절대적 일신론을 확립하려고 시도한 학자도 있었다.[9]

고대 근동의 문헌을 이용할 수 있게 되자 그 계명이 우리가 현재 일신론이라 부르는 것보다는 일신 숭배 또는 (여러 신 중에서 한 신을 택하여 숭배하는) 택일신론을 가리켰다는 인식이 늘어났다. 그것은 '다른 신들이 존재했는가?'라는 질문이 아니라 '사람들이 어떤 신을 예배했는가?'라는 질문과 관련이 있다.[10] 좀 더 이전의 해석자들도 같은 주장을 펼쳤지만, 고대 근동의 자료는 해석을 이 방향으로 더 확고하게 밀어붙이는 경향이 있었다. 이 해석은 예배 관행의 문제로 좀 더 제한되기는 했지만, 그 계명을 계속 우선순위 결정 문제로 취급했다.

우선순위에 초점을 맞추는 해석은 멀리는 70인역에서 근거를 발

---

8   Gregory of Nyssa. Joseph T. Lienhard, *Exodus, Leviticus, Numbers, Deuteronomy*, ACCS (Downers Grove, IL: InterVarsity Press, 2001), 102를 보라.

9   이르게는 필론 (*De decalogo*, XIV.65, vol. 7)이 그런 입장을 취했다.

10 대다수 주석자는 이 견해를 취한다. 좀 더 상세한 논의는 Walter J. Harrelson, *The Ten Commandments and Human Rights* (Philadelphia: Fortress, 1980), 54-61; 그리고 Moshe Weinfeld, *Deuteronomy 1-11*, AB (Garden City, NY: Doubleday, 1991), 284-89를 보라.

견했다. 70인역은 히브리어 '알-프네'(עַל־פָּנָי, ʿal panê, "내 앞에")를 그리스어 전치사 플렌(plēn, "~외에")으로 옮겼다. 그러나 만일 히브리어가 "~외에"(except)를 말하려고 한 것이라면, 그렇게 하는 방법이 몇 가지 있다(예컨대 아크[ak] 또는 라크[raq]). 마찬가지로 만일 히브리어가 우선순위를 표현하려는 것이었다면, 그것은 신명기 4:35 또는 이사야 45:21에서 발견되는 것과 같은 표현을 사용했을 것이다.[11] 20세기 신학자들은 그 문제를 인식했다. 예컨대 게르하르트 폰 라트는 이 히브리어 단어가 적어도 그 시대에 그렇게 쓰였음을 뒷받침하는 증거가 있으므로 "내게 반항하여"로 옮겨져야 한다고 제안했다.[12]

베르너 슈미트는 고대 근동에서 통용되었던 관행 및 신앙에 대한 훨씬 더 면밀한 조사를 통해서 좀 더 옹호할 수 있는 해석을 주장했다. 그는 제1계명이 야웨 앞에서 다른 신들을 금한 것은 야웨가 만신전(pantheon)이나 신들의 모임(divine assembly) 안에서 혹은 배우자와 함께 일한다는 개념을 배제한 것이라고 제안한다.[13] 장 보테로는 이 체계가 국가의 수반인 왕이 그의 가족 및 주변의 관리들과 함께 조직화된 계층구조 안에서 통치하는 것과 유사하다고 설명한다.[14]

이 배경은 이스라엘 사람들이 야웨의 면전에서 다른 신들을 상상

---

11 Walter C. Kaiser Jr., *Toward Old Testament Ethics* (Grand Rapids: Zondervan, 1983), 85.

12 Gerhard von Rad, *Old Testament Theology*, D. M. G. Stalker 역(New York: Harper & Row, 1962), 1:204. 창 16:12, 욥 1:11, 그리고 시 21:12이 이러한 의미를 보여준다.

13 Werner Schmidt, *The Faith of the Old Testament: A History*, trans. John Sturdy (Philadelphia: Westminster, 1983), 71.

14 Jean Bottéro, "Intelligence and the Technical Function of Power: Enki/Ea," in *Mesopotamia: Writing, Reasoning and the Gods*, Zainab Bahrani and Marc Van De Mieroop 역(Chicago: University of Chicago Press, 1992), 233.

해서는 안 되었다는 해석을 암시한다. "너는 내 앞에서 다른 신들을 두지 말라."[15] 이것은 히브리어 텍스트에서 나타나는 전치사의 결합이 사람을 목적어로 취할 때(עַל־פְּנֵי ['al pənê] + 전치사의 목적어인 사람) 그 의미는 일관되게 공간적이라는 사실에 의해 뒷받침된다. 다음의 예들은 위치를 표현한다.

- 창세기 11:28, "하란은 그 아비 데라**보다 먼저**('al pənê) 고향 갈대아인의 우르에서 죽었더라"
- 창세기 23:3, "그 시신 **앞에서**('al pənê) 일어나 나가서 헷 족속에게 말하여 이르되"
- 창세기 32:21, "그 예물은 그에 **앞서**('al pənê) 보내고"
- 창세기 50:1, "요셉이 그의 아버지 **얼굴에**('al pənê) 구푸려 울며"
- 출애굽기 33:19 (34:6), "내가 내 모든 선한 것을 네 **앞으로**('al pənê) 지나가게 하고"
- 레위기 10:3, "온 백성 **앞에서**('al pənê) 내 영광을 나타내리라"
- 민수기 3:4, "나답과 아비후는 시내 광야에서 여호와 **앞에**('al pənê) 다른 불을 드리다가"
- 열왕기상 9:7, "내가 이스라엘을 내가 그들에게 준 땅에서('al

---

15 Weinfeld, *Deuteronomy 1–11*, 276-77. Daniel Polish, "No Other Gods," in *The Ten Commandments for Jews, Christians, and Others*, ed. Roger E. Van Harn (Grand Rapids: Eerdmans, 2007), 24; 참조. Anthony Phillips, *Ancient Israel's Criminal Law: A New Approach to the Decalogue* (New York: Schocken, 1970), 38-39. Miller는 '알 프네'('al pənê)의 의미에 있어서 모든 가능성을 유지하기를 원한다. Patrick D. Miller, *The Ten Commandments* (Louisville, KY: Westminster John Knox, 2009), 20.

pənê) 끊어 버릴 것이요"

- 열왕기하 13:14, "이스라엘의 왕 요아스가 그에게로 내려와 자기의 **얼굴에**(*'al pənê*) 눈물을 흘리며"
- 욥기 4:15, "그때에 영이 내 **앞으로**(*'al pənê*) 지나매"
- 욥기 21:31, "누가 능히 그의 **면전에서**(*'al pənê*) 그의 길을 알려 주며"
- 시편 9:19, "이방 나라들이 주 **앞에서**(*'al pənê*) 심판을 받게 하소서"
- 에스겔 32:10, "내가 내 칼이 그들의 왕 **앞에서**(*'al pənê*) 춤추게 할 때에"

고대 근동의 관행을 이해하게 되면 이 공간적 의미는 신뢰성이 훨씬 더 커진다. 고대 근동의 신들은 만신전에서 일했고 신들의 모임에서 결정이 내려졌다. 그리고 주요 신들에게는 일반적으로 배우자가 있었다. 신들의 생활방식과 운영 체계가 공동체의 경험을 이루었다. 신들의 운명은 왕, 도시, 성전 그리고 사람들의 운명과 마찬가지로 신들의 모임에서 결정되었다. 신들의 직무는 다른 신들 앞에서 수행되었다. 이 체계는 권위 있는 신들과 활동적인 신들의 계층구조로 요약될 수 있다.[16]

반면에 야웨는 때때로 천상회의를 개최하는 존재로 묘사되는데(특히 왕상 22:19-22과 욥 1-2장에서), 그런 텍스트는 독자들에게 그 개념을 바

---

16 Lowell K. Handy, *Among the Host of Heaven: The Syro-Palestinian Pantheon as Bureaucracy* (Winona Lake, IN: Eisenbrauns, 1994), 97.

로잡아 주려고 시도하지 않는다.[17] 따라서 다른 신들이 있어서는 안 되는 야웨의 "임재"(presence)는 신적 영역에 존재하는 그의 왕실의 알현실이 아니라 (성전에서 그의 영토를 통치하는) 그의 지상의 임재를 가리킬 가능성이 있다. 에스겔 8장에서 야웨는 자신의 성전에 다른 신들의 형상이나 제단을 놓는 관행에 반대하는데, 예컨대 열왕기하 21:1-7에서 므낫세 왕이 바알을 숭배할 때 이런 관행에 참여했다. 더욱이 종주 조약에 따르면 야웨의 영토에서 다른 신('통치자'로 읽으라)이 인정되어서는 안 되었다. 이것이 중요한 이유는 만신전/신들의 모임 개념은 여러 신적 존재 사이의 힘의 분배라는 개념을 함의하기 때문이다. 제1계명은 야웨의 힘이─적어도 이스라엘의 경계 안에서는─절대적이라는 단순한 진술이 된다. 그는 신적 권위를 나누어 갖는 많은 신 중의 하나가 아니다. 이스라엘 사람들이 이 개념을 이해하는 데 애를 먹었다는 것은 이해할 만하다. 무엇보다도 그 개념은 신들의 공동체로부터 야웨를 제거한다. 고대 세계에서 사람들은 공동체 안의 자신의 위치에서 자기 정체성을 찾았다. 그들은 신들도 똑같다고 가정했다. 야웨를 그런 공동체의 정체성으로부터 떼어낸다는 것은 혼란스러운 개념이었을 것이다. 고대 사회에서는 자율성과 독립성이 가치 있게 여겨지지 않았으므로 이 특성들을 그들의 하나님께 돌리는 것이 불경스러워 보였을 것이다.

더 나아가 이스라엘 사람들은 오직 한 하나님이 모든 지역에서 관할권과 권위를 갖는다는 것이 이치에 맞는지 의아했을 것이다. 유일한 권좌

---

17 흔히 야웨를 다른 신들에게 사형을 선고하여 그들의 신적 지위를 빼앗는 존재로 묘사하는 것으로 생각되는 시 82편조차도 천상회의 본질에 대한 해설이 아니다. 시 82:6-7에서 "사람처럼 죽는" "신들"은 시 82:1에 등장하는 천상회의 구성원들과 같은 존재가 아니다.

에서 통치한 왕들조차도 관료제를 통해서 그 권한을 분배했다. 대학 캠퍼스에서의 삶을 생각해 보라. 총장이 모든 결정에 개인적으로 관여하는 것이 이치에 맞는가? 당신이 룸메이트 문제를 해결하기 위해 기숙사의 행정 직원을 찾아가거나 수업 문제를 위해 학적과 담당 직원을 찾아가거나 숙제 문제를 위해 교사를 찾아가는 대신에 모든 문제를 직접 총장을 찾아가 해결해야 한다고 상상해 보라. 우리는 총장이 왜 그런 자잘한 문제에 신경을 써야 하는지 또는 총장이 스스로 모든 일을 관리할 시간이나 자원이 있는지 궁금할 것이다. 우리는 관료제의 관리 구조 없이 일하면 무질서가 초래되리라고 가정할 것이다. 그런데 이스라엘은 사실상 그렇게 하라고 지시받았다.[18]

이스라엘은 그들 주변 민족들과 구별되어야 했다. 그것이 바로 이 금지의 요점이다. 비록 이 금지 조항이 다른 신들이 존재하지 않는다고 명확하게 말하지는 않을지라도 그것은 야웨 앞에서 다른 신들을 제거한다. 만일 야웨가 힘, 권위 또는 관할권을 그들과 공유하지 않는다면 그들은 신이라는 단어가 가지는 어떤 의미에서도 신이 아니다.[19] 십계명의 제1계명은 다른 신들이 존재하지 않는다고 주장하는 것이 아니라 그들이 무력하다고 주장한다. 그 계명은 그들에게서 권한을 빼앗는다. 그 계명은 단순히 그들이 숭배되어서는 안 된다고 말하는 것이 아니라 그들을 숭배받을 만한 가치가 없는 상태로 만든다.

---

18 이 예는 Ashley Edewaard가 제시했다.
19 이 개념에 고대 근동에서는 어떤 것에 이름, 장소, 기능이 수여되지 않으면 그것이 존재하는 것으로 여겨지지 않았다는 개념을 덧붙이면, 이 개념은 훨씬 더 중요할 것이다. 만일 이 개념이 유지된다면 장소나 기능이 수여되지 않은 다른 신들은 존재하는 것으로 여겨지지 않을 것이다.

제5부 토라의 지속적인 중요성

여기서 문제는 형이상학이 아니다. 오히려 그 계명은 이스라엘과 언약을 맺는 하나님과 관계가 있다. 하나님은 그들의 종주이고 그들은 하나님의 봉신들이다. 다른 어떤 신도 이 관계에 관여하지 않는다. 그 언약은 신들의 위원회와 맺어진 것이 아니다. 고대 근동의 조약에서는(야웨와 이스라엘 사이의 언약이 조약 형식을 채택했다는 것을 기억하라) 많은 신이 증인으로 소환되고 협정의 후원자로서 관여한다. 그러나 야웨와 이스라엘 사이의 언약에서는 야웨만 관여한다.[20] 야웨는 이스라엘에게 그들의 언약상의 지위를 주고, 그들은 스스로를 야웨와 동일시한다(다른 어떤 신과도 동일시하지 않는다). 이스라엘 영토 전역에서 야웨가 절대적인 권한을 행사한다는 사실을 다른 민족들도 알고 있다(왕상 20:23-29). 그리고 때로는 다른 민족들이 이스라엘의 영토 밖에서도 야웨의 힘이 자기들의 신들보다 강하다고 인정한다(왕하 5:17-18; 단 4:34-37). 그러나 다른 민족들은 보통 이스라엘의 영토 안에서 야웨든 다른 신이든 어떤 신도 숭배하려고 시도하지도 않는다(아시리아 정착민들이 왕하 17:25-28에서 발견한 바와 같이, 이스라엘의 영토 내에서 거주하는 외국인들은 여전히 이스라엘 사람들과 같은 방식으로 야웨를 숭배하도록 요구된다). 반면 언약 아래 있지 않은 민족이 이스라엘의 종주인 야웨가 다스리는 영토가 아닌 장소에서 야웨가 아닌 신을 숭배하는 것은 금지되지 않는다.

---

20 하늘과 땅은 언약의 증인으로 소환되고(신 4:26; 30:19) 이스라엘의 불충실을 증언하도록 요청받지만(사 1:2), 그것들이 조약을 집행할 책임을 야웨와 공유하지는 않는다.

#2 형상들

다음과 같은 네 가지 요소들이 형상 사용 금지에 대한 현대의 대중적인 해석에 중대한 영향을 끼쳤다. (1) 초기 랍비 해석, (2) 정교회 전통에서의 성상 논쟁, (3) 로마 가톨릭 전통에서의 성인(聖人)들의 조상(彫像), 그리고 (4) 기독교 미술 일반에 관한 질문들. 도출된 원칙 접근법에서 우상의 개념은 하나님보다 더 가치 있게 여겨지는 모든 것(예컨대 사실상 가족, 지위 또는 소유를 신으로 만드는 것)으로 축소되었다. 제2계명이 고전적인 유대교에서 살아 있는 피조물에 대한 예술적 표현 금지로 이어졌다는 사실이 잘 알려져 있다.[21] 교부들과 19세기까지의 해석자들의 저술에서는 하나님이 초월적인 존재 또는 "타자"이기 때문에 어떤 형상 안에도 담길 수 없다는 주요한 철학적/신학적 개념이 지배적이었다.[22]

게르하르트 폰 라트는 광범위한 비교 종교로부터 얻어진 관찰 결과를 통해 해석의 역사에서 초월성에 초점을 맞춰온 것을 반박한다. "이교도의 종교들은 신은 보이지 않으며, 그것을 이해하려는 모든 인간의 능력을 초월하고, 물질적인 사물에 의해 파악되거나 그것 안에 포함될 수 없다는 점을 이스라엘만큼 잘 알고 있었다."[23]

---

21 이 주제에 관한 전통 유대교의 표현이 지극히 제한적이기 때문에, 우리는 이 해석을 지나치게 확대하지 않도록 주의해야 한다. 유대교에서의 조형 예술을 옹호하는 입장은 Polish, "No Other Gods," 25-27을 보라.

22 필론, 칼뱅, 하이델베르크 교리문답. 이 해석은 현대 시대로 이어졌으며 고대 근동 자료를 잘 알고 있는 많은 주석가의 저술에 반영되어 있다. 예컨대 다음 문헌들을 보라. Harrelson, *Ten Commandments and Human Rights*, 61-72; 그리고 Weinfeld, *Deuteronomy 1-11*, 289-300. Kaiser는 이 영역을 가장 광의의 형태로 다룬다. "공개적이거나 개인적인 모든 형태의 하나님께 대한 예배 태만, 대체, 또는 경멸은 거부된다." Kaiser, *Toward Old Testament Ethics*, 86-87.

23 Von Rad, *Old Testament Theology*, 1:214. 메소포타미아의 사고에서 성경적 의미의 초월

비록 형상 사용의 근저에 있는 세계관(나는 이것을 이미지 이데올로기라고 부를 것이다)에 대한 우리의 지식이 여전히 제한적이며 메소포타미아 사상과 이집트 사상 사이에 상당한 차이점들이 있지만, 그 이데올로기의 일반적인 측면들에 관해 어느 정도 이해하면 이 계명에 대한 우리의 이해에 도움이 될 것이다.[24] 고대 근동의 신앙은 형상 제작, 형상 사용, 형상에 관한 인식이라는 세 가지 측면을 통해 탐구될 수 있다.

성을 찾아내기란 쉽지 않다. 다소의 논의는 Thorkild Jacobsen, "The Graven Image," in *Ancient Israelite Religion: Essays in Honor of Frank Moore Cross*, ed. Patrick D. Miller, Paul D. Hanson, and S. Dean McBride (Philadelphia: Fortress, 1987), 15–32(특히 22)를 보라. 신들이 인간의 이해를 넘어선다는 개념에 대해서는, *Ludlul bēl nēmeqi*, in W. G. Lambert, *Babylonian Wisdom Literature* (Oxford: Oxford University Press, 1960), 41의 33–38행을 보라. 사물에 의해 파악된다는 점에 관해서는, H. W. F. Saggs, *The Encounter with the Divine in Mesopotamia and Israel* (London: Athlone, 1978), 15–16을 보라. 신의 형상을 파괴한다 해도 신이 파괴되지 않는다는 사실에서 또 다른 근거가 발견될 수 있다.

24 이 이데올로기는 많은 자료에서 전개되었는데, 이러한 자료 중 가장 중요한 몇몇 자료들은 다음과 같다. Angelika Berlejung, "Washing the Mouth: The Consecration of Divine Images in Mesopotamia," in *The Image and the Book, ed. Karel van der Toorn* (Leuven: Peeters, 1997), 45–72; Edward M. Curtis, "Images in Mesopotamia and the Bible: A Comparative Study," in *The Bible in the Light of Cuneiform Literature, Scripture in Context III*, ed. William W. Hallo, Bruce William Jones, and Gerald L. Mattingly (Lewiston, NY: Mellen, 1990), 31–56(그의 1984년 학위논문에도 수록되어 있음); Michael B. Dick, *Born in Heaven, Made on Earth* (Winona Lake, IN: Eisenbrauns, 1999); William W. Hallo, "Cult Statue and Divine Image: A Preliminary Study," in *Scripture in Context II: More Essays on the Comparative Method*, ed. William W. Hallo, James C. Moyer, and Leo G. Perdue (Winona Lake, IN: Eisenbrauns, 1983), 1–18; Victor Hurowitz, "Picturing Imageless Deities: Iconography in the Ancient Near East," *BAR* 23, no. 3 (1997): 46–48, 51; Tryggve Mettinger, *No Graven Image?: Israelite Aniconism in Its Ancient Near Eastern Context* (Stockholm: Almqvist & Wiksell, 1995); J. J. M. Roberts, "Divine Freedom and Cultic Manipulation in Israel and Mesopotamia," in *Unity and Diversity: Essays in the History, Literature, and Religion of the Ancient Near East*, ed. Hans Goedicke and J. J. M. Roberts (Baltimore: Johns Hopkins University Press, 1975), 181–90; 그리고 Jack M. Sasson, "On the Use of Images in Israel and the Ancient Near East: A Response to Karel van der Toorn," in *Sacred Time, Sacred Place: Archaeology and the Religion of Israel*, ed. Barry M. Gittlen (Winona Lake, IN: Eisenbrauns, 2002), 63–70.

형상 제작 우상의 존재는 그 신의 승인을 받을 필요가 있었기 때문에 신들만이 제작 과정을 시작할 수 있었다.[25] 우상 제작 과정의 마지막에 신을 영계에서 물질계로 옮기는 제의가 거행되었는데 워커와 딕은 이 제의를 "신의 임재를 신전에 현실화하는 것"이라고 불렀다.[26] 따라서 우상 제작은 인간적인 관점에서 해석되는 것이 아니라 그것을 통해 신이 작용하는 초자연적인 과정으로 여겨지는데,[27] 이 점은 성경의 영감에 관한 우리의 개념과 다르지 않다.

가장 중요한 제의는 입을 여는 제의다. 이 제의는 형상으로 하여금 먹고, 마시고, 냄새를 맡을 수 있게 해준다.[28] 즉 그 형상이 신을 대신하여 숭배를 받을 수 있게 된다. 그 제의는 제작 과정과 관련된 인간의 오염으로부터 형상을 정화하여 그 조상(彫像)이 신으로서 기능할 수 있게 해준다.[29] 제의의 말미에 주문 제사장(incantation priest)이 형상의 귀에 대고 이렇게 속삭인다. "에아(Ea)께서 당신의 운명을 신으로 정하셨으니 다스리시고 걸어 다니소서. 당신은 걸어다니고, 축복하고, 당신의 오른손으로 축복의 몸짓을 할 수 있습니다! 당신은 자유입니다! 당신은 해방되었습

---

25 C. B. F. Walker and Michael Brennan Dick, *The Induction of the Cult Image in Ancient Mesopotamia: The Mesopotamian Mis Pi Ritual*, SAALT 1 (Helsinki: Neo-Assyrian Text Corpus Project, 2001), 8.

26 Walker and Dick, *Induction*, 4(Peggy Jean Boden의 박사학위논문 "Mesopotamian Washing of the Mouth [*Mis Pi*] Ritual" [PhD thesis, Johns Hopkins University, 1999]을 인용한다).

27 Berlejung, "Washing the Mouth," 62. Prayer to Asshur and Marduk, "Esarhaddon's Renewal of the Gods," in Walker and Dick, *Induction*, 25를 보라.

28 Walker and Dick, *Induction*, 14; Incantation Tablet(주문 돌판) 3, ll. 70-71을 보라.

29 Walker and Dick, *Induction*, 14. 이집트의 제의들은 Siegfried Morenz, *Egyptian Religion* (Ithaca, NY: Cornell University Press, 1973), 155-56을 보라.

니다!"라고 속삭인다.[30] 또 다른 속삭임 기도는 이렇게 말한다. "당신은 이제 당신의 형제들인 신들의 반열에 속하게 될 것입니다. 오늘부터 당신의 운명은 신으로 정해지고 당신은 당신의 형제들인 신들의 반열에 속하게 될 것입니다."[31]

베를레융은 다음과 같이 결론짓는다. "제사장의 속삭임 기도는 형상의 인지 기능과 생체 기능의 이전(移轉) 및 그것의 신적 공동체로의 통합이 이제 완료되었음을 암시한다."[32] 형상 제작의 모든 측면은 이 최종 결과를 향하여 나아갔다. 입을 씻는 의식의 끝무렵에 신이 신전의 가장 거룩한 장소에 들어갈 때 주문(呪文)이 선포되는데, 이는 이후로 신이 자기 집에 머물면서 매일 그의 음식을 받게 될 것임을 나타낸다.[33]

형상 사용　모든 대중적 숭배는 형상을 중심으로 행해졌다. 형상은 신의 임재를 표시하였고, 그 신과 관련된 모든 의식의 중심이었다.[34] 그것을 아침에 깨우고, 씻기고, 옷 입히고, 그것에게 매일 두 차례 호화로운 식사를 제공하고(그동안 음악이 그 앞에서 연주되었다), 밤에는 그것을 잠자리에 들게 했다.[35] 이처럼 숭배는 신의 형상을 통해 신의 필요를 돌봄으로써 일어났다. 우리는 앞에서 위대한 공생의 일부로서의 이 이데올로기를

30　Jacobsen, "Graven Image," 27.

31　Berlejung, "Washing the Mouth," 63.

32　Berlejung, "Washing the Mouth," 63.

33　Berlejung, "Washing the Mouth," 67.

34　Walker and Dick, *Induction*, 5.

35　A. Leo Oppenheim, *Ancient Mesopotamia: Portrait of a Dead Civilization*, rev. ed. Erica Reiner 완성(Chicago: University of Chicago Press, 1977), 188-90. 이집트에 대해서는 Morenz, *Egyptian Religion*, 88을 보라.

논의했다. 이 돌봄은 신이 형상 안에 지속적으로 임재하는 것을 확보하기 위한 것이었다.

형상은 또한 신으로부터의 계시를 중재하는 것으로 여겨졌다. 예컨대 제1천년기 초의 이집트에서는 법률 소송 사건의 심리가 아문(Amun) 앞에서 행해졌다. 심리의 다양한 결과가 신탁으로 그 형상 앞에 놓였고, 그 형상은 제사장들의 조종을 받아 평결을 내렸다.[36] 메소포타미아에서는 신탁의 지시를 받기 위해 신 앞에서 내장점(제물로 바쳐진 동물의 내장을 살펴보는 점)을 쳤다.

형상에 관한 인식 앞선 논의로부터 우리는 신적 본질(divine essence)에 의하여 물질로 된 형상에 생명이 불어넣어졌다고 결론지을 수 있다. 그러므로 형상은 단순히 그 신을 나타내기만 한 것이 아니라 신의 임재를 나타냈다.[37] 그러나 우리는 그렇기 때문에 형상이 신이었다고 결론지어서는 안 된다. 신은 형상 안에 구현된 실재였다.[38] 이와 동일한 개념이 이집트 문헌—「멤피스 신학」에서 [고대 이집트 신화의 창조신인] 프타가 신들의 몸을 형성할 때—에서도 관찰된다.[39] 이집트 사상에서는 신의 **바**

---

36 William W. Hallo and William Kelly Simpson, *The Ancient Near East: A History* (Fort Worth: Harcourt Brace, 1998), 285.

37 Walker and Dick, *Induction,* 4(I. J. Winter, "'Idols of the King': Royal Images as Recipients of Ritual Action in Ancient Mesopotamia," *Journal of Ritual Studies* 6, no. 1 [1992]: 13-42의 13에서 인용함).

38 Walker and Dick, *Induction,* 6; 그리고 Jacobsen, "Graven Image," 22. Walker와 Dick은 신상과 신 사이의 관계는 다소 아리스토텔레스의 이원론에서의 몸과 영혼 사이의 관계와 비슷하다고 주장한다.

39 Miriam Lichtheim, *Ancient Egyptian Literature* (Berkeley: University of California Press, 1975), 1:55, ll. 60-61에서 이 신화의 번역문을 찾아볼 수 있다.

(*ba*, 인격)가 형상에게 생명을 불어넣었는데, 이 바는 형상과 결합하여 그 형상이 신의 임재를 나타내고 신을 계시할 수 있게 해준다. 이것이 "거주"(habitation)라고 불리는 현상이다. 이처럼 형상은 신의 물리적인 묘사가 아니라 신적 본질에 대한 특성 묘사였다.[40] 우리가 앞에서 사용한 용어로 표현하자면 형상은 신의 신적 집합체의 중요한 부분이다. 형상은 신적 정체성의 필수적인 측면을 형성하고 공유하는데 훗날 신학자들은 이 관계를 **호모우시온**(*homoousion*)이라는 용어를 사용해서 묘사했다.[41]

그렇다면 우리는 형상이 이교에서 신의 임재의 매개자로서 기능했다고 결론지을 수 있다. 형상은 인간이 그것을 통해서 신의 임재에 접근했던 수단이다. 그래서 형상은 실체가 변화된 신의 현현(顯現)인 초월과 내재의 신비한 통일을 나타낸다.[42] 그러므로 제이콥슨은 이 형상이 기능을 수행하는 것을 신의 은총의 행위로 본다. "형상은 신에 의해 수여된 은총을 나타냈다.···형상은 그것이 서 있던 공동체 입장에서는 친절하고 우호적인 태도의 표시였다."[43] 베를레융은 우리의 연구의 유용한 요약을 제공한다. "이교의 신상은 결코 단지 종교적인 묘사에 불과한 것이 아니었고, 항상 신이 스며 있는 형상이었다. 그리고 그런 존재로서 신상은 지상적 실재와 신의 임재의 성격을 모두 가지고 있었다."[44]

그렇다면 우리는 이 모든 정보에 비추어 제2계명을 어떻게 해석할

---

40 Erik Hornung, *Conceptions of God in Ancient Egypt: The One and the Many*, John Baines 역 (Ithaca, NY: Cornell University Press, 1982), 128-35; 그리고 Morenz, *Egyptian Religion*, 150-52.

41 실제로 골 1:15에서 신의 형상이라는 말이 그리스도를 묘사하는 데 사용된다.

42 acobsen, "Graven Image," 22-23; 그리고 Berlejung, "Washing the Mouth," 61.

43 Jacobsen, "Graven Image," 22.

44 Berlejung, "Washing the Mouth," 46.

것인가? 우리가 본 바와 같이 형상은 신으로부터 인간에게 임재와 계시를 중재한다.[45] 형상은 인간으로부터 신에게 예배를 중재한다. 베르너 슈미트는 다음과 같은 결론을 이끌어낸다. "중요한 점은 [형상이] 신을 구현하고 그를 계시한다는 것이다. 형상의 모습이 아니라 형상의 힘이 기본이다."[46] 같은 맥락에서 폰 라트는 형상을 "종교적 숭배를 요구하는 계시의 중재자"로 정의한다.[47]

이스라엘에서 성전은 야웨가 임재하는 장소였지만 그것을 중재하지는 않았다. 법궤는 신의 임재를 제한적으로 중재했지만 형상과 같은 방식으로 중재하지는 않았다. 법궤는 보좌(발판)의 일부였고 신적 본질을 포함하지 않았다. 더욱이 법궤는 계시나 예배를 중재하지 않았다. 법궤는 보좌의 일부로서 야웨의 왕권을 상징했고, 그곳으로 제물을 가져가는 장소였지만 제물은 야웨의 음식물이 아니라 공물이었다. 제사장들이 중재자 역할을 했지만, 그들의 역할은 신을 대신해서 제물을 받는 것이라기보다는 사람들을 대신해서 제물을 바치는 것이었다.

이제 우리는 제2계명에 관한 고대 근동의 자료에 비추어 이 계명을 해석할 수 있다. 어떤 형상도 신으로부터 인간에게로의 계시 또는 임재의 중재자로서 사용되거나 인간으로부터 신에게로의 예배의 중재자로서 사용되어서는 안 된다. 이 금지는 특히 형상을 통해 신의 필요를 충족시키는 것으로 이해되는 방식의 예배―우리가 위대한 공생이라고 불렀

---

45 참조. 형상은 "영(spirit)의 매개물"이며, 그것은 "무엇보다 먼저 계시 담지자"라고 한 von Rad의 주장. Von Rad, *Old Testament Theology*, 1:214.

46 Schmidt, *Faith of the Old Testament*, 82.

47 Von Rad, *Old Testament Theology*, 1:219.

던 것—를 배제한다. 이 해석은 하나님이 초월적이라거나 물질적인 것들로 대체되어서는 안 된다고 주장하기보다는 특히 중재를 겨냥한다는 점에서 전통적인 제2계명 해석들과 다르다.[48]

물론 다른 신들의 형상을 지니면 야웨와 이스라엘 사이에 맺은 언약 협정도 위반하는 셈일 것이다. 그러나 이 제2계명에서는 야웨의 형상을 만들어 지니는 것조차도 금지된다. 반(反)형상주의는 고대 근동에서 여러 시대와 여러 장소에서 다양하게 관찰되지만[49] 그것은 다른 어느 곳에서도 이스라엘에서처럼 프로그램에 따라 시행되지는 않는다.[50] 고대 세계에서 신들의 정체성은 그들의 형상 안으로 확장되었다. 같은 신에 대해 지역에 따라 형상이 달라져 그 신의 정체성이 지역화된 측면들로 세분화되었다. 니느웨의 이슈타르의 측면은 아르벨라의 이슈타르의 측면과 다르다(그 측면들이 너무 달라 심지어 그것들이 서로 싸우기까지 할 정도다). 이와 대조적으로, 이스라엘 전체에 대하여 하나의 언약을 맺고 있는 야웨의 "측면"은 하나만 있어야 한다. 이스라엘 공동체의 일부만을 만족시키는 야웨의 지역적인 측면들은 없어야 한다. 예루살렘의 야웨와 동떨어진 사마리아의 야웨가 있으면 안 된다(여로보암은 그의 송아지 제단들을 가지고 바로 이것을 확립하려고 시도했다). 이 계명은 조각이나 미술에 관한 것이 아니

---

48 이는 초기 이스라엘이 시내산에서부터 씨름했던 문제였다. 거기서 모세는 하나님의 임재와 계시의 인간 중재자였다. 모세가 이스라엘 사람들을 떠난 것처럼 보였을 때, 그들은 금송아지를 모세 대신 하나님의 임재를 중재할 존재로 사용했다.

49 Brian R. Doak, *Phoenician Aniconism in Its Mediterranean and Ancient Near Eastern Contexts* (Atlanta: SBL Press, 2015)를 보라.

50 Othmar Keel and Cristoph Uehlinger, *Gods, Goddesses, and Images of God in Ancient Israel*, Thomas H. Trapp 역 (Minneapolis: Augsburg Fortress, 1998)은 레반트에서 알려진 도상학(圖像學, iconography)을 통해 반형상주의를 추적한다.

고,[51] 성인들의 성상이나 조상(彫像)에 관한 것도 아니다.[52] 형상을 통해 신적 계시 및 신들에 대한 돌봄이 중재되었다. 야웨가 이스라엘과 맺은 언약적 관계는 그런 식으로 작동하게 되어 있지 않았다.

#3 이름

제3계명에 대한 전통적인 해석은 그것을 거짓 맹세와 연결시킨다.[53] 몇 몇 해석자들은 이 방향이 제9계명(거짓 증언)과 명확하게 구별되지 않으면 그것을 받아들일 수 없는 것으로 여겼다. 소수의 해석자들은 그 계명이 신성모독이나 불경(不敬)을 금지하는 것이라는 견해를 선호했는데, 이 견해가 오늘날 일반적인 대중적 차원의 해석이다. 아우구스티누스는 제3계명을 이런 식으로 받아들였지만 좀 더 명시적으로 기독론적 경향을 보이면서 그리스도의 신성을 부정하는 것은 제3계명 위반이라고 말했다.[54] 앤서니 필립스는 신의 이름을 부르는 것에 내재된 위험을 고려할 때 그런 계명은 불필요했을 것이라고 주장하면서 이 두 해석 방향을 모

---

51 이 점은 유대인 주석가들도 인정한다. Moshe Greenberg, "The Decalogue Tradition Critically Examined," in Segal, *Ten Commandments in History and Tradition*, 100을 보라. 그는 또한 형상과 신이 부분적으로 겹치지만 구분되는 방식에 관하여 간략하게 언급한다.

52 John Barton, "'The Work of Human Hands' (Psalm 115:4): Idolatry in the Old Testament," in *The Ten Commandments: The Reciprocity of Faithfulness*, ed. William P. Brown (Louisville, KY: Westminster John Knox, 2004), 194-203. 마지막 두 쪽에 주목하라.

53 필론부터 칼뱅에 이르기까지, 하이델베르크 교리문답과 웨스트민스터 신앙고백에서 그리고 다양한 주석에서 이 입장을 취한다. 거짓 맹세의 발생과 그 범죄의 심각성이 고대 근동 문학에서 잘 입증되고 있다. 바빌로니아, 아시리아 그리고 이집트에서 도출한 예는 Herbert B. Huffmon, "The Fundamental Code Illustrated: The Third Commandment," in Brown, *Ten Commandments*, 205-12, 209-11에 수록된 예들을 보라.

54 "Discourse of St. Augustine on the Ten Strings of the Harp" (Sermon 9), in *Works of St. Augustine*, ed. John E. Rotelle (New Rochelle, NY: New City Press, 1995), 3.1:261.

두 논박한다. 대신에 그는 제3계명이 "신의 이름을 마술 목적으로 사용하는 것을 금지하기 위해 고안되었다"고 결론짓는다.[55]

필립스의 결론은 마술에서 신의 이름이 사용되었음을 보여주는 고대 근동 자료들에 대한 분석에 근거했다. [신의 이름이] 마술적으로 사용된 것은 주로 수평적 차원에서 기록되었는데, 거기서 마술의 주문으로부터 보호하거나 귀신의 세력을 내쫓기 위해 신의 이름이 불렸다. 몇몇은 거기에 신의 이름이 신을 소환하거나 명령하거나 묶는 데 사용될 수 있는 수직적 차원을 추가한다. 슈미트는 고대 근동 자료를 검토해서 필립스와 마찬가지로 제3계명이 주문이나 마술을 배제하기 위해 의도된 것이라고 결론짓는다.[56] 스탬과 앤드류는 "이 계명이 야웨의 이름을 맹세, 저주 그리고 마술에서 불법적으로 사용되지 않도록 보호한다는 점에 대해 만장일치로 동의가 이루어지고 있다"고 주장하기까지 한다.[57] 고대 근동 자료에 접근하게 되자 제3계명에 대한 해석이 이처럼 주문(呪文)이나 흔히 마술이라고 불리는 것의 방향으로 바뀌었다.

마술에 대한 신중한 정의는 우리가 고대 근동의 사고 및 그 사고와 이 계명 사이의 관계와 관련 있는 문제들을 명확히 이해하도록 도움을

---

55 Anthony Phillips, *Ancient Israel's Criminal Law: A New Approach to the Decalogue* (New York: Schocken, 1970), 53-54.

56 Schmidt, *Faith of the Old Testament*, 75.

57 Johann Jakob Stamm with Maurice Edward Andrew, *The Ten Commandments in Recent Research*, rev. ed., SBT 2.2 (London: SCM Press, 1967), 89. Herbert Huffmon, "The Fundamental Code Illustrated: The Third Commandment," in *Pomegranates and Golden Bells*, ed. David P. Wright, David Noel Freedman, and Avi Hurvitz (Winona Lake, IN: Eisenbrauns, 1995), 363-71에 수록되어 있는 추가 정보 및 조사를 보라.

줄 수 있다.[58] 장 미셸 드 타라공은 이 개인적인 이익을 지배의 기능에 적용한다.

> 고대 때 마술에 의존하는 것은 종교적 관습 안에 포함된다. 그 둘 사이에는 엄격한 경계가 없다. 종교적 이데올로기가 신이나 적어도 자연계를 강제하는 것까지는 아니더라도 통제하려고 시도할 때 우리가 그것을 마술이라고 이야기하는 경향이 있다. 마술에서는 바로 그 지배가 매혹시키고 두려움을 일으킨다. 그것은 특히 어떤 신의 이름을 불러냄으로써 작동할 수 있었다.[59]

우리는 고대 근동에서나 심지어 그리스-로마 세계에서도 종교와 마술 사이의 경계선이 사실상 존재하지 않았음을 알 수 있다.[60] 중세 교회의 영향하에서 그리고 궁극적으로는 계몽주의의 영향하에서 그 둘을 분리하는 좀 더 엄격한 선들이 그어졌다. 고대 근동 문화들을 모르는 해석자들은 이름이 힘의 역학 관계 안에서 작동한다는 점을 명확히 이해하지 못했다.

이러한 정의들은 우리의 관심의 초점을 사회학적인 상황 자체(예컨대 거짓 맹세 또는 신비주의)에 두지 않고, 이름이 그 안에서 효험을 지니는

---

58 Wim van Binsbergen, and Frans Wiggermann, "Magic in History: A Theoretical Perspective, and Its Application to Ancient Mesopotamia," in *Mesopotamian Magic: Textual, Historical, and Interpretative Perspectives*, ed. Tzvi Abusch and Karel van der Toorn (Groningen: Styx, 1999), 1-34.

59 Jean-Michel de Tarragon, "Witchcraft, Magic, and Divination in Canaan and Ancient Israel," in *CANE*, 2075.

60 John G. Gager, *Curse Tablets and Binding Spells from the Ancient World* (New York: Oxford University Press, 1999).

다양한 맥락에 둔다. 그래서 우리는 [제3계명이] 이러저러한 차원에서의 맹세, 신성모독 또는 마술을 염두에 두었는가에 관한 문제를 풀 필요가 없다. 우리는 이름들, 특히 신의 이름들이 어떻게 작용했는지에 대한 고대의 이해에 영향을 미친 문제들을 이해해야 한다. A. S. 반 데르 우드는 신의 힘에 이름의 중요성을 덧붙인다.

> 이름의 의미와 효력과 "힘"은 이름 자체의 전조가 되는 성격에 놓여 있지 않고, 이 이름을 지닌 존재 의 중요성과 효력과 "힘"에 놓여 있다.…만일 누군가가 어떤 사람 또는 신의 이름을 알면, 그(녀)는 그 신을 소환할(불러낼) 수 있다. 이러한 의미에서 이름을 안다는 것은 그 대상에 대해 어느 정도 힘을 행사하는 것을 나타낸다. 만일 이 존재가 매우 힘이 있다면 그 이름 또한 그 힘에 상응하는 효험이 있으며, 선한 목적이나 악한 목적으로 사용될 수 있다. 이 상황은 또한 마술에서 중요한 인물들의 이름, 특히 야웨의 이름을 사용하는 결과를 초래한다.[61]

이름은 신의 정체성과 동등하며, 신적 정체성이 불법적인 용도에 징발될 수 있다. 오늘날 우리는 명의 도용에 친숙하다. 신용카드번호나 주민등록번호와 같은 상징이 개인의 경제력이나 권위를 남용하거나 착취하는 데 사용될 수 있다. 제3계명은 동일한 전제 위에 작동하며 (공허하고 헛된 목적을 위한) 신적 정체성의 도용을 금지한다.

이 정보에 비추어볼 때 제3계명은(고대 근동 문헌으로 읽히면) 야웨의

---

61   Adam S. van der Woude, "שם šem, name," in *TLOT*, 1351.

힘/권위가 이스라엘 사람들 가운데서 어떻게 인식되어서는 안 되었는지에 관한 것이다. 즉 사람들은 야웨의 힘/권위를 통제하거나 오용하려는 시도를 삼감으로써 그것을 존중해야 했다. 그것은 자신의 개인적인 이익을 추구하기 위해 사용될 수 있는 영험한 상징으로 생각되어서는 안 되었다.

누군가의 이름은 단순히 그(녀)의 호칭만은 아니다. 이름은 정체성과 연결되어 있다. 고대 세계의 모든 사람은 이런 식으로 생각했고 이 개념은 마술의 근본적인 요소 중 하나의 역할을 한다. 이것은 인간들의 이름뿐만 아니라 신들의 이름에 대해서도 마찬가지다. 이름은 강력하다.[62] 오늘날 우리는 하나님의 이름을 공경하는 것에 관하여 생각할 때 종종 하나님의 이름을 부주의하게 사용하는 것은 그 이름의 중요성을 인식하지 못하는 것이라는 식의 원칙을 도출한다. 그것은 분명히 하나님의 이름을 경시하는 방식 중 하나일 것이다.[63] 그러나 고대 세계에서는 만일 누군가가 그 이름의 힘을 인식하고 자신의 목적에 그 힘을 이용하기 위한 조치를 취했다면 더 중대한 제3계명 위반이 발생했을 것이다. 예컨대 이 오용에는 거짓 예언이 포함될 것이다.[64] 주기도문이 하나님의 이름의 거룩성을 인정하는 것으로 시작한다는 점에 주목하라. 이 금지는 하나님의 이름을 발음하는 것과 관련이 없다. 그것은 부적절한 목적을 위해 하나님

---

62 Stamm and Andrew, *Ten Commandments in Recent Research*, 89; Michael Coogan, *The Ten Commandments: A Short History of an Ancient Text* (New Haven, CT: Yale University Press, 2014), 66; 그리고 Harrelson, *Ten Commandments and Human Rights*, 73-76.

63 Walton, *Zondervan Illustrated Bible Backgrounds Commentary*, 1:232, 452를 보라. Greenberg, "Decalogue Tradition Critically Examined," 102에 의해서 이 원칙이 확장되었다.

64 Miller, *Ten Commandments*, 105-8.

의 이름을 불러내는 것과 관련이 있다.

#4 안식일

고대 근동 문헌이 등장하기 이전의 십계명 해석은 제4계명에 관하여 매우 모호했다. 안식일을 지키라는 계명은 일반적으로 하나님이 일곱째 날에 일을 쉰 데 동참하는 인간의 안식을 규정하는 것으로 보였다. 다른 대안들은 안식일이 역사에 있었던 하나님의 행동을 단순히 기념하는 것 외에 무엇을 성취할 의도였는가에 관해 훨씬 덜 명확하다.[65] 소수파의 입장은 안식일을 자신의 피조물의 복지에 대한 하나님의 인도주의적 관심의 표현으로 해석한다.[66]

수십 년 동안 안식일 준수에 대한 고대 근동의 전신이 있었다고 가정하는 것이 일반적이었다.[67] 그러나 지금은 안식일 준수가 아직 발견되지 않았다는 점이 널리 인정되고 있다. 7일의 중요성에 관한 고대 근동 텍스트는 인용될 수 있지만, 신학적 준수를 위한 주기적인 토대에 관한 텍스트는 그렇지 않다. 마찬가지로 대부분의 문화는 일을 하지 않는 것을 특징으로 하는 축제일을 갖고 있었지만, 7일 주기와 같은 축제일은 없었다. 토라에서 안식일은 야웨를 다스리고 질서를 가져오는(출 20장에서는 창조를 통해 우주에 질서를 가져오고, 신 5장에서는 이집트로부터의 해방을 통해 이스라엘에 질서를 가져온다) 존재로 인정하는 것으로 해석되었다. 어느 정

---

65 예컨대 Cornelis Houtman, *Exodus*, Johan Rebel and Sierd Woudstra 역(Kampen: Kok, 2002), 3:40-48을 보라.

66 예컨대 Eugene H. Merrill, *Deuteronomy*, NAC (Nashville: Broadman, 1994), 149-51.

67 Stamm and Andrew, *Ten Commandments in Recent Research*, 90-95에 수록된 유용한 요약을 보라.

도 비교될 수 있는 바빌로니아의 **아키투**(*Akitu*)나 에마르의 **주크루**(*Zukru*)
같은 축제들은 수호신 및 그가 임명한 왕의 통치를 축하했다. 그러나 아
키투는 단지 1년마다 또는 가끔은 반년마다 열리는 축제였고, 주크루 본
(main) 축제는 7년마다 가을에 거행되는 7일간의 축제였다. 이 축제들 역
시도 우주와 국가의 질서에 초점을 맞췄다. 우리는 이 주요한 요점을 기
초로 분석을 수행할 수 있다.

사람들을 위한 안식일의 쉼을 이해하는 열쇠는 출애굽기에서의 안
식일 제정이 말해주는 바와 같이 창조의 일곱째 날 야웨가 안식한 데서
발견된다. 신의 안식이라는 개념은 이어서 고대 근동 문헌을 통해서 설
명될 수 있다. 고대 근동 문헌은 일반적으로 혼돈이 쫓겨난 결과로서 신
이 신전에서 쉬는 것을 보여준다. 안식이 질서를 확립하는 과정(다른 신들
과의 충돌을 통해서든 그렇지 않든)으로부터의 해방을 나타내기도 하지만, 더
중요한 것은 신이 질서 있고 안전하고 안정된 우주를 유지하기 위하여
지배적인 지위를 차지하기 때문에 안식이 관여의 표현이라는 것이다. 이
점은 고대 근동 문헌에서 관찰될 수 있다.

첫째, 고대 근동에서 신의 안식은 질서를 가져오는 창조 행위들 이후
에 이루어진다.[68] 예컨대 이집트의 「멤피스 신학」에서는 다음과 같이 말
한다.

그러므로 프타는 모든 것을 만들고, 모든 신적인 말을 하고, 신들을 낳고, 그

---

68 Bernard F. Batto, "The Sleeping God: An Ancient Near Eastern Motif of Divine
   Sovereignty," *Biblica* 68, no. 2 (1987): 153-77(특히 156)

들의 영토를 정하고, 신들을 그들의 제의 장소에 두고, 그들의 빵이 바쳐지게 하고, 그들의 신전을 세우고, 그들을 만족시키는 것의 모양으로 그들의 몸을 만든 후 안식에 들어갔다.[69]

둘째, 우리는 신의 안식이 신전에서 이루어진다는 점을 주목한다.[70] 이 안식 개념은 또한 신전들의 이름을 평가함으로써 설명될 수 있다. 와라드 신과 람 신이 우르에 세운 신전들은 '키 투쉬 니 두브 부 다 니'(안식을 제공할 그의 처소)라고 불린다.[71] 마지막으로, 신의 안식은 지속적인 통제와 안정이라는 특징을 보인다.[72]

닐스 에리크 앤드리센은 다음과 같이 결론을 내린다. "그렇다면 우리는 신들이 안식을 구하며, 그들의 안식은 세계 질서를 위한 안정을 암

---

69 COS, 1.15, cols. 60-61(James Allen 역). 이 개념은 예들이 거의 끝없이 추가될 수 있을 정도로 고대 근동 문헌에서 매우 흔하게 등장한다.

70 Victor Hurowitz, *I Have Built You an Exalted House: Temple Building in the Bible in the Light of Mesopotamian and Northwest Semitic Writings* (Sheffield, UK: JSOT Press, 1992), 330-31은 이를 뒷받침하는 자료를 편리하게 모아 두었다. 다른 주요 논문들은 다음과 같다. Moshe Weinfeld, "Sabbath, Temple and the Enthronement of the Lord—The Problem of the Sitz im Leben of Genesis 1:1–2:3," in *Mélanges bibliques et orientaux en l'honneur de M. Henrie Cazelles*, ed. A. Caquot and M. Delcor (Neukirchen-Vluyn: Neukirchener Verlag, 1981), 501-12; Samuel E. Loewenstamm, "Biblical Studies in the Light of Akkadian Texts," in *From Babylon to Canaan* (Jerusalem: Magnes, 1992), 256-64; Peter Machinist, "Rest and Violence in the Poem of Erra," *JAOS* 103 (1983): 221-26; Batto, "Sleeping God," 153-77; 그리고 John Lundquist, "What Is a Temple?: A Preliminary Typology," in *The Quest for the Kingdom of God: Studies in Honor of George E. Mendenhall*, ed. H. B. Huffmon, F. A. Spina, and A. R. W. Green (Winona Lake, IN: Eisenbrauns, 1983), 205-19.

71 Hurowitz, *I Have Built You an Exalted House*, 330.

72 이 점은 단순히 평화롭게 잠자는 것과 대조된다. 평화롭게 잠자는 것은 고대 근동에서는 안식과는 별도의 개념이다. 통치로서의 안식은 Enuma Elish, *COS*, 1.111, 5:122-24(Benjamin Foster 역)를 보라.

시한다고 말할 수 있다. 신들은 세계가 질서 잡히기를 원하기 때문에 안
식한다."[73] 그는 시편 132:13-14에 같은 개념이 반영되어 있다고 생각
한다.

> 여호와께서 시온을 택하시고
> 자기 거처를 삼고자 하여 이르시기를
> "이는 내가 영원히 쉴 곳이라.
> 내가 여기 거주할 것은 이를 원하였음이로다."

이 시편은 하나님이 왕과 백성의 안정을 보장하면서 그의 보좌로부터 공
급할 모든 것을 열거함으로써 결론을 맺는다(시 132:15-18). 우주의 질서
는 하나님이 활동하지 않음으로써가 아니라 바로 그가 계속 활동함으로
써 유지된다.[74]

사람들은 하나님의 안식을 모방하기 위해서가 아니라, 질서를 가져
오고 유지하는 그의 사역을 인정하기 위해 안식일날 하나님의 안식에 참
여하라는 명령을 받는다. 하나님의 통치는 그의 안식에서 표현되는데, 사
람들은 그날에 스스로 공급하려는 시도를 포기함으로써 이를 인정한다.
마거리트 슈스터가 지적한 바와 같이 이것은 어렵지만 필수적이다.

우리는 임의적이고 불규칙적으로 보이는 세계를 신뢰하기를 두려워한다.

---

73 Niels-Erik A. Andreasen, *The Old Testament Sabbath: A Tradition-Historical Investigation*, SBLDS 7 (Missoula, MT: Society of Biblical Literature, 1972), 182.

74 Andreasen, *Old Testament Sabbath*, 183.

우리는 우리가 하는 모든 일이 우리의 통제 아래 있지 않은 창조세계의 존재 및 규칙성에 대한 신뢰를 가정한다는 사실을 무시한다. 만일 우리와 세상을 붙들고 지탱하는 주권자 하나님이 존재하지 않는다면 우리는 우리가 일반적으로 생각하고 싶어 하는 것보다 훨씬 더 곤란한 어려움에 봉착할 것이다. 겸손에서의 중요한 교훈은 모든 것이 우리보다 더 충실한 누군가에게 달려 있다는 인식을 바탕으로 행동하는 것에서 비롯된다. 하나님이 주권자라면 우리는 주권자가 아니다.[75]

이 견해는 (특히) 창세기-출애굽기 전체에서 볼 수 있는 바와 같이 인간의 노력이 질서를 확립하고 유지하는 일을 잘하지 못한다는 관찰이나, 언약을 하나님이 인간을 대신하여 질서를 확립하고 유지하기 위해 일하고 있는 것으로 보는 이해와 일치한다. 이 개념은 이스라엘 사고와 고대 근동의 맥락(고대 근동의 다른 지역에서는 일반적으로 인간들이 신들을 대신하여 자신들의 질서를 유지하도록 위임된다) 사이의 가장 중요한 차이 중 하나를 나타낸다. 따라서 이 개념을 압축하는 축제에 유사한 내용이 없다는 것은 놀라운 일이 아니다.

    이 계명들에 관한 고대 근동의 배경을 조사함으로써 우리는 이스라엘 사람들이 그들의 종주이신 야웨의 통치에 관하여 어떻게 생각했어야 했는가에 대한 우리의 이해를 수정하게 되었다. 우리가 단순히 그들이 신상을 만들 수 없었다거나, 안식일에 일하도록 허용되지 않았다고 말하는

---

75   Margaret Shuster, "Response to 'The Sabbath Day,'" in Van Harn, *Ten Commandments for Jews, Christians and Others*, 83.

것으로는 충분하지 않을 것이다. 그런 진술들은 너무 축소적이다. 토라의 이 단락들은 야웨가 우주에서 및 사람들 사이에서 어떻게 일하는지, 그리고 그의 힘과 권위가 어떻게 인식되어야 하는지에 관한 정수(精髓)를 드러낸다. 이 모든 것이 어떤 면에서는 고대 세계에서 왕이 어떻게 취급되어야 하는지에 대한 일반적인 개념과 유사하지만, 고대 세계에서 신에 대한 일반적인 개념들과는 대조를 이룬다. 야웨는 물론 하나님이자 왕이다.

본 연구는 현대의 독자들로 하여금 도출된 원칙, 철학적 추상 관념 또는 신학적 체계들을 지나치게 강조하지 못하게 한다. 대신에 이 계명들은 전략적으로 신에 대한 특정한 인식을 세계관 안에 두고, 신적 권위의 측면들을 전달한다. 우리는 이제 이스라엘 사람들 사이의 상호작용과 관련된 계명들에 주의를 돌릴 준비가 되어 있다.

5-10계명

#5 부모

특히 공동체 정체성이 고대 세계 문화들의 특징이었기에 부모 공경은 고대 세계의 규범이었다. 부모 공경은 성장하는 자녀가 그들의 부모에게 반응한 방식에서 반영되었다. 이스라엘 사람들 사이에서 그것은 특히 언약 안에 있는 가르침을 받아들임으로써 언약의 혜택(땅에서의 생명)이 계속 유지되게 하는 것과 관련이 있었다. 사람들은 가족과 씨족으로부터 정체성을 끌어냈고 가치들은 그 맥락에서 보존되었다. 고대 이스라엘에서는 누군가에게 '당신의 부모가 당신에게 신앙을 포기하거나 범죄 행위에 관여하도록 설득하려고 하더라도 당신은 여전히 그들을 공경할 것인가?'라고 묻는 일은 일어나지 않았을 것이다.[76] 그런 용납할 수 없는 행동들은 야웨와 언약을 맺은 공동체 정체성에서의 질서를 유지하는 데 도움이 되지 않을 것이다. 여기서 문제는 공동체의 정체성과 공동체 내에서의 개인의 정체성의 온전성이다. 자녀들을 언약을 지키는 사람으로 양육하는 것은 부모의 의무로 여겨졌다(신 6:7).

그러나 우리는 너무 쉽게 부모 공경의 개념을 어린 자녀가 부모에게 순종하는 것으로 축소한다(의심할 나위 없이 엡 6:1-3을 염두에 두면서). 현대의 많은 해석자가 제5계명이 주로 성인 자녀를 대상으로 하고 있으며 노부모에 대한 그들의 책임에 초점을 맞춘다는 설득력 있는 주장을 펼쳐왔는데,[77] 이 점은 어린 자녀가 부모에게 순종하는 요소만큼이나 중요하다. 이러한 관심은 토라에서뿐만 아니라 고대 근동에서도 명백히 표현된다. 일찍이 기원전 제3천년기 말의 수메르 텍스트에서 리피트 이슈타르는 그의 서문에서 자기가 아버지에게 자신의 자녀를 부양하도록 하고, 자녀에게는 자신의 아버지를 지원하게 했다고 말했다.[78]

이러한 사고방식을 따르면 가장 중요한 요소는 제5계명이 공동체의

---

76 Byron Sherwin, "Honoring Parents," in Van Harn, *Ten Commandments for Jews, Christians and Others*, 90-94에 수록된 랍비들 사이의 논의를 보라.

77 Charlie Trimm, "Honor Your Parents: A Command for Adults," *JETS* 60, no. 2 (2017): 247-63은 고대 근동 문화에서 부모를 공경하는 것이 얼마나 중요했는지에 대한 많은 예를 제시한다. Miller, *Ten Commandments*, 181-93 역시 이 측면을 광범위하게 다룬다. Anathea Portier-Young, "Response to 'Honoring Parent,'" in Van Harn, *Ten Commandments for Jews, Christians and Others*, 100을 보라. 그녀는 여러 쪽을 할애해서 부모를 공경하는 다양한 방법을 기술한다. 다음 문헌들도 보라. Coogan, *Ten Commandments*, 76-79; Harrelson, *Ten Commandments and Human Rights*, 93-105.

78 *COS*, 2.154: 411 (Martha Roth 역). 부모 돌보기를 거부하는 성인 자녀에 관한 염려에 대한 추가적인 예들이 Baker, *Decalogue*, 86-88에 인용되어 있다.

일에 더는 참여할 수 없고 따라서 가족을 부양하는 아들과 딸에게 짐으로 여겨질 수 있었던 노부모에 대한 처우와 관련이 있었을 것이다. 요컨대 상황에 상관없이 성인 자녀들은 자신의 부모에 대해 의무가 있다.

> 부모가 극도로 아프거나 노쇠하거나 학대하거나 도덕적으로 부패한 경우에, 사람은 자연히 자기 부모를 공경하도록 이끌리지 않을 것이다. 부모의 관대함을 효도로 보답하는 것은…당연히 합리적일 것이다. 그러나 모든 부모가 관대한 것은 아니며, 모든 자녀가 감사하거나 합리적인 것도 아니다.[79]

이러한 사고방식에서는 부모가 언약과 관련된 부모의 소명에 충실했는가는 중요하지 않다. 언약 공동체의 안정은 이런 식으로 노인들을 부양하는 가족들에 의존한다. 이것이 노인 돌봄을 위해 제공되는 유일한 사회적 체계였던 맥락에서 그것은 질서의 필수적인 측면이었다.

#6-9 살인, 간음, 도둑질 그리고 거짓 증언

이 계명들은 모두 공동체를 붕괴시키고 공동체 내에서의 질서를 파괴하는 행동들을 금한다. 그 계명들은 야웨와 상호 동일시되었던 언약 공동체를 포함하여 어떤 사회든 그 사회의 질서와 정의를 다루는 고대 문헌의 주요 요소들이다. 몇 가지 구체적인 관찰들은 이 계명들에 대한 몇몇 일반적인 오해를 해소하는 데 도움이 될 수 있다.

---

79 Sherwin, "Honoring Parents," 90.

제6계명을 읽고 그 계명이 죽이는 행위(killing)를 모두 금지한다는 결론을 내리는 사람이 많다. 그런 해석은 히브리어 어휘를 오해한 것이다. 여기서 사용된 히브리어 단어는 라차흐(*rāṣaḥ*)인데, 그 단어는 "살인하다"(murder)로 번역되는 것이 적절하다.[80] 그러므로 제6계명은 사형, 전쟁, 자살 또는 식용 동물 도살과 같은 살인 이외의 죽이는 행위와는 관련이 없다. 그런 행위들은 모두 이스라엘에서 완전히 수용될 수 있고, 심지어 때때로 요구되기도 한다. 따라서 그런 행위들은 이 계명이나 이스라엘 언약 공동체에서의 질서 보존에 모순되지 않는다. 예수가 제2성전기의 인지 환경을 시대적 배경으로 하는 산상수훈에서 이 계명으로부터 추론할 때에도 그는 그 의미를 살인으로부터 그 이전의 미움의 태도로 확장한다(마 5:21). 그러나 그는 그 원칙을 확장해서 다른 방식의 죽이는 행위에 그 원칙을 적용하지는 않는다.

간음에 관한 계명을 이해하기 위해서 우리는 고대 세계에서의 간음에 관한 정의는 좀 더 제한적이었음을 인식할 필요가 있다. 고대 근동 전역에서 간음은 남자와 **기혼** 여성 사이의 성관계를 묘사했다(참조. 레 20:10). 미혼 여성과의 성관계는 여러 이유(몇몇 이유는 순수한 성 윤리의 문제라기보다는 씨족 관계 및 중매결혼을 위한 여성의 가치와 관계가 있음)로 문란하고 용납될 수 없는 것으로 여겨졌을 수는 있어도 간음으로 분류되지는 않는다. 간음은 여러 차원에서 공동체의 질서를 붕괴시켰지만, 가장 중요한 차원 중 하나는 간음이 친자관계 문제와 그에 따른 아이의 본질적인

---

80 Stamm and Andrew, *Ten Commandments in Recent Research*, 98-99. John K. Roth, "What Have You Done?," in Van Harn, *Ten Commandments for Jews, Christians and Others*, 113-26에서 세심한 뉘앙스를 포함하는 충분한 논의를 찾아볼 수 있다.

정체성에 관한 문제를 초래한다는 것이었다.[81] 이 단락의 이 모든 계명에서처럼, 다른 고대 근동 지역에서도 사람들은 이 행동을 파괴적이고 용납될 수 없는 것으로 이해했다. 그들은 간음을 "큰 죄"라고 불렀다.

도둑질과 거짓 증언도 고대 세계에서 일반적으로 사회 질서를 파괴하는 것으로 여겨진 행동들이었는데, 거기에는 명백한 이유가 있다. 열방의 빛인 이스라엘은 고대 세계에서 누구나 질서가 잘 잡힌 사회에 대해 기대했을 법한 질서를 어느 정도 유지해야 했다. 그러면 야웨는 그들을 축복함으로써 자신을 호의적으로 나타낼 수 있을 것이다. 야웨가 이스라엘을 다룬 방식을 통해 입증된 바와 같이, 이런 행동들은 야웨의 특징이었던 지혜, 정의, 질서를 반영하지 않을 것이다.

#10 탐심

탐심에 대한 논의는 고대 근동의 법 모음집에서 발견되지 않고 지혜 문학에서 다루어진다.[82] 법과 지혜가 모두 사회의 질서를 다루기 때문에

---

81 Elliott N. Dorff, "Response to 'Sexuality and Marriage,'" in Van Harn, *Ten Commandments for Jews, Christians and Others*, 149-50.

82 가장 좋은 예가 제2천년기 중반의 우가리트 문헌 "슈페 아멜리의 교훈"(Instructiions of *Šupê-amēli*)에 나타난다. 27행에는 단순히 "다른 사람의 아내를 탐내지 말라"라고 씌어 있다. Yoram Cohen, *Wisdom from the Late Bronze Age*, WAW 34 (Atlanta: Society of Biblical Literature, 2013), 86-87. 그보다 500년 전에 아시리아 사람들과 아나톨리아 지역의 몇몇 사업 파트너들 사이에 맺은 조약에는 당사자들이 주택, 노예, 밭 또는 과수원을 탐내서는 안 된다는 사업 관행 목록이 포함되어 있다. Veysel Donbaz, "An Old Assyrian Treaty from Kültepe," *JCS* 57 (2005): 63-68. B. Wells, "Exodus," in Walton, *Zondervan Illustrated Bible Backgrounds Commentary*, 1:236에 수록된 논의도 보라. 이집트의 지혜(프타-호텝[Ptah-hotep])는 마찬가지로 탐심을 피해야 할 악이라고 적시했다. 많은 자료에 대한 논의 및 인용은 E. Carpenter, "Deuteronomy," in Walton, *Zondervan Illustrated Bible Backgrounds Commentary*, 1:454를 보라.

어떤 면에서 이러한 [장르의] 차이는 [내용상의] 구별과는 무관하다. 알렉산더 로페는 어근 하마드(*ḥmd*, "탐하다")가 무언가에 대한 욕망을 가리킬 뿐만 아니라 "욕망을 충족시키는 수단의 채택을 암시한다"는 증거를 제시했다.[83] 따라서 그것은 바라는 것과 빼앗는 것 모두를 수반한다(신 7:25과 미 2:2에서 생각과 행동이 명시적으로 연결된 점에 주목하라). 이는 제10계명이 생각과 감정의 금지에 국한되지 않는다는 것을 암시할 것이다. 그 생각과 감정들은 원하는 것을 소유하기 위한 전략과 결합한다. 이에 대한 반대 주장은 만일 그 동사 자체가 바라는 것뿐만 아니라 빼앗는 것도 암시한다면 두 번째 동사가 명시될 필요가 없다는 것이다.[84]

결론

만일 우리가 토라와 십계명을 이스라엘이 야웨와 맺은 언약 체결 문서로 생각한다면 그것들은 야웨가 자신의 봉신들에게서 기대하는 바를 전달한다. 하나의 세트로서 십계명(어떤 목록을 사용하든 상관없이)은 기본적인

---

83   Alexander Rofé, "The Tenth Commandment in the Light of Four Deuteronomic Laws," in Segal, *Ten Commandments in History and Tradition*, 48. 그에 따르면 카라테페 비문에서 나타난 바와 같이 페니키아어의 동족 어근에 대해서도 마찬가지다. 이 점은 Stamm and Andrew, *Ten Commandments in Recent Research*, 102-3에서도 뒷받침된다. Coogan은 그것을 "탐내다"가 아니라 "~에 대해 음모를 꾸미다"로 번역하기까지 한다. Coogan, *Ten Commandments*, 90-93.

84   Mark F. Rooker, *The Ten Commandments: Ethics for the Twenty-First Century* (Nashville: B&H, 2010), 164-67을 보라. 그는 또한 칼(*qal*) 수동 분사의 사용(욥 20:20; 시 39:11; 사 44:9)은 이 금지가 단순히 그것에 따라 행동하는 것이 아니라 태도에 관한 것임을 암시한다고 제안한다. 이 단락의 다른 계명들이 행동과 관련이 있다고 해서 이 계명이 생각과 태도를 다루는 것을 배제하지는 않을 것이다. 172-74쪽에 수록된 Rooker의 후속 논의를 참조하라.

필수 사항 중 몇몇을 떠올림으로써 언약 질서의 경계를 정하는 짧은 목록(요약 목록이 아님)으로 사용된다. 야웨는 그들의 왕이며 그의 권위는 모든 면에서 존중되어야 한다. 왕으로서의 야웨는 이스라엘에서 정의와 올바른 관계를 확립한다. 따라서 십계명은 토라의 나머지 부분과 동일한 방식으로 기능한다. 우리는 십계명을 작은 토라로 부를 수 있다. 모세 오경에 수록된 법조문 모음집 중 하나로서 십계명은 부분적으로는 법적 지혜의 영역을 한정하는 역할을 하는 예증 목록이다.

더 읽을 자료

⁘

일반 도서

Berman, Joshua A. *Inconsistency in the Torah: Ancient Literary Convention and the Limits of Source Criticism*. Oxford: Oxford University Press, 2017.

Daube, David, edited and compiled by Calum Carmichael. *Law and Wisdom in the Bible: David Daube's Gifford Lectures*, vol. 2. West Conshohocken, PA: Templeton Press, 2010.

Doorly, William J. *The Laws of Yahweh: A Handbook of Biblical Law*. Mahwah, NJ: Paulist Press, 2002.

Gane, Roy E. *Old Testament Law for Christians: Original Context and Enduring Application*. Grand Rapids: Baker Academic, 2017.

Morrow, William S. *An Introduction to Biblical Law*. Grand Rapids: Eerdmans, 2017.

Patrick, Dale. *Old Testament Law*. Atlanta: John Knox, 1985.

Schreiner, Thomas R. *40 Questions About Christians and Biblical Law*. Grand Rapids: Kregel, 2010.

Sprinkle, Joe M. *Biblical Law and Its Relevance: A Christian Understanding and Ethical Application for Today of the Mosaic Regulations*. Lanham,

MD: University Press of America, 2006.

Strickland, Wayne G., ed. *Five Views on Law and Gospel.* Grand Rapids: Zondervan, 1996.

Todd, James M., III. *Sinai and the Saints: Reading Old Covenant Laws for the New Covenant Community.* Downers Grove, IL: IVP Academic, 2017.

Walton, John H. *Old Testament Theology for Christians: From Ancient Context to Enduring Belief.* Downers Grove, IL: InterVarsity Press, 2017.

Walton, John H., and D. Brent Sandy. *The Lost World of Scripture: Ancient Literary Culture and Biblical Authority.* Downers Grove, IL: IVP Academic, 2013.

Walton, John H., and J. Harvey Walton. *The Lost World of the Israelite Conquest: Covenant, Retribution, and the Fate of the Canaanites.* Downers Grove, IL: IVP Academic, 2017.

고대 근동의 법에 관한 도서

Albertz, Rainer, and Rüdiger Schmitt. *Family and Household Religion in Ancient Israel and the Levant.* Winona Lake, IN: Eisenbrauns, 2012.

Beckman, Gary M. *Hittite Diplomatic Texts.* Edited by Harry A. Hoffner Jr. Rev. ed. WAW 7. Atlanta: Society of Biblical Literature, 1999.

Hayes, Christine. *What's Divine About Divine Law?: Early Perspectives.*

Princeton, NJ: Princeton University Press, 2015.

Jackson, Bernard S. *Wisdom-Laws: A Study of the Mishpatim of Exodus 21:1–22:16*. Oxford: Oxford University Press, 2006.

Jackson, Samuel. *A Comparison of Ancient Near Eastern Law Collections Prior to the First Millennium BC*. Piscataway, NJ: Gorgias, 2008.

Kitchen, Kenneth A., and Paul J. N. Lawrence. *Treaty, Law and Covenant in the Ancient Near East*. 3 vols. Wiesbaden: Harrassowitz, 2012.

Knight, Douglas A. *Law, Power, and Justice in Ancient Israel*. Louisville, KY: Westminster John Knox, 2011.

LeFebvre, Michael. *Collections, Codes, and Torah: The Re-characterization of Israel's Written Law*. New York: T&T Clark, 2006.

Malul, Meir. *The Comparative Method in Ancient Near Eastern and Biblical Legal Studies*. AOAT 227. Kevelaer: Butzon & Bercker, 1990.

Roth, Martha T. *Law Collections from Mesopotamia and Asia Minor*. Atlanta: Society of Biblical Literature, 1995.

Strawn, Brent, ed. *The Oxford Encyclopedia of the Bible and Law*. 2 vols. Oxford: Oxford University Press, 2015.

Toorn, Karel van der. *Sin and Sanction in Israel and Mesopotamia: A Comparative Study*. Assen, Netherlands: Van Gorcum, 1985.

Van de Mieroop, Marc. *Philosophy Before the Greeks: The Pursuit of Truth in Ancient Babylonia*. Princeton, NJ: Princeton University Press, 2016.

Walton, John H. *Ancient Near Eastern Thought and the Old Testament: Introducing the Conceptual World of the Hebrew Bible*. 2nd ed. Grand

Rapids: Baker Academic, 2018.

Westbrook, Raymond. *A History of Ancient Near Eastern Law*. 2 vols. Leiden: Brill, 2003.

Westbrook, Raymond, and Bruce Wells. *Everyday Law in Biblical Israel: An Introduction*. Louisville, KY: Westminster John Knox, 2009.

도덕과 윤리에 관한 도서

Baggett, David, and Jerry L. Walls. *God and Cosmos: Moral Truth and Human Meaning*. Oxford: Oxford University Press, 2016.

Craig, William Lane, and Chad Meister. *God Is Great, God Is Good: Why Believing in God Is Reasonable and Responsible*. Downers Grove, IL: InterVarsity Press, 2009.

Evans, C. Stephen. *God and Moral Obligation*. Oxford: Oxford University Press, 2013.

Kaiser, Walter C., Jr. *Toward Old Testament Ethics*. Grand Rapids: Zondervan, 1983.

Kaye, Bruce, and Gordon Wenham, eds. *Law, Morality, and the Bible: A Symposium*. Downers Grove, IL: InterVarsity Press, 1978.

Loftin, R. Keith, ed. *God and Morality: Four Views*. Downers Grove, IL: InterVarsity Press, 2012.

Thompson, James W. *Moral Formation According to Paul: The Context and Coherence of Pauline Ethics*. Grand Rapids: Baker Academic, 2011.

Wilkens, Steve, ed. *Christian Ethics: Four Views*. Downers Grove, IL: IVP Academic, 2017.

Wright, Christopher J. H. *Old Testament Ethics for the People of God*. Downers Grove, IL: IVP Academic, 2004.

_____. *Walking in the Ways of the Lord: The Ethical Authority of the Old Testament*. Downers Grove, IL: InterVarsity Press, 1995.

십계명에 관한 도서

Baker, David L. *The Decalogue: Living as the People of God*. Downers Grove, IL: IVP Academic, 2017.

Brown, William P., ed., *The Ten Commandments: The Reciprocity of Faithfulness*. Louisville, KY: Westminster John Knox, 2004.

Coogan, Michael. *The Ten Commandments: A Short History of an Ancient Text*. New Haven, CT: Yale University Press, 2014.

Harrelson, Walter J. *The Ten Commandments and Human Rights*. Philadelphia: Fortress Press, 1980.

Miller, Patrick D. *The Ten Commandments*. Louisville, KY: Westminster John Knox, 2009.

Phillips, Anthony. *Ancient Israel's Criminal Law: A New Approach to the Decalogue*. New York: Schocken, 1970.

Rooker, Mark F. *The Ten Commandments: Ethics for the Twenty-First Century*. Nashville: B&H, 2010.

Segal, Ben-Zion, ed. *The Ten Commandments in History and Tradition.* Jerusalem: Magnes, 1990.

Stamm, Johann Jakob, with Maurice Edward Andrew. *The Ten Commandments in Recent Research.* Rev. ed. SBT 2.2. London: SCM Press, 1967.

Van Harn, Roger E., ed. *The Ten Commandments for Jews, Christians and Others.* Grand Rapids, MI: Eerdmans, 2007

성구 색인

토라의 잃어버린 세계

토라의 잃어버린 세계

토라의 잃어버린 세계

고대 세계 맥락에서 본 언약과 지혜로서 (율)법

Copyright © 새물결플러스 **2020**

1쇄 발행 2020년 10월 28일

지은이   존 H. 월튼, J. 하비 월튼
옮긴이   안영미
펴낸이   김요한
펴낸곳   새물결플러스

편 집   왕희광 정인철 노재현 한바울 정혜인
           이형일 나유영 노동래 최호연
디자인   윤민주 황진주 박인미 이지윤
마케팅   박성민 이원혁
총 무   김명화 이성순
영 상   최정호 곽상원
아카데미   차상희

홈페이지   www.holywaveplus.com
이메일   hwpbooks@hwpbooks.com
출판등록   2008년 8월 21일 제2008-24호
주 소   (우) 04118 서울시 마포구 마포대로19길 33
전 화   02) 2652-3161
팩 스   02) 2652-3191

ISBN 979-11-6129-176-5 93230

책값은 뒤표지에 있습니다.

이 도서의 국립중앙도서관 출판예정도서목록(CIP)은 서지정보유통지원시스템
홈페이지(seoji.nl.go.kr)와 국가자료공동목록시스템(nl.go.kr/kolisnet)에서
이용하실 수 있습니다. CIP2020043367